Lippes Grüner Hügel. Die Richard-Wagner-Festwochen in Detmold 1935–1944

Beiträge zur Kulturgeschichte der Musik
Herausgegeben von Rebecca Grotjahn
Band 5

Lippes Grüner Hügel

Die Richard-Wagner-Festwochen in Detmold 1935–1944

Herausgegeben von
Andreas Fukerider, Joachim Iffland und Cornelia Kohle

Allitera Verlag

Mit Unterstützung des Buchhauses am Markt Detmold, der Präsidentin des Richard-Wagner-Verband-International, Prof. Eva Märtson, der Deutschen Richard-Wagner-Gesellschaft e. V., des Richard-Wagner-Verbands Saarland e. V., der Lippischen Landesbibliothek Detmold, des Musikwissenschaftlichen Seminars der Universität Paderborn und der Hochschule für Musik Detmold sowie der Fakultät für Kulturwissenschaften der Universität Paderborn.

Redaktion: Andreas Fukerider, Shino Funayama, Kamil Glabica, Xiang Gu, Tingting Huang, Joachim Iffland, Supradit Jongprasert, Robert Kluch, Raphael Köhler, Cornelia Kohle, Nikolaj Martens, Agnes Seipelt, Barbara Yalcin, Christopher Zysik.

Projekt-Leitung: Prof. Dr. Rebecca Grotjahn, Dr. Stefanie Rauch.

www.Muwi-Detmold-Paderborn.de/WagnerProjekt

Oktober 2012
Allitera Verlag
Ein Verlag der Buch&media GmbH, München
© 2012 Buch&media GmbH, München
Umschlaggestaltung: Kay Fretwurst, Freienbrink, unter Verwendung des Plakats zur Richard-Wagner-Festwoche 1935
Printed in Germany · ISBN 978-3-86906-312-6

Inhaltsverzeichnis

Vorwort 7

Joachim Iffland
»Vom Vorort zum Hügel«.
Die Detmolder Richard-Wagner-Festwochen als Werbung für Bayreuth ... 11

Andreas Fukerider
»Dem deutschen Volksgenossen die Größe der Bayreuther Idee
zu erschließen«.
Idee, Programm und Entwicklung der Richard-Wagner-Festwochen ... 29

Agnes Seipelt
»Der Staat darf sich nicht durch das Geflunker einer sogenannten
Pressefreiheit beirren und beschwätzen lassen«.
Die Richard-Wagner-Festwochen in der Presse 83

Raphael Köhler
»Die ganze Anlage unserer Arbeit verbietet es, hohe Eintrittspreise
zu verlangen«.
Finanzielle Aspekte der ›reichswichtigen‹ Richard-Wagner-Festwochen 97

Kamil Glabica
»Das Kunstverständnis aller Volksschichten im Sinne national-
sozialistischer Weltanschauung wecken und vertiefen«.
Theater- und Musikpolitik in Detmold während der NS-Zeit 109

Cornelia Kohle
»Man hat diese Zeit ja hautnah erlebt«.
Bericht eines Zeitzeugen 116

Anhang
Transkription des Interviews mit Günther Guericke 127
Quellen- und Literaturverzeichnis 150
Abbildungsverzeichnis und -nachweise 165
Personenregister 167

Vorwort

Begleitet vom »Geisterschiff« des Nationalsozialismus, legte 1935 *Der Fliegende Holländer* am Ufer der Werre an. Das Werk gehörte zum Programm der ersten »Richard-Wagner-Festwochen«, die zwischen 1935 und 1944 jährlich in Detmold stattfanden. »Richard-Wagner-Festwochen« in Detmold? Nicht viele Menschen wissen, dass die Hauptstadt des Landes Lippe in der NS-Zeit Ambitionen entwickelte, zu einem »Vorort Bayreuths« zu werden. 1935 offiziell als »reichswichtig« deklariert, waren die Festwochen Großereignisse, wie sie die damals kaum 25 000 Einwohner zählende Stadt bis dahin nicht erlebt hatte. Unter Mitwirkung von erstrangigen Künstlerinnen und Künstlern wurden der Detmolder Bevölkerung Aufführungen Wagner'scher Musikdramen, aber auch anderer Werke, auf allerhöchstem Niveau geboten. Möglich war das jedoch nur, weil die Nationalsozialisten die Musik als ein Mittel betrachteten, ihre Ideologie fest in den Köpfen und in den Herzen der Menschen zu verankern – nur dadurch erklären sich die hohen Zuschüsse, die die Veranstaltungen von Seiten des Staates, des »Gaues Westfalen-Nord« und der Stadt erhielten. So können am Beispiel der Richard-Wagner-Festwochen die Mechanismen nationalsozialistischer Kulturpolitik geradezu mustergültig nachvollzogen werden.

Mit dem vorliegenden Buch halten die Leserinnen und Leser einen Sammelband in den Händen, welcher die Ereignisse um diese relativ unbekannte Serie Detmolder Festwochen aufarbeitet. Er präsentiert damit die Ergebnisse eines studentischen Projektes des Musikwissenschaftlichen Seminars Detmold/Paderborn, das von April 2011 bis Februar 2012 stattfand, und zeichnet die Verwicklung kultureller und propagandistischer Interessen zur Zeit des Nationalsozialismus nach. Dazu wurde eine Vielzahl zu den Richard-Wagner-Festwochen im Detmolder Landesarchiv und der Lippischen Landesbibliothek Detmold erhaltener Quellen gesichtet und im Anhang dieses Buches aufgelistet.

In sechs Kapiteln werden die Detmolder Festwochen beleuchtet und zahlreiche Quellen faksimiliert wiedergegeben. Joachim Iffland blickt zunächst auf die Wurzeln der Festwochen. Er zeigt, dass der Musiklehrer Otto Daube – der bereits in den 1920er-Jahren in engem Kontakt mit Siegfried und Winifred Wagner gestanden hatte – den entscheidenden Anstoß zur Durchführung der Detmolder Veranstaltungsreihe gab. Andreas Fukerider betrachtet anschließend alle zehn Richard-Wagner-Festwochen. Das Motto, das Programm und der Ablauf jedes Festwochen-Jahrgangs werden hier erstmals ausführlich nachgezeichnet, was einen umfassenden Blick in den Ablauf aller Veranstaltungen ermöglicht. Agnes Seipelt gibt einen Überblick über die Funktion der gleichgeschalteten Presse innerhalb solcher nationalsozialistisch initiierter Veranstaltungen, und Raphael Köhler stellt die Festwochen unter dem Gesichtspunkt der »volkstümlichen« Eintrittspreise vor. Er verdeutlicht die propagandistische Zielsetzung der Festspielplanung unter dem finanzpolitischen Aspekt. Kamil Glabica ordnet die Festwochen schließlich in das kulturpolitische Leben der Stadt Detmold ein. Abgeschlossen wird der Band von einem Zeitzeugen-Interview, das Cornelia Kohle und Andreas Fukerider mit Herrn Günther Guericke führten. Das umfangreiche Quellenverzeichnis – unter der Redaktion von Andreas Fukerider, Shino Funayama, Xiang Gu, Tingting Huang und Supradit Jongprasert zusammengestellt – sammelt hier erstmals alle in Detmold vorhandenen und bisher gesichteten Dokumente zu den Festwochen.

Die Detmolder Richard-Wagner-Festwochen sind im 21. Jahrhundert zwar wenig bekannt, verschwanden aber nicht vollständig aus der lokalgeschichtlichen Erinnerung. Während sie in der *Geschichte der Stadt Detmold*, 1953 vom Naturwissenschaftlichen und Historischen Verein für das Land Lippe herausgegeben, noch keine Erwähnung finden, beschäftigte sich 1972 Hans-Georg Peters in seiner Arbeit *Vom Hoftheater zum Landestheater. Die Detmolder Bühne von 1825 bis 1969* kursorisch mit den Festwochen. Auch Anke Groenewolds journalistische Aufarbeitung in den *Lippischen Blättern für Heimatkunde* von 1988, herausgegeben von der *Lippischen Landeszeitung*, behält die zentralen Aspekte dieser Veranstaltungsreihe im Blick. 1998 fanden die Festwochen Erwähnung in Heinz-Jürgen Priamus' Beitrag im Sammelband *Nationalsozialismus in Detmold* von Hermann Niebuhr und Andreas Ruppert. Ebenso, und in wesentlich ausführlicherer Gestalt, rekonstruierte Christoph Schmidt in seiner umfangreichen Arbeit über die *Nationalsozialistische Kulturpolitik im Gau Westfalen-Nord* (2006) Aspekte der Detmolder Richard-Wagner-Festwochen. Seine Ergebnisse, die 2009 im Rahmen der Ausstellung »Wagner in Detmold 1855–1945«[1] in der Lippischen Landesbibliothek Detmold ein weiteres Mal der Öffentlichkeit zugänglich waren, bilden eine wichtige Grundlage für die Beiträge dieses Bandes und können hier ausgebaut werden.

Das im vorliegenden Band dokumentierte Projekt wurde unter der Leitung

---

[1] Siehe dazu die Dokumentation *Wagner in Detmold 1855–1945* der Lippischen Landesbibliothek. URL: http://www.llb-detmold.de/wir-ueber-uns/aus-unserer-arbeit/ausstellungen/ausstellung-2009-5.html, Abruf: 14. August 2011.

von Prof. Dr. Rebecca Grotjahn und Dr. Stefanie Rauch von Musikwissenschafts-Studierenden des 4./5. Bachelor- sowie des 2./3. Master-Semesters durchgeführt. Mit dieser Arbeit konnten sie nicht nur ihre Erfahrungen im wissenschaftlichen Arbeiten ausbauen, sondern auch ein Stück Lippische Musikgeschichte aufarbeiten.

Das Projekt-Team bedankt sich herzlich bei den Projektleiterinnen, die die Publikation hilfreich und geduldig begleiteten und das Zustandekommen dieses Bandes ermöglichten. Zudem wäre unsere Forschungsarbeit nicht ohne die Unterstützung der Lippischen Landesbibliothek Detmold möglich gewesen. Die erste Auflage erschien in der Reihe *Nachrichten aus der Lippischen Landesbibliothek*, wofür uns die Lippische Landesbibliothek Detmold die Rechte zum Abdruck vieler Faksimiles gewährte. Joachim Eberhardt und Detlev Hellfaier sei an dieser Stelle für ihre Unterstützung und ihr Entgegenkommen gedankt. Herzlicher Dank gebührt auch unserem Interview-Partner Günther Guericke (*1920), der bereit war, sich uns gegenüber an die Festwochen zu erinnern. Neben dem Musikwissenschaftlichen Seminar der Universität Paderborn und der Hochschule für Musik Detmold sowie der Fakultät für Kulturwissenschaften der Universität Paderborn unterstützten die Präsidentin des Richard-Wagner-Verband-International, Prof. Eva Märtson, die Deutsche Richard-Wagner-Gesellschaft e. V., der Richard-Wagner-Verband Saarland e. V. und das Buchhaus am Markt Detmold die Drucklegung finanziell. Die Höhe der Unterstützung macht es möglich, die zweite Auflage nun in der Reihe *Beiträge zur Kulturgeschichte der Musik* erscheinen zu lassen. Der Herausgeberin, Prof. Dr. Rebecca Grotjahn, gebührt großer Dank für die Aufnahme unseres Forschungsprojekts in ihre Reihe sowie für die Bereitstellung zahlreicher hier abgedruckter Quellen. Ebenso danken wir dem Verleger Alexander Strathern (Allitera Verlag) für seine Unterstützung und sein großzügiges Entgegenkommen in Bezug auf die Drucklegung dieses Bandes.

Detmold/Paderborn im Mai 2012
Joachim Iffland

Joachim Iffland
»Vom Vorort zum Hügel«
Die Detmolder Richard-Wagner-Festwochen als Werbung für Bayreuth

Ein Ort »in irgendeiner schönen Einöde, fern von dem Qualm und dem Industrie Pestgeruche«[1] der Städte – das erschien Richard Wagner 1852 als idealer Platz zur Realisierung seiner Festspielidee. Die Wahl fiel schließlich auf »das kleine, abgelegene, unbeachtete Bayreuth«,[2] auf dessen Grünem Hügel 1876 mit der Uraufführungen der Tetralogie *Der Ring des Nibelungen* die ersten und 2011 die 100. Spiele stattfanden. Bis zum Beginn des 20. Jahrhunderts machte Wagners Konzept Schule, Festspiele schossen – so Lore Lucas – »wie Pilze aus der Erde«,[3] und auch in der Kleinstadt Detmold wurde 1935 der Versuch unternommen, Wagners Festspiel-Flair zu verwirklichen. In diesem Beitrag wird der Frage nachgegangen, wieso gerade in Detmold Wagner-Festwochen stattfanden und bei wem die Initiative zu dieser Veranstaltungsreihe lag. Hierbei wird zu sehen sein, dass sie nicht unabhängig von der Situation der Bayreuther Festspiele zu betrachten ist, sondern ›im Sinne Bayreuths‹ geplant wurde – auch wenn sich die Qualität der Detmolder Festwochen deutlich von der der Bayreuther Festspiele unterschied.

Lippe, Wagner und der Nationalsozialismus

Gauleiter »Dr. Alfred Meyer [ist] am Werke, die Bayreuther Kulturidee der Gesamtheit seines Gaues«[4] bewusst zu machen – so war es 1938 in der Bro-

---

[1] Richard Wagner an Franz Liszt, 30. Januar 1852, in: *Richard Wagner: Briefe*, ausgewählt, eingeleitet und kommentiert von Hanjo Kesting, München/Zürich 1983, S. 237. Vgl. Daniel Schneller: *Richard Wagners »Parsifal« und die Erneuerung des Mysteriendramas in Bayreuth. Die Vision des Gesamtkunstwerks als Universalkultur der Zukunft*, Diss. Basel 1995, Bern 1997, S. 94, und Lore Lucas: *Die Festspielidee Richard Wagners*, Regensburg 1973 (Arbeitsgemeinschaft »100 Jahre Bayreuther Festspielidee«, Bd.2), S. 39.
[2] Richard Wagner: Das Kunstwerk der Zukunft, in: Ders.: *Dichtungen und Schriften*, Bd. 6, hrsg. von Dieter Borchmeyer, Frankfurt am Main 1983, S. 152.
[3] Lucas: *Die Festspielidee*, S. 106.
[4] Otto Daube: Der Bayreuther Gedanke in Westfalen, in: *Richard Wagner ein Erzieher zu Deutschland. Die 4. Richard-Wagner-Festwoche in Detmold 1938*,

schüre *Richard Wagner ein Erzieher zu Deutschland* zu lesen. Meyer, der sich, wie Christoph Schmidt verdeutlicht, gerne in der Rolle des »Volksgemeinschaft schaffenden ›Kulturgauleiters‹« sah,[5] musste die Festwochen kraft seines Amtes genehmigen und hatte somit einen nicht unbedeutenden Anteil an der Ermöglichung der Veranstaltungsreihe.[6] Das legt die Schlussfolgerung nahe, dass auch die Initiative zu den Detmolder Richard-Wagner-Festwochen, die ausschließlich in der Zeit des Dritten Reiches durchgeführt wurden, auf nationalsozialistischen Propaganda-Interessen fußen würde.

Auch die politische Situation Lippes in den 1930er-Jahren würde diese These untermauern. 1933, im Jahr der nationalsozialistischen Machtergreifung, gelangte Lippe, der »Gau Westfalen-Nord«,[7] durch die Landtagswahlen vom 15. Januar 1933 in das Blickfeld des Nationalsozialismus. Dieses Volksvotum war von vornherein dafür vorgesehen, Adolf Hitler den Einstieg in die Reichskanzlei zu ermöglichen. Unter erheblichem propagandistischem Aufwand errang die NSDAP 39,48% der Stimmen und stilisierte noch 1935 – im Kontext der Detmolder Richard-Wagner-Festwochen – dieses Ergebnis zum »entscheidenden Wahlsieg des Januar 1933«, der »für alle Zeiten geschichtlich begründet« sei.[8] (Abb. 9, S. 34) Das »Hermannsland« gehörte für die Nationalsozialisten in Anspielung auf die Varusschlacht der Prinzipatszeit zum »Siegesfelde der deutschen Freiheit im Jahre 9 und im Jahre 1933«[9] und wurde nachfolgend zur Galionsfigur des Nationalsozialismus erhoben[10] – plakative Propaganda, die bekanntermaßen typisch für das Vorgehen im nationalsozialistischen System war und auch im Kontext der Richard-Wagner-Festwochen aufgegriffen wurde.

Sonderdruck der kulturpolitischen Schriftleitung des Münsterischen Anzeigers, Detmold [1938], S. 3f., hier S. 4.

[5] Christoph Schmidt: *Nationalsozialistische Kulturpolitik im Gau Westfalen-Nord. Regionale Strukturen und lokale Milieus* (1933–1945), Paderborn u. a. 2006 (Forschungen zur Regionalgeschichte, Bd. 54), S. 428.

[6] Vgl. hierzu auch S. 60 in diesem Band.

[7] Die NSDAP teilte das Gebiet des Deutschen Reiches, in Anlehnung an germanischen Usus, in »Gaue« genannte Verwaltungseinheiten.

[8] Alfred Meyer: Der Gauleiter von Westfalen-Nord und Reichsstatthalter in Lippe und Schaumburg-Lippe zur Reichswichtigen Richard-Wagner-Woche in Detmold 1935, in: *Amtlicher Führer durch die Reichswichtige Richard Wagner-Festwoche 1935*, hrsg. von Otto Daube, Detmold [1935], S. 2f., hier S. 2.

[9] Anonymus: Die Worte des Führers, in: *Amtlicher Führer durch die 4. Richard Wagner-Festwoche Detmold 1938*, hrsg. von Otto Daube, Detmold [1938], S. 17.

[10] Vgl. hierzu etwa Schmidt: *Nationalsozialistische Kulturpolitik im Gau Westfalen-Nord*, S. 55ff.

Das Werk Richard Wagners bot mit seinen Bezügen zu germanischen Mythen dem nationalsozialistischen Gedankengut ideale Angriffsflächen und das »Bekenntnis des Führers zu der deutschen Kulturidee Richard Wagners«[11] war allgemein bekannt.[12] Parteiintern finden sich jedoch (zumindest in retrospektiven Äußerungen) auch kritische Stimmen gegenüber den Detmolder Wagner-Festwochen. Der ehemalige Staatsminister Hans-Joachim Riecke, der 1934 Bürgermeister Keller gegenüber noch seine »volle Unterstützung und Förderung«[13] des Projektes zugesichert hatte, erinnerte sich in den 1960er-Jahren zurückhaltend an die Festwochen und beteuerte, dass er sich vor diesen »weitgehend zu drücken versucht habe«[14]. Riecke weiter: »In der Regel habe ich mich nur an der Eröffnungsfeier im Staatstheater und an der Schlussfeier (mit Tanz) beteiligt. Berechtigter als der nach Detmold verlegte Wagner-Kult war die Feier für den heimischen Dichter Grabbe im Staatstheater«[15] – eine Veranstaltung, deren Konzept von Beginn an auf die nationalsozialistische Ideologie gemünzt war.[16]

---

[11] Daube: Der Bayreuther Gedanke, S. 4.
[12] Offenkundig wurde Wagner von Adolf Hitler verehrt – er besuchte oft dessen Grab, hielt sich gerne in Wahnfried auf und war seit 1923 mit der Familie Wagner befreundet. Vgl. etwa Dina Porat: »Zum Raum wird hier die Zeit«: Richard Wagners Bedeutung für Adolf Hitler und die nationalsozialistische Führung, in: *Richard Wagner und die Juden*, hrsg. von Dieter Borchmeyer, Ami Maayani und Susanne Vill, Stuttgart/Weimar 2000, S. 207–222, hier S. 211ff., Jens Malte Fischer: *Richard Wagners »Das Judentum in der Musik«*, Frankfurt am Main/Leipzig 2000, Brigitte Hamann: *Winifred Wagner oder Hitlers Bayreuth*, München 2003, und Dies.: *Hitlers Wien. Lehrjahre eines Diktators*, München u. a. [11]2010.
[13] Riecke an Bürgermeister Keller, 14. September 1934 (LAV NRW OWL, L 80.03 Nr. 17, unpaginiert).
[14] Hans-Joachim Riecke: *Erinnerungen*, Mschr., [Koblenz] [ca. 1960], zit. nach Arnold Ebert: Die Memoiren des letzten lippischen Staatsministers, in: *Lippische Blätter für Heimatkunde* 1 (1988), S. 1–4, hier S. 3.
[15] Ebd. Da es sich hierbei um nachträgliche Memoiren eines NSDAP-Funktionärs handelt, muss dessen Aussage auch vor dem Hintergrund der versuchten Ablehnung nationalsozialistischer Aktivitäten gesehen werden. Vgl. auch den Beitrag von Cornelia Kohle in diesem Band.
[16] Vgl. Michael Vogt: »Durchbruchsschlacht für Grabbe«. Die Grabbe-Woche 1936 als Beispiel nationalsozialistischer Kulturpolitik in der Region, in: *Nationalsozialismus in Detmold. Dokumentation eines stadtgeschichtlichen Projekts*, bearbeitet von Hermann Niebuhr und Andreas Ruppert, Bielefeld 1998 (Sonderveröffentlichungen des Naturwissenschaftlichen und Historischen Vereins für das Land Lippe, Bd. 50), S. 571–588, hier S. 571ff.

»Herr Obermusiklehrer Daube« als Urheber der Richard-Wagner-Festwochen?

Der Tatsache, Wagner-Festwochen in Detmold abzuhalten, wird in der Aussage Rieckes eine gewisse Berechtigung abgesprochen, was darauf hinweist, dass von den lokalen Zeitzeugen möglicherweise eine Distanz zu Richard Wagner empfunden wurde.[17] Auch der offensichtlich schleppende Kartenverkauf der Festwoche von 1936 spricht für ein eher verhaltenes Interesse der Detmolder Bevölkerung.[18]

Eine direkte lokal-historische Motivation, die Festwochen zu veranstalten – Brahms-Festwochen hätten aus dieser Sicht näher gelegen –, ist somit auch auszuschließen. Doch ganz gleich, ob sich Riecke im Nachhinein aus kulturpolitischen Gründen von den Wagner-Festwochen distanzieren wollte oder ob er eine persönliche Distanz zu Wagner und Bayreuth empfand, er sicherte in seiner Funktion als Staatsminister dem Projekt, wie erwähnt, staatliche Unterstützung zu. Der Staatsminister reagierte damit auf ein Konzept, das 1934 verfasst wurde und in Bezug auf die Programmgestaltung in weiten Teilen den Veranstaltungen der Festwoche von 1935 entspricht.[19] (Abb. 1) In diesem Konzept wird Wagner in das faschistische System eingeordnet. Es beginnt mit der Feststellung:

> Die ausserordentliche Bedeutung, mit der das Gesamtschaffen Richard Wagners in das deutsche Kulturleben, in sein Theater, sein Drama, seine Musik, aber darüber hinaus in den Aufbau des neuen Deutschlands, seine rassischen, weltanschaulichen und politischen Grundlagen eingreift, erfordert *die fortgesetzte Führung des deutschen Volkes zu den grossen Idealen des Bayreuther Meisters*.[20]

Die Durchführung der Festwoche wird hier also zunächst mit der angeblichen Verflechtung Wagners in den »Aufbau des neuen Deutschlands« gerechtfertigt.

---

[17] Diese Tatsache bedarf weiterer Untersuchung. Zeitungsartikel dieser Zeit (zur Presse vgl. den Beitrag von Agnes Seipelt in diesem Band) enthalten natürlich kaum kritische Stimmen.

[18] Vgl. hierzu auch S. 46 und S. 48 in diesem Band.

[19] So decken sich beispielsweise die Auswahl und die Reihenfolge der Ausschnitte aus den *Meistersingern* im Entwurf nicht vollständig mit der dann im Amtlichen Führer der Festwoche des Jahres 1935 angegebenen Auswahl. Vgl. hierzu *Amtlicher Führer durch die Reichswichtige Richard-Wagner-Festwoche Detmold 1935*, hrsg. von Otto Daube, Detmold [1935], S. 39.

[20] Programmentwurf zur Festwoche 1935 (8 Blätter) (LAV NRW OWL, L80.03 Nr. 17). Hervorhebung im Original unterstrichen.

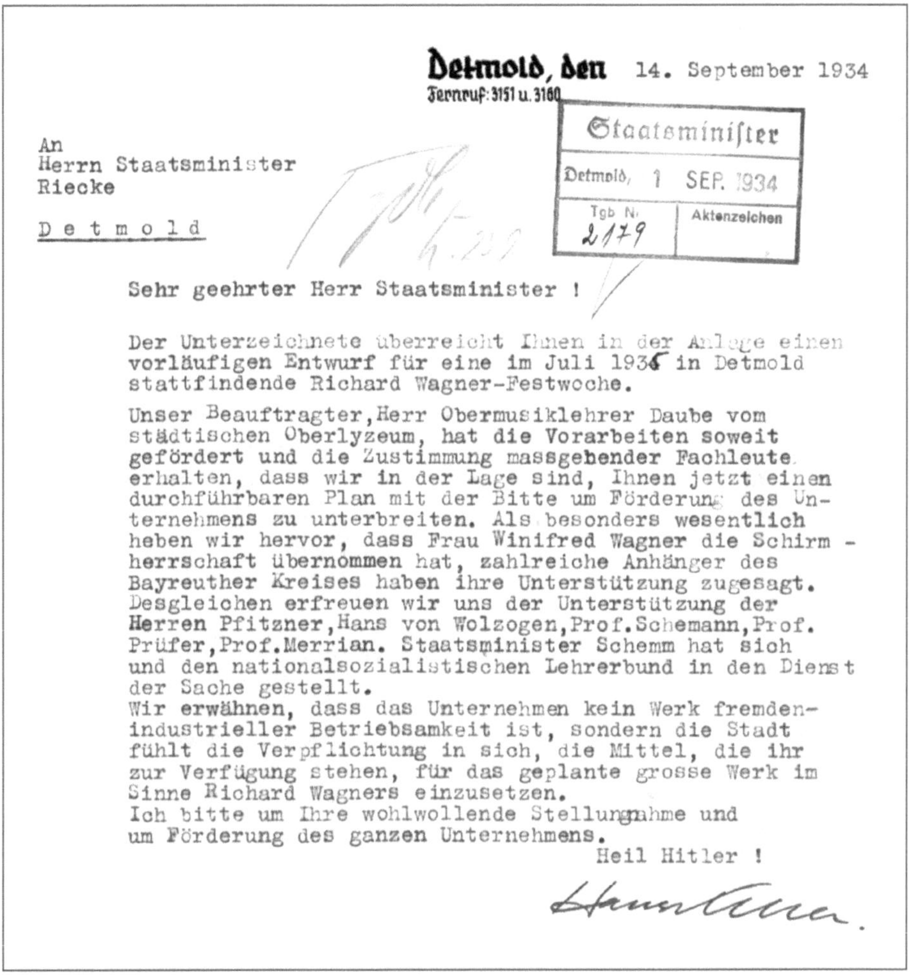

> **Detmold, den** 14. September 1934
> Fernruf: 3151 u. 3180
>
> *Staatsminister*
> Detmold, 1 SEP. 1934
> Tgb N. 2179   Aktenzeichen
>
> An
> Herrn Staatsminister
> Riecke
>
> D e t m o l d
>
> Sehr geehrter Herr Staatsminister !
>
> Der Unterzeichnete überreicht Ihnen in der Anlage einen
> vorläufigen Entwurf für eine im Juli 1935 in Detmold
> stattfindende Richard Wagner-Festwoche.
> Unser Beauftragter, Herr Obermusiklehrer Daube vom
> städtischen Oberlyzeum, hat die Vorarbeiten soweit
> gefördert und die Zustimmung massgebender Fachleute
> erhalten, dass wir in der Lage sind, Ihnen jetzt einen
> durchführbaren Plan mit der Bitte um Förderung des Un-
> ternehmens zu unterbreiten. Als besonders wesentlich
> heben wir hervor, dass Frau Winifred Wagner die Schirm-
> herrschaft übernommen hat, zahlreiche Anhänger des
> Bayreuther Kreises haben ihre Unterstützung zugesagt.
> Desgleichen erfreuen wir uns der Unterstützung der
> Herren Pfitzner, Hans von Wolzogen, Prof. Schemann, Prof.
> Prüfer, Prof. Merrian. Staatsminister Schemm hat sich
> und den nationalsozialistischen Lehrerbund in den Dienst
> der Sache gestellt.
> Wir erwähnen, dass das Unternehmen kein Werk fremden-
> industrieller Betriebsamkeit ist, sondern die Stadt
> fühlt die Verpflichtung in sich, die Mittel, die ihr
> zur Verfügung stehen, für das geplante grosse Werk im
> Sinne Richard Wagners einzusetzen.
> Ich bitte um Ihre wohlwollende Stellungnahme und
> um Förderung des ganzen Unternehmens.
>   Heil Hitler !

Abb. 1: Schreiben des Städtischen Verkehrsamtes Detmold an Staatsminister Riecke, Detmold, 14. September 1934.

Als Urheber dieses Plans nennt das Begleitschreiben »Herr[n] Obermusikleh-rer Daube vom städtischen Oberlyzeum«.[21] Otto Daube, 1900 in Halle an der Saale geboren, studierte in Jena und Leipzig und war ab 1926 Musiklehrer in

[21] Verkehrsamt Detmold an Staatsminister Riecke, 14. September 1934 (LAV NRW OWL, L80.03 Nr. 17).

Altenburg, Leipzig sowie an der Deutschen Schule in Sofia. Ab 1934 arbeitete er als Studienrat am Oberlyzeum Detmold.[22] 1936 war er designierter Landesstellenleiter der Reichsmusikkammer Westfalen-Nord, ein Jahr später wurde er zum städtischen Musikbeauftragten Detmolds ernannt.[23] 1942 betätigte er sich außerdem als Leiter des Referats *Richard Wagner und die deutsche Schule* im nationalsozialistischen Lehrerbund.[24]

Daube erscheint bereits 1935 als Organisator der Richard-Wagner-Festwoche und zeichnete jährlich für die Herausgabe des *Amtlichen Führers durch die Richard-Wagner-Festwoche* verantwortlich.[25] Außerdem veröffentlichte er schon Anfang 1935 in der Anlage der *Bayreuther Blätter* den »Detmolder Kulturplan. Idee, Absichten und Durchführung der ›Richard Wagner-Festwoche 1935‹«.[26] Otto Daube scheint somit der erste gewesen zu sein, der sich mit den Planungen befasste. Er war umfassend in deren Durchführung involviert und es gibt – so auch Christoph Schmidt – keine eindeutigen Hinweise darauf, dass die ursprüngliche Initiative zu dieser Veranstaltung von Alfred Meyer oder anderen nationalsozialistischen Funktionären ausging.[27] Doch welche Motive leiteten Daube? War es die Identifikation mit der nationalsozialistischen Idee? Wie im Folgenden zu zeigen sein wird, reichen die Wurzeln für sein Engage-

---

[22] Vgl. *Kürschners Deutscher Musiker-Kalender 1954*, Zweite Ausgabe des Deutschen Musiker-Lexikons, hrsg. von Hedwig und Erich Hermann Mueller von Asow, Berlin 1954, Sp. 191.

[23] Leiter der Reichsmusikkammer, Reichsfachschaft Konzertwesen an den Bürgermeister von Detmold, 30. Juli 1936 (Stadtarchiv Detmold, D 106 A Nr. 3166, fol. 5), und Vermerk und Verfügung zur Sitzung der Beigeordneten des Regierungsrates, 26. Februar und 1. März 1937 (ebd., fol. 19). Vgl. Schmidt: *Nationalsozialistische Kulturpolitik*, S. 418, und Ernst Klee: *Das Kulturlexikon zum Dritten Reich*, Frankfurt am Main 2007, S. 107.

[24] Vgl. Klee: *Das Kulturlexikon*, S. 107.

[25] In den *Bayreuther Blättern* war im Herbst 1935 zu lesen, dass die Detmolder Festwoche »auf Anregung und unter künstlerischer Gesamtleitung von Otto Daube […] durchgeführt wurde.«; Paul Bülow: Reichswichtige Spiele, in: *Bayreuther Blätter*, Viertes (Herbst-) Stück 1935, S. 215–217, hier S. 215. »Otto Daube« im Original gesperrt.

[26] Otto Daube: Der Detmolder Kulturplan, in: *Bayreuther Blätter*, Erstes (Winter-) Stück 1935, Beilage, S. 1–7.

[27] Vgl. Schmidt: *Nationalsozialistische Kulturpolitik*, S. 378, 419, und *Wagner in Detmold 1855–1945*, URL: http://www.llb-detmold.de/wir-ueber-uns/aus-unserer-arbeit/ausstellungen/ausstellung-2009-5.html, Abruf: 1. September 2011. Heinz-Jürgen Priamus sieht Alfred Meyer als Gründer der Festwochen und übernimmt damit unreflektiert Informationen aus der nationalsozialistischen Presse. Vgl. Heinz-Jürgen Priamus: Alfred Meyer. Biographische Skizze eines NS-Täters, in: *Nationalsozialismus in Detmold*, S. 42–79, hier S. 57.

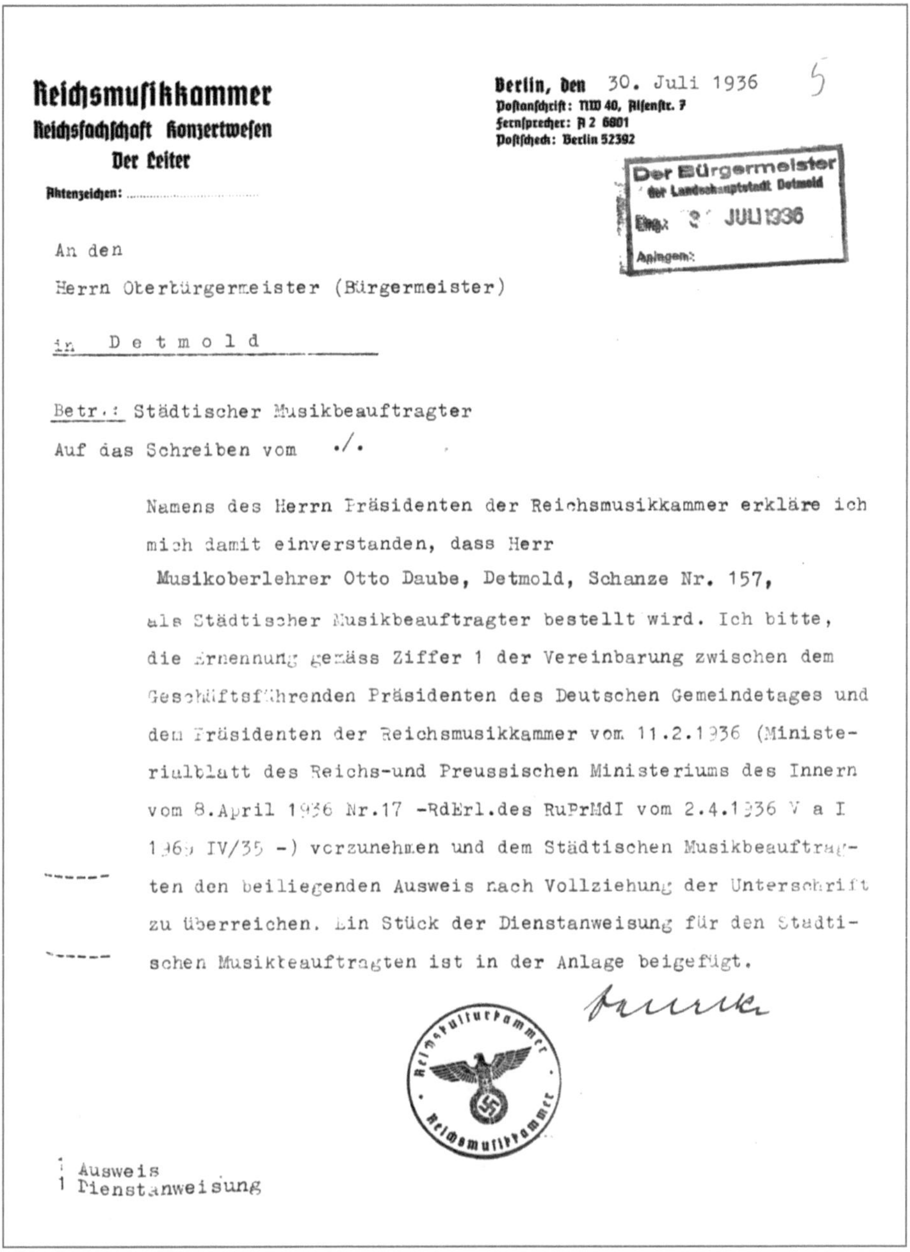

Reichsmusikkammer
Reichsfachschaft Konzertwesen
Der Leiter

Aktenzeichen: ....

Berlin, den 30. Juli 1936 5
Postanschrift: NW 40, Alsenstr. 7
Fernsprecher: A 2 6801
Postscheck: Berlin 52392

Der Bürgermeister der Landeshauptstadt Detmold
Eing.: 3 JULI 1936
Anlagen:

An den
Herrn Oberbürgermeister (Bürgermeister)
in Detmold

Betr.: Städtischer Musikbeauftragter
Auf das Schreiben vom ./.

Namens des Herrn Präsidenten der Reichsmusikkammer erkläre ich mich damit einverstanden, dass Herr
Musikoberlehrer Otto Daube, Detmold, Schanze Nr. 157,
als Städtischer Musikbeauftragter bestellt wird. Ich bitte, die Ernennung gemäss Ziffer 1 der Vereinbarung zwischen dem Geschäftsführenden Präsidenten des Deutschen Gemeindetages und dem Präsidenten der Reichsmusikkammer vom 11.2.1936 (Ministerialblatt des Reichs-und Preussischen Ministeriums des Innern vom 8.April 1936 Nr.17 -RdErl.des RuPrMdI vom 2.4.1936 V a I 1369 IV/35 -) vorzunehmen und dem Städtischen Musikbeauftragten den beiliegenden Ausweis nach Vollziehung der Unterschrift zu überreichen. Ein Stück der Dienstanweisung für den Städtischen Musikbeauftragten ist in der Anlage beigefügt.

Reichskulturkammer – Reichsmusikkammer

1 Ausweis
1 Dienstanweisung

Abb. 2: Schrift zur Ernennung Daubes zum städtischen Musikbeauftragten und Landesstellenleiter der RMK.

ment weiter zurück und es wird deutlich, dass er ein Interesse an der Durchführung der Festwochen hatte, das – abgesehen davon, dass bei ihm ein Aufgreifen nationalsozialistischen Gedankenguts zu beobachten ist – zunächst außerhalb nationalsozialistischer Propaganda-Bestrebungen fußte und bereits zehn Jahre zuvor entstanden sein muss.

Bayreuth und die Angst vor dem »Verfall der deutschen Kunst« in den 1920er-Jahren

Mit Otto Daube führen die Spuren der Detmolder Festwochen noch einmal nach Bayreuth. Im dortigen Festspielhaus löste die Wirtschaftskrise nach dem Ersten Weltkrieg finanzielle Probleme aus, die unter anderem mit dem Verkauf von Patronatsscheinen und durch die Unterstützung von Freunden der Familie Wagner gelöst werden sollten.[28] In diesem Zuge wurde 1921 die »Deutsche-Festspiel-Stiftung-Bayreuth« gegründet.

Unter den Förderern befand sich auch Otto Daube, der mit Siegfried und Winifred Wagner vertraut war und sich mit seiner Arbeit persönlich für den Erhalt der Bayreuther Festspiele einsetzte.[29] Hiervon zeugt beispielsweise das von Daube verfasste *Bayreuther Tagebuch. Aus den Erinnerungen an die Festspiele 1924*, mit dem er die Wiedereröffnung des Festspielhauses 1924 sowie dessen Erhalt verteidigt und seine eigenen Festspielerlebnisse dokumentiert. Sein vorrangiges Ziel war es, dafür zu sorgen, dass »diese reinste Stätte verinnerlichten Deutschtums und Deutschbewusstseins«[30] erhalten bleibt. Interessant im vorliegenden Kontext ist zudem die dem Buch vorangestellte Bemerkung: »Der Verfasser überweist die Hälfte seiner Einnahme aus dem ›Bayreuther Tagebuch‹ dem Richard Wagner-Saal in Bayreuth.«[31] Weiterhin verfasste er 1929 das Heft *Siegfried Wagner. Ein Lebensbild, zu seinem 60. Geburtstage*. Hierin verfolgt er die Absicht, ein Bild von Siegfried Wagners Persönlichkeit zu »entwerfen, so wie sie in Wirklichkeit wurde und sich auswirkt«,[32] da Wagner dem Volk als

---

[28] Vgl. Michael Karbaum: *Studien zur Geschichte der Bayreuther Festspiele (1876–1976)*, Regensburg 1976 (Arbeitsgemeinschaft »100 Jahre Bayreuther Festspielidee«, Bd. 3), S. 61, 65f., und Hamann: *Winifred Wagner*, S. 67.

[29] Vgl. Karbaum: *Studien zur Geschichte*, S. 74f., und Hamann: *Winifred Wagner*, S. 67, 144, 150.

[30] Otto Daube: *Bayreuther Tagebuch. Aus den Erinnerungen an die Festspiele 1924 mit einer Einführung in das Werk von Bayreuth*, Zeitz [1925], S. 6.

[31] Daube: *Bayreuther Tagebuch*, S. 2.

[32] Otto Daube: *Siegfried Wagner. Ein Lebensbild, zu seinem 60. Geburtstage*, [Bayreuth] [1929], S. 2.

Abb. 3: Otto Daube (Mitte) und Gauleiter Alfred Meyer (rechts) lassen sich über den Fortgang der Festspielvorbereitungen informieren.

»wesensfremde Erscheinung ungeliebt und unbekannt«[33] sei. In den 1920er-Jahren begann er außerdem seine schriftstellerische Tätigkeit für die *Bayreuther Blätter*, auf die im Folgenden noch näher eingegangen wird.

Zu Daubes unterstützenden Maßnahmen muss auch die von ihm 1925 maßgeblich vorangetriebene Gründung des »Bayreuther Bunds der deutschen Jugend« gezählt werden, dessen erster Vorsitzender er war. In vier Artikeln über »Bayreuth und die Jugend«, die Daube 1924/25 in den *Bayreuther Blättern* veröffentlichte – die Führung der Jugend zu Wagners Werk ist in den meisten seiner Texte ein wichtiges Thema –, bereitete er diese Gründung gewissermaßen vor. Sein Manifest zu diesem Bund, 1925 ebenfalls in den *Bayreuther Blättern* abgedruckt, betont (von der Festspielleitung sicher nicht unbeeinflusst):

> Wenn der Bund somit seine große Bedeutung für die Erziehung unserer Jugend nachweisen kann, so betrachtet er es als geschlossene Einheit überdies für seine Aufgabe, an der Erhaltung aller Bayreuther Einrichtungen mitzuschaffen und durch Jahresbeiträge aus seiner Bundeskasse den Fest-

[33] Daube: *Siegfried Wagner*, S. 1.

spielfond, den Stipendienfond, die *Bayreuther Blätter* und den Biographischen Richard Wagner-Saal in Bayreuth zu unterstützten, auf der anderen Seite tatkräftig in das deutsche Kulturleben einzugreifen.[34]

Im gleichen Artikel erwähnt er, dass der Bund für 1926 »eine Siegfried Wagner-Festwoche [...] an einem großen, mitteldeutschen Stadttheater«[35] plane. Dieses Vorhaben ging offenbar in den »Deutschen Festspielen 1926« vom 22. bis 31. Juli in Weimar auf, für die Daube gemeinsam mit Paul Pretzsch den *Offiziellen Führer der Deutschen Festspiele in Weimar 1926* herausgab.[36] Der Erhalt Bayreuther Einrichtungen, die Pflege des Werkes Richard Wagners im Kontext des »deutschen Kulturlebens« sowie die Unterstützung Siegfried Wagners gehörten somit schon in den 1920er-Jahren zu Daubes Motivationen. So war er mit dem Export der Festspiel-Idee bereits vertraut.

Daubes Bedürfnis nach Unterstützung des Kulturlebens griff jene Angst vor dem »Verfall der deutschen Kunst«[37] auf, die nach dem Ersten Weltkrieg in der noch jungen Disziplin der Musikwissenschaft oft artikuliert wurde.[38] Auch in zwei Artikeln Daubes aus den Jahren 1925 und 1927 kommt die Befürchtung zum Ausdruck, dass die deutsche Kunst »hinter die der modernen, international-ausländischen Kunst«[39] zurücktreten könne. Zudem finden sich oft Äußerungen bezüglich einer Ablehnung des Zeitgeistes:

> Hüten wir aber, uns für modern aufschwatzen zu lassen, was uns die Gestalten der Gegenwart als Zeitgeist, als Fortschritt des intellektuellen Menschen anzubieten wagen! Lug und Trug, hinterlistiges Phrasentum, kitschiges und billiges Sentiment, falsches Pathos füllen die Werke derer

---

[34] Otto Daube: Bayreuther Bund der deutschen Jugend. Vorgeschichte – Gründung – Ziele – Ausbaupläne, in: *Bayreuther Blätter*, Drittes (Herbst-) Stück 1925, S. 132–135, hier S. 134. Die Worte »Erhaltung aller Bayreuther Einrichtungen« im Original gesperrt.

[35] Ebd., S. 134f.

[36] Die dort aufgeführten Werke *Longinus* von Hans von Wolzogen sowie *Der Bärenhäuter* von Siegfried Wagner kamen auch 1935 in Detmold zur Aufführung. Vgl. hierzu den Beitrag von Andreas Fukerider in diesem Band.

[37] Otto Daube: Deutsche Festspiele 1926 im Deutschen Nationaltheater Weimar, in: *Bayreuther Blätter*, Viertes (Weihnacht-) Stück 1925, S. 190f., hier S. 190.

[38] Vgl. hierzu bspw. Pamela M. Potter: *Die deutscheste der Künste. Musikwissenschaft und Gesellschaft von der Weimarer Republik bis zum Ende des Dritten Reichs*, übers. von Wolfram Ette, Stuttgart 2000, S. 251ff. Originaltitel: *Most German of the Arts. Musicology and Society from the Weimar Republic to the End of Hitler's Reich*, New Haven/London 1998.

[39] Daube: Deutsche Festspiele 1926, S. 190.

an, die jede Verbindung zu dem verloren haben, was unsere Meister beseelte, die sie uns verächtlich zu machen suchen!⁴⁰

Aus dieser angeblichen Bedrohung heraus begründet Otto Daube die Notwendigkeit von Festspielen. Dabei besitzt Bayreuth eine zentrale Position: Nur in Bayreuth – das für ihn, wie erwähnt, schon im *Bayreuther Tagebuch* die »reinste Stätte verinnerlichten Deutschtums und Deutschbewußtseins«⁴¹ darstellte – sei die »Seele« des »deutschen Daseins«⁴² zu suchen, und nur Bayreuth könne »die würdige Pflege der edelsten Kultur«⁴³ ermöglichen.

»Im Dienste Bayreuths«: Die Detmolder Festwochen von 1935–1944

Acht Jahre später greift Daube diesen Gedanken im Kontext der ersten Detmolder Festwoche wieder auf. Im zuvor zitierten Konzept von 1934 bezieht er sich erneut auf die »Ideale des Bayreuther Meisters«⁴⁴ und hebt das Erlebnis von Wagners Werk auf dem Festspielhügel hervor. Die Aufgabe bestehe darin, das Volk auf dessen Werk vorzubereiten. Der »Kerngedanke« der Detmolder Festwoche, so der Kritiker Paul Bülow in seiner öffentlichen Ankündigung in den *Bayreuther Blättern*, bestehe schließlich darin, dass sie »die ideale Vorbereitung für das Gipfelerlebnis auf dem Bayreuther Festspielhügel«⁴⁵ sei und »im Dienste für das Bayreuther Jubiläums-Festspieljahr 1936«⁴⁶ stünde. Denn auch Mitte der 1930er-Jahre war der dortige Festspielbetrieb noch nicht ›gerettet‹. Nachdem Winifred Wagner die Leitung von Siegfried und Cosima

---

⁴⁰ Otto Daube: Neue Bahnen zu Bayreuth. Bayreuth und die deutsche Jugend, in: *Bayreuther Blätter*, Drittes (Festspiel-) Stück 1927, S. 161–167, hier S. 163. 1935 bemängelt er abermals musikalische Einflüsse »leichtwiegender [sic!] Alltagsware, [...] oberflächlicher Gaukeleien und banaler Massenfabrikationen, denen das deutsche Volk sich in seinem Mangel an inneren Kräften urteilslos hingeben mußte« (Daube: Der Detmolder Kulturplan, S. 1).
⁴¹ Vgl. S. 18 in diesem Beitrag.
⁴² Daube: Neue Bahnen, S. 166.
⁴³ Ebd., S. 165. Kritisch ist vor allem der Schlussabschnitt, in dem Daube deutlich macht, die »deutsche Jugend« könne nie »edler, reiner echter sein als im Besitze des Meisterideals!« (Ebd., S. 166). Das »ideale Bayreuth« betont Daube immer wieder, so bereits 1925 im *Bayreuther Tagebuch*: »Bayreuth ist die neue Losung derer, die ihr deutsches Vaterland lieben. Das ist ein schönes Ideal, eine Hoffnung.« (Daube: Bayreuther Tagebuch, S. 6.)
⁴⁴ Auch 1935 sah er Bayreuth als »wegweisende Hochburg deutscher Kunst«. (*Bayreuther Blätter* 1935, S. 215.)
⁴⁵ Bülow: Reichswichtige Spiele, S. 215.
⁴⁶ Ebd.

übernommen hatte, blieb in Bayreuth der Besucherandrang aus und bis 1936 konnten die Festspiele nur mit der Unterstützung Adolf Hitlers gewährleistet werden, der das Festspielhaus schließlich – so Michael Karbaum – unter seinen »persönlichen Schutz« nahm.[47] In Daubes Schrift *Vom Vorort zum Hügel*[48] fungiert die Formulierung von Detmold als »Vorort von Bayreuth« schließlich als ›Werbeslogan‹ – ein Vergleich, der laut Alfred Meyer auf eine Aussage Heinz Tietjens aus dem Jahre 1937 zurückgeht.[49] Genauso macht Daube im *Amtlichen Führer* 1938 deutlich: »Die Vorarbeit für Bayreuth [...] leistet Detmold.«[50]

Um die Verbindung von Detmold und Bayreuth schließlich zu rechtfertigen, greift Daube im »Detmolder Kulturplan« auf Wagners ursprüngliches Festspielkonzept zurück.[51] Er verbindet die Stadt im Lipperland mit Bayreuth und hebt sie als idealen Ort für die Aufführung von Wagners Werk hervor; denn sie liege »[a]bseits vom Wege der Hauptstraßen, von Industrie und Handel, unberührt von den Entstellungen wirtschaftlicher Unternehmungen, frei von Eingriffen moderner technischer Errungenschaften in das Stadt- und Landschaftsbild«.[52] Damit wird Richard Wagners Idee aufgegriffen, die Bayreuther Festspiele in der Sommerferienzeit stattfinden zu lassen, um die Erholung und den Weg in die Natur in den Vordergrund zu stellen.[53] Schon das Erlebnis der Anreise sollte – so wieder Richard Wagner – von den Sorgen des Alltags befreien, der Besucher sollte erholt in der Vorstellung sitzen und sich »am Tage zerstreuen«, um vor den Vorstellungen »bei eintretender Dämmerung, sich zu sammeln.«[54]

---

47 Karbaum: *Studien zur Geschichte*, S. 84; vgl. ebd., S. 67, 85f.
48 Otto Daube: *Vom Vorort zum Hügel. Detmold im Dienste Bayreuths. Aufgaben und Wege der Detmolder Richard-Wagner-Festwochen. Mit einem Rückblick auf die Festwochen 1935–1938*, Detmold 1938.
49 Otto Daube: *Detmold im Dienste Bayreuths. Aufgaben und Wege der Detmolder Richard-Wagner-Festwochen mit einem Rückblick auf die Festwochen 1935–1938*, Detmold 1938; vgl. Schreiben vom Gauleiter an den Landrat des Kreises Detmold, 8. November 1938 (Kreisarchiv Lippe, K2 Detmold Nr. 55), Daube: Der Bayreuther Gedanke, S. 3f., und Schmidt: *Nationalsozialistische Kulturpolitik*, S. 422, Anm. 330.
50 Daube: Der Bayreuther Gedanke, S. 4.
51 Vgl. hierzu auch S. 11 in diesem Beitrag.
52 Daube: Der Detmolder Kulturplan, S. 4; vgl. ebd., S. 5.
53 Lucas: *Die Festspielidee*, S. 42.
54 Richard Wagner: Der Ring des Nibelungen. Vorwort zur Herausgabe der Dichtung des Bühnenfestspiels (1862), in: Ders.: *Dichtungen und Schriften*, Bd. 3, hrsg. von Dieter Borchmeyer, Frankfurt am Main 1983, S. 356.

Detmold im Dienste des Faschismus

Detmold stand bis dahin nicht nur »im Dienste Bayreuths«, sondern – wie es einleitend bereits anklang – im Zusammenhang mit dem Bayreuther Meister Richard Wagner auch ›im Dienste des Faschismus‹; die Richard-Wagner-Festwochen wurden von Beginn an ideologisiert. Auch und vor allem in den 1930er-Jahren scheute man sich nicht, vor dem bereits erwähnten »Verfall der deutschen Kunst«[55] zu warnen, und lobte dafür sogar den politischen Wechsel.[56] Im »Detmolder Kulturplan« wird Richard Wagner von Otto Daube beispielsweise als »Vorkämpfer [...] einer wahrhaft deutschen Kulturgemeinschaft«[57] bezeichnet. Etwa zur gleichen Zeit macht er in der Zeitschrift *Der Teutoburger Wald* unmissverständlich deutlich:

> Als *Grundkraft der nationalsozialistischen Weltanschauung* [...] überwand *der deutsche Idealismus* die Widerstände der morschen, entseelten und entgötterten Welt des Niedergangs [...]. *Die Deutsche Kunst ist berufen*, an dem Vorgang der deutschen Wiedergeburt [...] in ganz außerordentlichem Maße teilzunehmen [...].[58]

Daube schien sich also von seinen in den 1920er-Jahren geäußerten Ängsten um die deutsche Kunst gewissermaßen befreit zu fühlen.[59] Im *Amtlichen Führer* der Detmolder Festwoche 1935, die als »reichswichtig« deklariert wurde, wird Richard Wagner von Alfred Meyer sogar direkt für den Nationalsozialismus instrumentalisiert: »Lebte er noch, er stände in unseren Reihen und kämpfte mit uns unseren Kampf.«[60]

Damit konnte die Wagner-Festwoche auch vor der Detmolder Öffentlichkeit historisch begründet werden, was durch eine Aussage von Staatsminister Riecke gestützt wird, der deutlich macht: »Wenn die Stadt Detmold durch die

---

[55] Daube: Deutsche Festspiele 1926, S. 190.
[56] Vgl. Potter: *Die deutscheste der Künste*, S. 261ff.
[57] Daube: Der Detmolder Kulturplan, S. 5
[58] Otto Daube: Reichswichtige Richard Wagner-Festwoche 1935 Detmold, in: *Der Teutoburger Wald* 1/2 (1935), fol. 1v–2v, hier fol. 1v. Hervorhebungen im Original fett.
[59] Daube stellt klar: »Ein wundervolles, gesegnetes Reich öffnet sich uns; verflogen sind die Fieberträume der Vergangenheit; *die Meisterkunst des deutschen Idealismus* ist zum ersten Male in der deutschen Geschichte in das Recht ihrer vollkommenen Auswirkung eingesetzt worden.« (Daube: Reichswichtige Richard-Wagner-Festwoche, fol. 2r. Hervorhebung im Original fett.)
[60] Alfred Meyer: Der Gauleiter von Westfalen-Nord und Reichsstatthalter in Lippe und Schaumburg-Lippe zur Reichswichtigen Richard-Wagner-Woche in Detmold 1935, in: *Amtlicher Führer 1935*, S. 2f., hier S. 2.

Abb. 4: Das Lippische Landestheater während der Richard-Wagner-Festwochen.

Abb. 5: Von links nach rechts: Franz Stassen, Paul Bülow, Wieland, Winifred und Wolfgang Wagner in Detmold.

Veranstaltung einer Richard Wagner-Festwoche das Wollen des Bayreuther Meisters unterstreicht, so gibt ihr dazu der historische Boden des Lipperlandes ein Recht.«[61] Mit Hilfe nationalsozialistischer Ausdeutungen geschichtlicher Ereignisse wird somit eine Verbindung zwischen Detmold und Bayreuth beziehungsweise Wagner konstruiert. Diese Vereinnahmung machte sich – gleich der Allgegenwärtigkeit des Faschismus – auch in den musikalischen Aufführungen bemerkbar. Ein Zeitungsartikel von 1935 berichtet beispielsweise, dass zum Schluss einer Aufführung der Wagner-Festwoche »Soldaten des Dritten Reiches« aufmarschierten, »um so gleichnishaft die Brücke von der Vorzeit zur Gegenwart zu schlagen«[62] – Kultur und Faschismus wurden assimiliert.[63] Somit schien seitens der nationalsozialistischen Führung ein Interesse an der Förderung der Festspielidee als Plattform faschistischer Ideologien zu bestehen.

Auch wenn bereits anlässlich der ersten Festwoche klargestellt wurde, dass man nicht in Konkurrenz zum Bayreuther Festspielhaus treten wolle,[64] galt der dortige Festspielbetrieb dennoch als Maßstab. 1938/1939 trat beispielsweise das Bayreuther Ensemble unter der Leitung von Heinz Tietjen in Detmold auf. 1938 war zudem erstmals Winifred Wagner, die Schirmherrin der Festwochen, zu Gast. Ihre Kinder Wieland und Wolfgang Wagner, die Enkel Richard Wagners, waren bereits 1935 anwesend, wenn auch nur zum Abschluss.[65] Die Ausmaße des Lippischen Landestheaters, in welchem die Abendvorstellungen stattfanden, waren den originalen Bayreuther Ensemble-Größen natürlich nicht gewachsen (Abb. 6), was unter anderem zur Erweiterung des Orchestergrabens führte.[66]

Die Pläne baulicher Erweiterungen reichten schließlich so weit, eigens eine »Volkshalle« auf dem Hiddeser Berg in Detmold errichten zu wollen. (Abb. 7) Auch hier zeigt sich, wie Geschichte und Kultur vom Nationalsozialismus in den Dienst genommen wurden; denn die faschistische Führung propagierte diese Halle als »Kulturheiligtum des Gaues, erbaut auf dem durch eine jahrtausendealte [sic!] Geschichte geheiligten Boden, in unmittelbarer Nähe des alten germanischen Heiligtums der Externsteine, auf dem

---

[61] Hans-Joachim Riecke, in: *Amtlicher Führer 1935*, S. 3.
[62] Hg.: Wagners Wieland-Fragment auf der Festwiese, in: [vermutlich einer Berliner Zeitung], 27. Juli 1935 (D DT Mus-h 2 D 9).
[63] Vgl. hierzu auch S. 39 in diesem Band.
[64] Meyer: Der Gauleiter, S. 2f.
[65] Bülow: Reichswichtige Spiele, S. 216.
[66] Vgl. Hans-Georg Peters: *Vom Hoftheater zum Landestheater. Die Detmolder Bühne von 1825 bis 1969*, Detmold 1972 (Lippische Studien, Bd. 1), S. 208, und Schmidt: *Nationalsozialistische Kulturpolitik*, S. 422.

Abb. 6: Die beengte Situation auf der Bühne des Lippischen Landestheaters.

Abb. 7: Modell der Volkshalle Hiddeser Berg.

Schlachtfelde Hermanns«.⁶⁷ Diese Volkshalle, die als Bühne »großer deutscher Meisterkunst«⁶⁸ geplant war, blieb jedoch Hypothese eines sich durch den Krieg selbst zerstörenden Reiches. 1944, als das Dritte Reich politisch und finanziell vor dem Ruin stand, war auch das Ende der Detmolder Festwochen besiegelt. Trotzdem versuchte man noch einmal eine zehnte Festwoche mit der Festschrift *10 Jahre Pflege des Bayreuther Kulturideals im Gau Westfalen-Nord* zu feiern und die Idee dieser Veranstaltung aufrecht zu erhalten.⁶⁹

Propaganda für Bayreuth und für den Faschismus

Otto Daube war die treibende Kraft der Detmolder Richard-Wagner-Festwochen. Seine Intentionen müssen dabei vor allem in der Unterstützung Bayreuths und in der Verbreitung von Wagners Werk gesehen werden. Ab 1941 sollte diesem zusätzlich durch die Detmolder »Richard-Wagner-Schule«, ebenfalls geleitet von Otto Daube, zu weiterer Bekanntheit verholfen werden.⁷⁰ Die Detmolder Richard-Wagner-Festwochen sind somit als von Daube initiierte Werbung für Bayreuth anzusehen und stellten gleichzeitig – als Propaganda-Fest im doppelten Sinne – für die nationalsozialistische Gauleitung im Kontext der politischen Situation Lippes eine geeignete Plattform dar, nationalsozialistisches Gedankengut zu verbreiten und durch musikkulturelles Gut zu begründen. Die Zustimmung der lokalen Nationalsozialisten zur Durchführung der Festwochen könnte in diesem Kontext als Konzession an Hitlers (bekannte) Wagner-Begeisterung zu sehen sein, die somit indirekt als zusätzliche Legitimation für die Festwochen verantwortlich zu machen ist. Überdies wurde Wagner als ›Zugpferd‹ eingesetzt, um deutschen Komponisten eine Bühne zu bieten; denn die Veranstalter legten Wert darauf, dem Publikum die »großen deutschen Meister des 19. und 20. Jahrhunderts«⁷¹ – neben Richard Wagner unter anderem Ludwig van Beethoven, Carl Maria von Weber und Hans Pfitzner – näher zu bringen.⁷² Letztlich ging es also nicht – und schon gar nicht ausschließlich – um die Pflege von Wagners Werk, sondern auch um eine Ideologie, die sich mit ihm verbinden ließ. 1925 schrieb Daube noch, es sei »töricht

---

67 Anonymus: Die Worte des Führers, in: *Amtlicher Führer 1938*, S. 17. Zum Bauprojekt »Hiddeser Berg« vgl. ausführlicher Schmidt: *Nationalsozialistische Kulturpolitik im Gau Westfalen-Nord*, S. 428ff.
68 Ebd.
69 *10 Jahre Pflege des Bayreuther Kulturideals im Gau Westfalen-Nord*, Detmold 1944.
70 Vgl. Schmidt: *Nationalsozialistische Kulturpolitik*, S. 426.
71 Daube: Der Detmolder Kulturplan, S. 3. Im Original gesperrt. Vgl. ebd., S. 6.
72 Vgl. hierzu auch den Beitrag von Andreas Fukerider in diesem Band.

[...], die Bayreuther Kunst mit der Politik vereinigt zu glauben«.[73] Wie es die Rückschau auf die Detmolder Festwochen zeigt, stellen sich diese Veranstaltungen von 1935 bis 1944 aber als Teil der von Walter Benjamin schon in den 1930er-Jahren kritisierten und vom Faschismus maßgeblich vorangetriebenen »Ästhetisierung der Politik« dar.[74]

[73] Daube: *Bayreuther Tagebuch*, S. 101.
[74] Vgl. Walter Benjamin: *Das Kunstwerk im Zeitalter seiner technischen Reproduzierbarkeit*, Kommentar von Detlev Schöttker, Frankfurt am Main 2007 (Suhrkamp Studienbibliothek I), S. 47–50.

Andreas Fukerider
»Dem deutschen Volksgenossen die Größe der Bayreuther Idee zu erschließen«
Idee, Programm und Entwicklung der Richard-Wagner-Festwochen

Es gibt bisher zwei Veröffentlichungen, die den Richard Wagner-Festwochen in Detmold explizit gewidmet sind; als eines von vielen Kapiteln in einer umfangreichen Monografie bei Christoph Schmidt und als semi-wissenschaftliche Darstellung in einer Lippischen Heimatzeitschrift bei Anke Groenewold.[1] Diese bisherigen Versuche, sich dem Phänomen der Detmolder Wagner-Festwochen zu nähern und neben anderen Gesichtspunkten auch Idee, Gestaltung und Ablauf der einzelnen Festwochen zu erarbeiten, sind entsprechend ihres Erscheinungsrahmens recht kurz gehalten und geben über einige zur angemessenen Einordnung der Festwochen wichtige Sachverhalte nur ungenügend Auskunft.

Otto Daube selbst formulierte 1938, jede Festwoche habe eine eigene »künstlerische, weltanschauliche und gemeinschaftsbildende Idee«[2]. Der vorliegende Text will diese »eigene Idee« jeder einzelnen Festwoche detailliert herausarbeiten und aufzeigen, wie sich diese im konkreten Programmablauf niederschlug, um das bestehende Bild der Wagner-Festwochen zu erweitern und Ungenauigkeiten in den Texten Schmidts und Groenewolds zu klären. Dazu sollen ergänzende Informationen zu den Mitwirkenden der Festwochen ein umfassendes Bild sowohl jeder dieser Veranstaltungen für sich als auch der Entwicklung der Festwochen insgesamt mit allen Höhepunkten und Rückschlägen, künstlerischen Glanzpunkten und kaum bemerkenswerten Darbietungen zeichnen. Für diesen Beitrag wurden – bis auf die Darstellungen in der Tagespresse, denen ein eigenes Kapitel gewidmet ist – alle dem Verfasser zu den Festwochen bekannten Quellen aus der Lippischen Landesbibliothek, dem Lippischen Landesarchiv Detmold sowie dem Stadtarchiv Detmold und

---

[1] Vgl. hierzu auch das Vorwort auf S. 8 in diesem Band.
[2] Vgl. Otto Daube: Die Richard-Wagner-Festwoche in Detmold 1935–1938, in: *Vom Vorort zum Hügel. Detmold im Dienste Bayreuths. Aufgaben und Wege der Detmolder Richard-Wagner-Festwochen. Mit einem Rückblick auf die Festwochen 1935–1938*, Detmold 1938, fol. 10r-10v.

dem Kreisarchiv Lippe ausgewertet, wobei besonders die *Amtlichen Führer* der Festwochen 1935–1941 wichtige Anhaltspunkte für die Erarbeitung der ideologischen Ausrichtung und der konkreten Programmgestaltung der jeweiligen Veranstaltungsreihe darstellen. Aufbau und Entwicklung der *Amtlichen Führer* sollen im Folgenden kursorisch behandelt werden, um den Einstieg in die Geschichte der Festwochen zu erleichtern.

Die Amtlichen Führer durch die Richard-Wagner-Festwochen

Der Aufbau der *Amtlichen Führer durch die Richard-Wagner-Festwoche* bleibt durch alle Jahre hindurch ähnlich und lässt sich in fünf Teile untergliedern:

1. Ein Zitatteil, der sich wiederum in zwei häufig miteinander verzahnte Bereiche trennen lässt: Zum einen enthält er einleitende Worte zur jeweiligen Festwoche mit aktuellen Bezügen auf Programmgestaltung und Zeitgeschehen – üblicherweise sind dabei jahresspezifische Geleitworte von Otto Daube, Alfred Meyer und Winifred Wagner sowie ein Konglomerat aus verschiedenen Zitaten deutscher Künstler und Politiker der Gegenwart zu den Detmolder Festwochen oder den Bayreuther Festspielen vertreten. Diese Sammlung wird durch eine Zusammenstellung von Zitaten verschiedener Persönlichkeiten aus dem 19. und 20. Jahrhundert ergänzt, die insbesondere Wagner, dessen Werk oder die Werke anderer in der jeweiligen Festwoche zentraler Komponisten betreffen. Bilder lockern diesen Teil auf.[3]

2. Ein Programmteil: In diesem Abschnitt wird auf der jeweils rechten Seite ein Programmpunkt oder der Ablauf eines gesamten Festtages zusammen mit den jeweils Mitwirkenden aufgeführt. Auf der linken Seite finden sich Zitate, Erzählungen, Bilder oder Einführungen, die auf dieses Programm bezogen sind, sodass Programm und zugehörige Erläuterungen ohne Umblättern überschaubar sind.

3. Texte oder Abbildungen, die meist in besonderem Zusammenhang zur aktuellen Festwoche stehen.

4. Bilder zu Mitwirkenden und wichtigen Persönlichkeiten der jeweiligen Festwoche.

5. Werbung, größtenteils für regionale Firmen oder lokale Produkte und für touristische Ziele der Umgebung, daneben aber in zunehmendem Maße auch für auf Wagner bezogene Veranstaltungen und Produkte aus dem gesamten Reichsgebiet.

[3] Oft sind beispielsweise Adolf Hitler, Alfred Meyer oder Winifred Wagner abgebildet.

Die Gewichtung und Ausgestaltung der einzelnen Teile schwankt von Jahr zu Jahr. Während beispielsweise im *Führer* des Jahres 1935 unter dem dritten Punkt die Texte »Detmold die wunderschöne Stadt im Teutoburger Walde« von August Wiemann – eine gekürzte Fassung des gleichnamigen Textes aus der April/Mai-Ausgabe des *Teutoburger Wald* 1935 – und »Ein Rundgang durch die Stadt« von Karl Friedrich Meyer zu finden sind, werden ab 1936 vermehrt komponisten- und werkbezogene Texte präsentiert, wie beispielsweise Auszüge aus der *Edda*, Beethoven-Briefe oder Texte von Hans Sachs[4] (Abb. 8).

Nachdem 1938 der Neuaufbau des Bayreuther Bundes unter Otto Daube eingeleitet worden war, fungierten die *Führer* ab 1939 auch gleichzeitig als jeweiliges »Jahrbuch des Bayreuther Bundes«.[5] Wohl auf Grund des hohen Kostendrucks seit Kriegsbeginn[6] wurde der Umfang der *Führer* ab 1940 von zuvor etwa 90 auf ca. 60 Seiten reduziert. Ab 1942 erschien das Heft nicht mehr.

Festwoche 1935 – Wagner und seine Erben

Die ersten Spuren der Detmolder Richard-Wagner-Festwochen wurden im einleitenden Kapitel bereits verfolgt.[7] Von Anfang an lassen sich zwei Konstanten feststellen, die sich durch die gesamte Geschichte der Festwochen ziehen. Zum einen wurde die Schirmherrschaft Winifred Wagners immer wieder hervorgehoben; ihre Mitwirkung wurde stets voller Stolz betont und als offensichtlich prestigeträchtiges Aushängeschild für die Bedeutung der Festwochen und deren Verbindung mit Bayreuth genutzt. Zum anderen ist Otto Daube von Anfang an das Herzstück in Planung und Durchführung sämtlicher Veranstaltungen. Er kann nicht nur als Initiator der Festwochen gelten, sondern sorgte auch mit offensichtlichem Fleiß und Einsatz für ihre Organisation und Durchführung und hielt die meisten der während der Veranstaltungen angebotenen Vorträge. Diese Vorträge beschäftigten sich mit verschiedenen Themen rund um ›deutsche‹ Musik, so z. B. als Einführung in ausgewählte Werke oder als Darstellung der Geschichte der Musik auf dem Weg zur ›wahren deutschen‹ Kunst.

Die erste Festwoche fand vom 20. bis 30. Juli 1935 statt. Das Vorwort von

---

4   Hans Sachs (1494–1576) war Dichter und Meistersinger und eine Hauptfigur in Wagners *Meistersinger von Nürnberg*. Von Sachs überlieferte Werke wurden auch im Rahmen der Festwochen aufgeführt; vgl. hierzu weiter unten im Text.
5   Vgl. hierzu beispielsweise Otto Daube [Hrsg.]: *Amtlicher Führer durch die 5. Richard-Wagner-Festwoche Detmold 1939*, Detmold [1939], S. 62–67. Zum Bayreuther Bund vgl. den Abschnitt über die Festwoche 1938, S. 46ff. in diesem Band.
6   Vgl. hierzu den Beitrag von Raphael Köhler in diesem Band.
7   Vgl. hierzu den Beitrag von Joachim Iffland in diesem Band.

In seiner Werkstatt Sonntags früh
Steht unser teurer Meister hie,
Sein schmutzig Schurzfell abgelegt,
Einen saubern Feierwams er trägt,
Läßt Pechdraht, Hammer und
Kneipe rasten,
Die Ahl' steckt an dem Arbeits=
kasten;
Er ruht nun auch am sieb'nten Tag
Von manchem Zug und manchem
Schlag.

Wie er die Frühlingssonne spürt,
Die Ruh ihm neue Arbeit gebiert:
Er fühlt, daß er eine kleine Welt
In seinem Gehirne brütend hält,
Daß die fängt an zu wirken und
leben,
Daß er sie gerne möcht' von sich
geben.

Er hätt' ein Auge treu und klug
Und wär auch liebevoll genug,
Zu schauen manches klar und rein
Und wieder alles zu machen fein;
Hätt' auch eine Zunge, die sich
ergoß
Und leicht und fein in Worte
floß,
Des täten die Musen sich erfreun,
Wollten ihn zum Meistersinger
weihn. — —

Wie er so heimlich glücklich lebt,
Da droben in den Wolken schwebt,
Ein Eichkranz ewig jung belaubt,
Den setzt die Nachwelt ihm aufs
Haupt;
In Froschpfuhl all das Volk ver=
bannt,
Das seinen Meister je verkannt!

Wolfgang von Goethe „Hans Sachsens poetische Sendung".

38

Abb. 8: Programmpunkt *Die Meistersinger von Nürnberg* (rechts) und dazu passender Hans Sachs-Text von Johann Wolfgang von Goethe aus dem *Amtlichen Führer 1938* (links).

»Dem deutschen Volksgenossen die Größe der Bayreuther Idee zu erschließen«

Montag, 13. Juni

Mittwoch, 15. Juni

17 Uhr

Festaufführungen:

Die Meistersinger von Nürnberg

von Richard Wagner

Hans Sachs, Schuster		Karl Schmidt
Veit Pogner, Goldschmied		Theo Herrmann
Kunz Vogelgesang, Kürschner		Heinz Achgelis
Konrad Nachtigall, Spengler		Fritz Huber
Sixtus Beckmesser, Schreiber		Carl August Neumann
Fritz Kothner, Bäcker	Meister-	Toni Weiler
Balthasar Zorn, Zinngießer	singer	Walter Jenkel
Ulrich Eißlinger, Würzkrämer		Hermann Otte
Augustin Moser, Schneider		Alfred Jahn
Hermann Ortel, Seifensieder		Ortwin Graber
Hans Schwarz, Strumpfwirker		Hans Jeschke
Hans Foltz, Kupferschmied		Erwin Giese

Walter von Stolzing,
 ein junger Ritter aus Franken . . . August Seider
David, Sachs' Lehrbube . . . . Walter Carnuth
Eva, Pogners Tochter . . . . . Hilde Singenstreu
Magdalene, Evas Amme . . . . Grete Lüddecke
Ein Nachtwächter . . . . . . Carl Friedrich Koch
Bürger und Frauen aller Zünfte, Gesellen, Lehrbuben, Mädchen, Volk.

Nürnberg
Um die Mitte des 16. Jahrhunderts.

Dirigent: Professor Leopold Reichwein (13. Juni)

Werner Gößling (15. Juni)

Inszenierung: Dr. Hans Winckelmann

Die Bühnenbilder wurden hergestellt in den Rheinischen Werkstätten
für Bühnenkunst, Otto Müller, Bad Godesberg.

Pausen nach jedem Aufzuge

39

Gauleiter Alfred Meyer im *Amtlichen Führer*[8] (Abb. 9) stellt die Ziele der Wagner-Festwoche ausführlich dar und kann stellvertretend für die weiteren Festwochen gelten; an den in diesem formulierten Grundsätzen der kulturpolitischen Volksbildung durch Wagners Werk und den im Gegensatz zum unerreichbaren Bayreuth als »ideale deutsche Kulturstätte«[9] allenfalls als für dieses vorbereitend ausgerichteten Zielen der Festwochen[10] hat sich im weiteren Verlauf nichts Wesentliches mehr geändert.

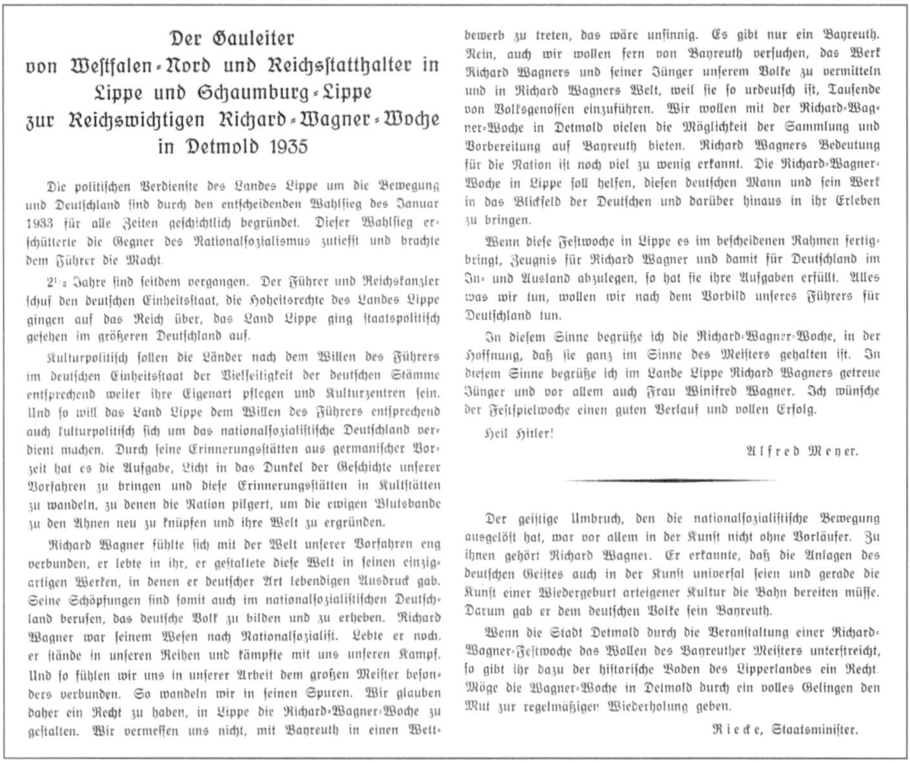

Der Gauleiter von Westfalen-Nord und Reichsstatthalter in Lippe und Schaumburg-Lippe zur Reichswichtigen Richard-Wagner-Woche in Detmold 1935

Die politischen Verdienste des Landes Lippe um die Bewegung und Deutschland sind durch den entscheidenden Wahlsieg des Januar 1933 für alle Zeiten geschichtlich begründet. Dieser Wahlsieg erschütterte die Gegner des Nationalsozialismus zutiefst und brachte dem Führer die Macht.

2 1/2 Jahre sind seitdem vergangen. Der Führer und Reichskanzler schuf den deutschen Einheitsstaat, die Hoheitsrechte des Landes Lippe gingen auf das Reich über, das Land Lippe ging staatspolitisch gesehen im größeren Deutschland auf.

Kulturpolitisch sollen die Länder nach dem Willen des Führers im deutschen Einheitsstaat der Vielseitigkeit der deutschen Stämme entsprechend weiter ihre Eigenart pflegen und Kulturzentren sein. Und so will das Land Lippe dem Willen des Führers entsprechend auch kulturpolitisch sich um das nationalsozialistische Deutschland verdient machen. Durch seine Erinnerungsstätten aus germanischer Vorzeit hat es die Aufgabe, Licht in das Dunkel der Geschichte unserer Vorfahren zu bringen und diese Erinnerungsstätten in Kultstätten zu wandeln, zu denen die Nation pilgert, um die ewigen Blutsbande zu den Ahnen neu zu knüpfen und ihre Welt zu ergründen.

Richard Wagner fühlte sich mit der Welt unserer Vorfahren eng verbunden, er lebte in ihr, er gestaltete diese Welt in seinen einzigartigen Werken, in denen er deutscher Art lebendigen Ausdruck gab. Seine Schöpfungen sind somit auch im nationalsozialistischen Deutschland berufen, das deutsche Volk zu bilden und zu erheben. Richard Wagner war seinem Wesen nach Nationalsozialist. Lebte er noch, er stände in unseren Reihen und kämpfte mit uns unseren Kampf. Und so fühlen wir uns in unserer Arbeit dem großen Meister besonders verbunden. So wandeln wir in seinen Spuren. Wir glauben daher ein Recht zu haben, in Lippe die Richard-Wagner-Woche zu gestalten. Wir vermessen uns nicht, mit Bayreuth in einen Wettbewerb zu treten, das wäre unsinnig. Es gibt nur ein Bayreuth. Nein, auch wir wollen fern von Bayreuth versuchen, das Werk Richard Wagners und seiner Jünger unserem Volke zu vermitteln und in Richard Wagners Welt, weil sie so urdeutsch ist, Tausende von Volksgenossen einzuführen. Wir wollen mit der Richard-Wagner-Woche in Detmold vielen die Möglichkeit der Sammlung und Vorbereitung auf Bayreuth bieten. Richard Wagners Bedeutung für die Nation ist noch viel zu wenig erkannt. Die Richard-Wagner-Woche in Lippe soll helfen, diesen deutschen Mann und sein Werk in das Blickfeld der Deutschen und darüber hinaus in ihr Erleben zu bringen.

Wenn diese Festwoche in Lippe es im bescheidenen Rahmen fertigbringt, Zeugnis für Richard Wagner und damit für Deutschland im In- und Ausland abzulegen, so hat sie ihre Aufgaben erfüllt. Alles was wir tun, wollen wir nach dem Vorbild unseres Führers für Deutschland tun.

In diesem Sinne begrüße ich die Richard-Wagner-Woche, in der Hoffnung, daß sie ganz im Sinne des Meisters gehalten ist. In diesem Sinne begrüße ich im Lande Lippe Richard Wagners getreue Jünger und vor allem auch Frau Winifred Wagner. Ich wünsche der Festspielwoche einen guten Verlauf und vollen Erfolg.

Heil Hitler!

Alfred Meyer.

Der geistige Umbruch, den die nationalsozialistische Bewegung ausgelöst hat, war vor allem in der Kunst nicht ohne Vorläufer. Zu ihnen gehört Richard Wagner. Er erkannte, daß die Anlagen des deutschen Geistes auch in der Kunst universal seien und gerade die Kunst einer Wiedergeburt arteigener Kultur die Bahn bereiten müsse. Darum gab er dem deutschen Volke sein Bayreuth.

Wenn die Stadt Detmold durch die Veranstaltung einer Richard-Wagner-Festwoche das Wollen des Bayreuther Meisters unterstreicht, so gibt ihr dazu der historische Boden des Lipperlandes ein Recht. Möge die Wagner-Woche in Detmold durch ein volles Gelingen den Mut zur regelmäßigen Wiederholung geben.

Riecke, Staatsminister.

Abb. 9: Vorwort Alfred Meyers aus dem *Amtlichen Führer 1935.*

8 Alfred Meyer: Der Gauleiter von Westfalen-Nord und Reichsstatthalter in Lippe und Schaumburg- Lippe zur Reichswichtigen Richard-Wagner-Woche in Detmold 1953, in: *Amtlicher Führer durch die Reichswichtige Richard-Wagner-Festwoche Detmold 1935*, hrsg. von Otto Daube, Detmold [1935], S. 2f.

9 Otto Daube: Kunstwerk und Kunstpflege. Der Kulturplan der Richard-Wagner-Festwoche, in: *Amtlicher Führer 1935*, S. 11–21, hier S. 15.

10 Vgl. hierzu den Beitrag von Joachim Iffland in diesem Band, S. 21.

Der Ablauf der Festwoche 1935 lässt sich in zwei Teile gliedern. Zunächst steht »im Mittelpunkt der Detmolder Festwoche *das Lebenswerk Richard Wagners* in einer das Werden und Vollenden seines schöpferischen Genius umfassenden Darstellung.«[11] Außerdem führt der Plan

> über das künstlerische Einzelerlebnis hinaus [...] in einer geschlossenen Folge vom jungen Wagner und seiner innigen Verbundenheit mit dem gesamten deutschen Kulturgute, mit der deutschen Oper, mit den Kräften der deutschen Romantik, mit Weber und mit Beethoven, zu den Meisterwerken des Genius, in denen der deutsche Mensch, das deutsche Volk und das deutsche Schicksal ihre großartig idealisierte Gestaltung erfahren haben. Den Trägern und *Erben des Bayreuther Kulturgedankens* – den Erfüllern in der Gegenwart – gilt der andere Teil der Detmolder Festwoche.[12]

Diese »Träger und Erben« sind Siegfried Wagner, Hans Pfitzner[13], der Mitbegründer des »Kampfbunds für deutsche Kultur« Hans von Wolzogen und Franz Stassen, sämtlichst tiefe Verehrer Wagners und enge Vertraute des Kreises um Haus Wahnfried.

Die beiden von Daube formulierten Schwerpunkte des Programms lassen sich auch in der tatsächlichen Gestaltung der Aufführungen und ihrer Reihenfolge ablesen, wenn auch nicht exakt in der implizierten – auch chronologischen – Zweiteilung von Wagner und seinen »Erben«: Während nach einer Eröffnung mit Hans von Wolzogens *Longinus* in der Vertonung des Detmolder Komponisten August Weweler[14] die ersten fünf Festtage dem »Werden und Vollenden«[15] Wagners, ausgehend vom Einfluss Glucks, Mozarts und Beethovens über seine eigenen frühen Kompositionen bis hin zu den *Meistersingern von Nürnberg* in chronologischer Reihenfolge gewidmet waren, stand die Festwoche am 26. und 27. Juli jeweils im Zeichen Siegfried Wagners bzw. Hans Pfitzners. Neben den musikalischen Veranstaltungen fand im Festsaal

---

[11] Daube: Kunstwerk und Kunstpflege, S. 15. Hervorhebung im Original gesperrt.
[12] Ebd. Hervorhebung im Original gesperrt.
[13] Der Komponist und Musikschriftsteller Hans Pfitzner war entschiedener Gegner von Bolschewismus, Amerikanismus und Pazifismus ebenso wie er gegen die progressiven Tendenzen der zeitgenössischen Musik eintrat. Er machte die Juden für die »Impotenz« und den Verfall der schöpferischen Kräfte der Deutschen verantwortlich. Vgl. Bernhard Adamy: Pfitzner, Hans Erich, in: *Neue Deutsche Biographie* 20 (2001), S. 341–343, URL: http://www.deutsche-biographie.de/pnd118593625.html, Abruf: 1. Dezember 2011. *Neue Deutsche Biographie* im Folgenden: *NDB*.
[14] Zu August Weweler vgl. den Beitrag von Kamil Glabica in diesem Band.
[15] Daube: Kunstwerk und Kunstpflege, S. 15.

Andreas Fukerider

Abb. 10: Plakat zur Festwoche 1935.

des Landestheaters eine Ausstellung zum »Schrifttum um Bayreuth« und eine weitere Ausstellung mit Werken Franz Stassens statt.[16] Zusätzlich wurden am 28. Juli, dem »Festtag der deutschen Kunst«[17], neben Werken Siegfried und Richard Wagners sowie Hans Pfitzners auch einige Kompositionen Franz Liszts aufgeführt, der damit in die Riege der ›wahrhaft deutschen‹ Künstler aufgenommen wurde.[18] August Wiemann formuliert in der April-Ausgabe von *Der Teutoburger Wald*, »Richard Wagner und seine geistigen Erben Siegfried Wagner und Hans Pfitzner stehen mit ihren Werken und ihrer Ideenwelt im Mittelpunkte dieser Woche« und Wolzogen und Stassen seien »dem Kreise dieser Festwoche eingefügt«.[19] Die hier anklingende Hierarchie der Künstler lässt sich auch in der Programmgestaltung der Festwoche verfolgen. Wurden für Siegfried Wagner und Hans Pfitzner noch eigene Morgenfeiern veranstaltet und ganze Tage für die Aufführung ihrer Werke reserviert, standen Wolzogen und Stassen tatsächlich etwas abseits des Hauptgeschehens.

In keinem der Texte zur Festwoche wird eine Aufführung als besonderer Höhepunkt hervorgehoben, wobei die Aufführungen von *Der fliegende Holländer, Lohengrin, Tristan und Isolde* und *Die Meistersinger von Nürnberg* die publikumswirksamsten Ereignisse gewesen sein mochten. Das 1935 noch verhältnismäßig bescheidene Budget[20] erlaubte zwar die Verpflichtung von namhaften Sängerinnen und Sängern aus ganz Deutschland, die ganz großen Stimmen des Bayreuther Sängerensembles konnte man sich allerdings noch nicht leisten. Friedrich W. Herzog hebt in der August-Ausgabe der Zeitschrift *Die Musik* besonders die Verpflichtungen von Hilde Singenstreu aus Wiesbaden, Josef Janko aus Köln und Grete Lüddecke aus Saarbrücken hervor.[21] Die Orchestermusiker des »Reichsorchesters des Deutschen Luftsport-Verbandes Berlin« übernahmen den instrumentalen Teil der Aufführungen. Laut einem (anonymen) Bericht über die Festwoche 1935 sollten die von den Kräften des Lippischen Landestheaters bestrittenen Aufführungen ursprünglich vom Opernpersonal der Stadt Bielefeld geleistet werden, »wenn nicht im letzten Augenblick in Gegensatz zu den Entwürfen und Kostenberechnungen das Stadttheater Bielefeld die von ihm übernommenen Opern-Gastspiele

[16] Vgl. das Programm, in: *Amtlicher Führer 1935*, S. 48.
[17] Ebd., S. 46.
[18] Vgl. ebd., S. 23–49.
[19] August Wiemann: Detmold, die wunderschöne Stadt im Teutoburger Walde, in: *Der Teutoburger Wald* 11/4 (1935), S. 1f.
[20] Zu den finanziellen Aspekten der Wagner-Festwochen vgl. den Beitrag von Raphael Köhler in diesem Band.
[21] Friedrich W. Herzog: Wagners »Wieland«-Fragment auf der Bühne, in: *Die Musik* 27/11 (1935), S. 852.

20. Juli: Eröffnungsfeier. Begrüßung durch Bürgermeister. Hans Keller. Ansprache des Gauleiters und Reichsstatthalters Dr. Alfred Meyer.
„Longinus" von Hans von Wolzogen
Uraufführung der Schauspielmusik zum „Longinus" und der Festlichen Ouvertüre von Aug. Weweler

21. Juli: Die italienische Oper. Mozart und Weber. Beethoven und der junge Wagner

22. Juli: Der fliegende Holländer
23. Juli: Lohengrin
24. Juli: Tristan und Isolde
25. Juli: Die Meistersinger von Nürnberg

} Aufführungen von Teilen der Werke im Konzertsaal mit vorangehenden einführenden Vorträgen über das Kunstwerk Richard Wagners.

26. Juli: Siegfried-Wagner-Morgenfeier
Abends: Opernaufführung „Der Bärenhäuter"

27. Juli: Hans-Pfitzner-Morgenfeier
Abends: Hans-Pfitzner-Festkonzert

28. Juli: Franz-Liszt-Morgenfeier
Abends: Festkonzert der deutschen Kunst.
Danach: Feierliche Kundgebung am Hermannsdenkmal. Es spricht Gauleiter und Reichsstatthalter Dr. Alfred Meyer.

29. Juli: Opernaufführung: „Der arme Heinrich"
30. Juli: Opernaufführung: „Der Bärenhäuter"

Während der spielfreien Zeiten: Regelmäßige Omnibusfahrten in den Teutoburger Wald und Besichtigungen der Gedenk- und Kulturstätten in Detmold und im Land Lippe (Hermannsdenkmal, Externsteine, Arbeitsdienstlager usw.) Näheres Programm folgt.

Am 25. Juli: Volksfest der deutschen Kunst im Palaisgarten in Detmold (Chor-, Tanz-, Orchesteraufführungen) (Regie: Rudolf Schulz-Dornburg; Tanzleitungen: Gerda von Ludwiger, Carola von Donop, Hilde Fricke)

Vom 20. bis 30. Juli: Ausstellung im Festsaal des Lippischen Landestheaters: Das Kunstwerk Franz Stassens. Schrifttum um Bayreuth.

Abb. 11: Programm aus dem Programmheft des Jahres 1935.

abgesagt hätte, weil die Stadt Bielefeld ihre Oper für die Sommerzeit aufgelöst hatte. Dadurch mußte die Stadt Detmold selbst die vorgesehenen Opern inszenieren«[22]. In späteren Jahren[23] hat das Bielefelder Theater tatsächlich einige der Aufführungen der Festwochen bestritten.

Friedrich Herzog schreibt in seinem Rückblick auf die Festwoche von einer begeisterten Aufnahme in der Öffentlichkeit, »mochte auch bei den konzertmäßig aufgezogenen Aufführungen die Illusion der Bühne fehlen«.[24] Ähnlich äußert sich auch der Autor mit dem Pseudonym »Hg.«, dessen vermutlich in einer Berliner Zeitung erschienener Artikel »Festtage in Detmold« davon spricht, dass »die Form der Opernquerschnitte in konzertmäßiger Aufführung [...] schon ein gutes pädagogisches Element in sich [hat], auch wenn die Illusion der szenischen Darstellung, die bei Wagner das wichtigste ist, fehlt«[25].

Diese Bemerkungen lenken den Blick auf eine Tatsache, deren Bedeutung in der bisherigen Forschung kaum beachtet wurde: Die Aufführungen der großen musiktheatralischen Werke fanden 1935 konzertant und lediglich in Ausschnitten statt, sodass dies bei der meist euphorischen Berichterstattung[26] über die Festwochen die künstlerische Größe des Ereignisses relativiert. Detmold hat von Anfang an keineswegs eine vollständige und erst recht nicht vollständig szenische Aufführung der Opern realisiert, sondern die Wagner'schen Werke wohl notgedrungen mit stark reduziertem Anspruch dargeboten, auch wenn die Festwoche damit nach Ansicht des Autors in der *Zeitschrift für Musik* gegen Wagners Kunstideal handle, indem sie »der von Richard Wagner selbst so stark bekämpften Unsitte der konzertmäßigen Darbietung einzelner Opernteile verfällt«[27]. Mit zunehmendem Renommee und steigenden finanziellen Mitteln wurden in späteren Jahren dann aber immer mehr Opern vollständig oder zumindest teilweise szenisch aufgeführt.[28]

Der von Daube und Meyer formulierte Grundsatz, in Detmold vor allem volkspädagogisch für das Erleben und Verstehen Wagner'scher Werke wirken zu wollen, wurde von der ersten bis zur letzten Festwoche durch die bereits erwähnten, größtenteils von Daube selbst bestrittenen Vorträge umgesetzt, die

---

[22] Anonymer Bericht über die Festwoche 1935 (LAV NRW OWL, L 113 Nr. 458, fol. 33).
[23] So z. B. 1940, vgl. hierzu weiter unten im Text.
[24] Herzog: Wagners »Wieland«-Fragment, S. 852.
[25] Hg.: Festtage in Detmold, in: [vermutlich einer Berliner Zeitung], 28. Juli 1935 (D DT, Mus-h 2 D 8).
[26] Vgl. hierzu den Beitrag von Agnes Seipelt in diesem Band.
[27] Anonymus: Kleine Mitteilungen. Musikfeste und Festspiele, in: *Zeitschrift für Musik* 102/2 (1935), S. 242.
[28] Vgl. hierzu weiter unten im Text.

am jeweiligen Vormittag eine Einführung in das am Abend gespielte Werk gaben.[29] Neben dem Festspielbetrieb mit Vorträgen, Ausstellungen und Aufführungen im Lippischen Landestheater fand am 25. Juli ein Volksfest im Palaisgarten statt, auf dem neben einigen »ziemlich unbekannt gebliebenen Blasmusiken Wagners und den von fröhlichen Jungmädchenscharen getanzten Volkstänzen aus den ›Meistersingern‹«[30] das *Wieland-Fragment* in der Bearbeitung vom Mitbegründer der Folkwang-Schule in Essen, Rudolf Schulz-Dornburg, aufgeführt wurde. Der Höhepunkt dieses Festes war laut Herzog der Schluss des Stücks, als »die politischen Soldaten des neuen Deutschlands, verkörpert im Reichsheer, SA und SS, Arbeitsdienst und Teno, HJ und Fliegerei, aufmarschierten und damit die Brücke von der Vergangenheit zur Gegenwart schlugen«, worauf »der Jubel der Abertausende von Zuschauern kein Ende nehmen« wollte.[31]

Wie viele oder wenige Besucher dem Fest tatsächlich beiwohnten, ist wohl nicht mehr ermittelbar. Der Programmverkauf für das Fest gestaltete sich zumindest nicht so einfach, wie das von den Organisatoren erwartet wurde: Bis kurz vor Festbeginn wurden von der Kreisleitung der NSDAP von 4000 ihr zum Verkauf übergebenen Programmen lediglich höchstens 122 abgesetzt.[32]

Insgesamt steckte die erste Wagner-Festwoche die ideologischen und kulturpolitischen Grenzen für alle folgenden Festwochen sehr genau ab: Die ›Erneuerung des deutschen Volkes‹ nach einer langen Zeit des künstlerischen und ›völkischen‹ Verfalls im und mit dem Werk und den Kunstidealen Wagners, überhöht ausgedrückt in der Wagnerstätte Bayreuth,[33] ist die tragende Maxime, der sich nach Ansicht der Organisatoren der Wagner-Festwochen die Kulturarbeit im Reich zu verpflichten hatte. Der Gedanke, die Besucher der Festwochen auf dieses ›Kulturideal Bayreuth‹ durch propädeutische Arbeit mit Vorträgen und Aufführungen vorzubereiten, kehrt in den folgenden Jahren immer wieder und bildet das Fundament der von Jahr zu Jahr auf das jeweilige Motto angepassten Programmgestaltung. Der Erfolg der ersten Festwoche war anscheinend groß genug, um eine Wiederholung der Veranstaltung im

---

[29] Außer diesen einführenden Werkvorträgen hielt Daube aber auch an weiteren Terminen, die später über das ganze Jahr verteilt sein konnten, Vorträge zu anderen, nicht werkspezifischen Wagnerthemen. Der Umfang der Vortragsarbeit wurde stetig ausgebaut; vgl. hierzu weiter unten im Text.
[30] Herzog: Wagners »Wieland«-Fragment, S. 852.
[31] Ebd.
[32] Brief von Stadtinspektor Schröder an die Kreisleitung der NSDAP, 22. Juli 1935 (LAV NRW OWL, L 113 Nr. 471, fol. 474–476).
[33] Vgl. hierzu Daube: Kunstwerk und Kunstpflege, S. 11–21, passim.

> **Donnerstag, 25. Juli**
>
> ## Die Meistersinger von Nürnberg
>
> > Als Albrecht Dürer den Pinsel führte, da war der Deutsche auf dem Völkerschauplatze unseres Weltbildes noch ein eigentümlicher und ausgezeichneter Charakter von festem Bestand; und seinen Bildern ist nicht nur in Gesichtsbildern und im ganzen Aeußeren, sondern auch im inneren Geiste, dieses ernsthafte, gerade und kräftige Wesen des deutschen Charakters treu und deutlich eingeprägt. In unseren Zeiten ist dieser festbestimmte Charakter, und ebenso die deutsche Kunst, verloren gegangen.
> >
> > (Wackenroder, 1797.)
>
> Nachmittags 4.30 Uhr:
>
> Vortrag:
> „Die Geburt der Tragödie aus dem Geiste der Musik"
> (Otto Daube)
>
> | 1. Teil | 2. Teil |
> |---|---|
> | 1. Vorspiel | 8. Wahnmonolog |
> | 2. Davids Meisterregeln | Jetzt zur Einleitung des 3. Aktes, wo, wenn der Vorhang aufgeht, Sachs in tiefem Sinnen dasitzt, lasse ich die Baßinstrumente eine leise, weiche, tief melancholische Passage spielen, die den Charakter größter Resignation trägt. (R. W. an M. W.) |
> | Gerade über die Regeln der Tabulatur haben sie sehr lachen müssen: Sie, Kind! Darauf ist's ja mit dem wunderlich pedantischen Kram abgesehen: lachen soll man. (R. W. an M. W.) | |
> | 3. Schusterlied | 9. Die Taufe der seligen Morgentraumdeutweise (Quintett) |
> | 4. Johannisspruch | |
> | 5. Pogners Ansprache | 10. Stolzings Preislied |
> | 6. Am stillen Herd | 11. Wach-auf-Chor |
> | 7. Fliedermonolog | 12. Schlußansprache und Schlußchor |
>
> Dirigent: Rudolf Schulz-Dornburg
> Hans Sachs: Alfred Kase   David: Erich Zimmermann
> Veit Pogner: Herbert Alsen   Eva: Hilde Singenstreu
> Walther von Stolzing: Josef Janko   Magdalena: Frances van Eysinga
> Chöre: Schubertbund, Detmold
>
> Nach dem 1. Teile eine Pause von 15 Minuten

Abb. 12: Programmauszug aus dem *Amtlichen Führer 1935*; die Aufführung der *Meistersinger* erfolgte nur ausschnitthaft.

folgenden Jahr anzusetzen, bis sie schließlich auch auf das Betreiben und mit der Unterstützung des Gauleiters Alfred Meyer zu einer ständigen Einrichtung wurde, durch die er seinen Status als ›Kulturgauleiter‹ repräsentativ festigen konnte.[34]

Festwoche 1936 – Nordische und griechische Mythologie

Die zweite Festwoche fand vom 2. bis 7. Juni 1936 statt. In »Aufgaben der Richard-Wagner-Festwoche 1936« aus dem *Amtlichen Führer* dieses Jahres erklärt Daube erneut, dass der Festspielgedanke Wagners als »Regenerationsplan« für das deutsche Volk gedacht sei, den er in Bayreuth als der »Weihestätte deutscher Kulturpflege« umgesetzt habe.[35] Über einen ausführlichen Exkurs in die germanische Sagen-und Heldenwelt rund um den *Ring des Nibelungen* stellt Daube den ›Kampf des Germanentums‹ dar: Der Germane begegne dem grundsätzlich leidvollen Leben stets heroisch.[36] Er habe Lust am Kampf, sehne sich nach Walhall, zeichne sich durch Sippenstolz, Mut, Freundschaft, und »kraftvollen Humor« aus.[37] Daube zieht dabei eine Parallele zur griechischen Sagenwelt, die er als südliches Pendant zur nordischen Mythologie sieht – die vom irdischen Leben erlösende Sehnsucht nach Walhall des Germanen beispielsweise entspreche der antik-griechischen Sehnsucht nach dem Olymp –, sodass Wagner, der »die Wiedergeburt der nordischen Tragödie aus dem Geist der Musik vollzog«, den Deutschen mit Bayreuth eine Kultstätte gegeben habe, die den Olympischen Spielen in Griechenland gleich komme, denn hier »empfängt der Deutsche [...] seine Weihe, wahrer Mensch und Deutscher zu sein«.[38]

Dieses Konzept der Verwandtschaft des antiken Griechenland mit dem durch und in Wagners Werk wieder zusammengeführten deutschen ›Volksgeist‹ bestimmt neben der weiteren Gestaltung des *Amtlichen Führers* auch die Programmgestaltung der gesamten Festwoche. Das Bild einer Hellenenbüste[39] oder auch der Text »Weltbild und Weltanschauung des nordischen und des hellenischen Menschen«[40] eines anonymen Autors verdeutlichen diesen Aspekt

---

34 Vgl. hierzu weiter unten im Text.
35 Otto Daube: Aufgaben der Richard-Wagner-Festwoche 1936, in: *Amtlicher Führer durch die Richard Wagner-Festwoche Detmold 1936*, hrsg. von Otto Daube, Detmold [1936], S. 10–21, hier S. 10ff.
36 Ebd., S. 18.
37 Ebd.
38 Ebd., S. 21f.
39 *Amtlicher Führer 1936*, S. 59.
40 Anonymus: Weltbild und Weltanschauung des nordischen und des hellenischen Menschen, in: *Amtlicher Führer 1936*, S. 56–58.

»Dem deutschen Volksgenossen die Größe der Bayreuther Idee zu erschließen«

Abb. 13: Oben: Franz Stassen mit Verena Wagner und Alfred Meyer. Unten: Franz Stassen mit Freiherr von Oeynhausen.

im *Führer* wie auch im Programmheft dieses Jahres, das besonders auf die »Darstellung der *Edda*, des *Nibelungenliedes* und der *Urverwandtschaft von altnordischer* und *altgriechischer Heldenwelt*«[41] hinweist.

Im Programm selbst schlägt sich dieses Konzept ebenfalls von Anfang an nieder. Daube formuliert im *Teutoburger Wald*, der erste Festspieltag »vermittelt den Eindruck der *Edda-Dichtungen selbst*« – Teile aus der Edda sind auch im *Amtlichen Führer* abgedruckt –, um auf den »Mittelpunkt der diesjährigen Festwoche«, den *Ring des Nibelungen*, vorzubereiten.[42] Der zweite Tag soll »durch die Gegenüberstellung der Edda-Dichtungen und der *Götter- und Heldenwelt der griechischen Antike*« darstellen, »wie groß und gewaltig die nordisch-germanische Kultur [...] gewesen ist«.[43] An diesem Tag umfasst der Programmpunkt »Altnordische und altgriechische Götter- und Heldenwelt und ihre Neugestaltung durch die deutsche Klassik und Romantik« neben einem Vortrag zur Daube'schen These der Rezeption und Verarbeitung der griechischen Mythologie durch deutsche Schriftsteller und Komponisten ab der zweiten Hälfte des 18. Jahrhunderts – eine These, die keine ungeteilte Zustimmung fand[44] – die Aufführung von *Der Tod der Antigone* von Houston Stewart Chamberlain[45] mit Musik von August Weweler.[46] Der Höhe- und Mittelpunkt der Festwoche war die Aufführung von Wagners *Ring* vom 4. bis zum 7. Juni, wobei wie gewohnt an jedem Vormittag Einführungen in das am Abend gebotene Werk stattfanden.[47] Auch hier muss aber wieder explizit darauf hingewiesen werden, dass die Aufführungen zu großen Teilen ausschnitthaft und konzertant abgehalten wurden (Abb. 14).[48]

Auch Siegfried Wagner, Franz Stassen und Hans von Wolzogen spielten in dieser Festwoche eine Rolle; Siegfried Wagner aus Anlass seines 67. Geburts-

---

[41] Vgl. das Programmheft *Richard-Wagner-Festwoche Detmold 1936*, Detmold [1936], S. 3. Hervorhebungen im Original fett.

[42] Otto Daube: Richard-Wagner-Festwoche – Detmold 2.–7. Juni 1936. Aufgabe und Programm, in: *Der Teutoburger Wald* 12/5 (1936), S. 7. Hervorhebung im Original gesperrt.

[43] Ebd. Hervorhebung im Original gesperrt.

[44] Vgl. Rudolf Sonner: Richard-Wagner-Festwoche in Detmold, in: *Die Musik* 28/10 (1936), S. 776.

[45] Houston Stewart Chamberlain war begeisterter Wagner-Anhänger und überzeugt von einem unüberbrückbaren Gegensatz zwischen Juden- und Germanentum. Vgl. Otto Graf zu Stolberg-Wernigerode: Art. Chamberlain, Houston Stewart, in: *NDB* 3 (1957), S. 187–90, URL: http://www.deutsche-biographie.de/pnd118675508.html, Abruf: 1. Dezember 2011.

[46] Vgl. das Programm, in: *Amtlicher Führer 1937*, S. 30–33.

[47] Vgl. ebd., S. 40–53.

[48] Vgl. Programmheft *Richard-Wagner-Festwoche 1936*, S. 4.

> **Donnerstag, 4. Juni, bis Sonntag, 7. Juni**
>
> ## Der Ring des Nibelungen
> von Richard Wagner
>
> **An den Vormittagen: Einführungen** in Dichtung und Musik (mit zahlreichen Beispielen am Flügel)
>
> **An den Abenden: Aufführungen** (3. T. szenisch, 3. T. nur musikalisch)
>
> Donnerstag, 4. Juni: **Das Rheingold** (szenisch, ungekürzt)
>
> Freitag, 5. Juni: **Die Walküre** (szenisch; 1. Aufzug ungekürzt; 2. und 3. Aufzug in den Hauptszenen)
>
> Sonnabend, 6. Juni: **Siegfried** (szenisch; 1. Aufzug ungekürzt; 2. und 3. Aufzug in den Hauptszenen)
>
> Sonntag, 7. Juni: **Götterdämmerung** (nicht szenisch; nur musikalische Wiedergabe großer, ausgewählter Szenen)

Abb. 14: Programmauszug aus dem Programmheft 1936. Während das *Rheingold* bereits szenisch und ungekürzt aufgeführt wurde, bot man die anderen Opern noch in stark reduziertem Umfang.

tages, Stassen mit einer weiteren Ausstellung im Lippischen Landestheater und Wolzogen als Autor der Nacherzählung des *Nibelungenlieds* am ersten Festspieltag.[49] Neben diesen eigentlichen Veranstaltungen der Festwoche wurde ein gegenüber dem vorigen Festjahr noch umfangreicheres Freizeitprogramm angeboten, das vom 3. bis 5. Juni Fahrten nach Lemgo, zu den Externsteinen und nach Oerlinghausen beinhaltete und am 6. Juni mit einem »Volksfest am Krummen Hause« mit Aufführungen der Liedertafel Detmold, von HJ und BdM sowie mit Tanzmusik und weiteren Vergnügungen schloss.[50]

Die Qualität der Aufführungen wurde abermals durch das verfügbare Personal bestimmt. Neben einigen Sängerinnen und Sängern aus ganz Deutschland, vornehmlich Hannover, Saarbrücken und Wiesbaden, konnte das städtische

[49] Vgl. das Programm in: *Amtlicher Führer 1936*, S. 25–53, passim.
[50] Programm zur Freizeitgestaltung während der Festwoche 1936 (LAV NRW OWL, L 113 Nr. 476, fol. 365ff).

Orchester aus Bochum verpflichtet werden.[51] Daneben bestritten aber Sänger und Instrumentalisten des Lippischen Landestheaters einen großen Teil der Aufführungen; die Liedertafel Detmold sang die Chöre.[52] Dass einige der hochrangigen Parteimitglieder offensichtlich nicht ganz freiwillig und mit der von ihnen erwarteten Begeisterung an der Festwoche teilgenommen haben, geht aus einem Brief des Gauschatzmeisters an alle Gauamtsleiter, Kreisleiter und Kreispropagandaleiter vom 15. Mai 1936 hervor, in dem er schreibt, Meyer habe den »Besuch dieser Veranstaltung dringend empfohlen. Der Gauleiter erwartet, dass, soweit es nur irgend möglich ist, die Gauamtsleiter, Kreisleiter und Kreispropagandaleiter an dieser Festwoche teilnehmen«[53]. Ein Besuch möglichst vieler Parteigenossen in möglichst hoher Position hatte für Meyer den Vorteil, sich selbst vor der Öffentlichkeit in der Rolle als ›Kulturgauleiter‹ profilieren zu können. Aber nicht nur hochrangige Persönlichkeiten mussten zum Besuch der Veranstaltungen bewegt werden, auch der Kartenverkauf für das Volksfest gestaltete sich als schwierig. Aus Abrechnungen und Korrespondenzen vom Mai und Juni 1936 geht hervor, dass von 8000 der HJ zum Verkauf übergebenen Karten nur 3842 rechtzeitig abgerechnet wurden, von denen wiederum nur 1379 Stück verkauft werden konnten; der Rest von 2.463 Karten musste zurückgegeben werden.[54] Allerdings scheinen bereits 1936 die Veranstaltungen der Wagner-Festwoche die Kapazitäten Detmolds voll erschöpft zu haben. Das geht aus einer Korrespondenz hervor, laut der für eine Töpferausstellung in Detmold während der Festwoche schon Wochen vor deren Beginn kein freier Raum mehr gefunden werden konnte.[55]

Festwoche 1937 – Beethoven und Wagner

Das Konzept der dritten Wagner-Festwoche vom 18. bis 28. Mai 1937 erschließt sich dem Betrachter des *Amtlichen Führers* bereits beim Blick auf das Titelblatt, auf dem die Unterschriften Beethovens und Wagners abgebildet sind. Daube erläutert in »Der deutsche Genius. Zur Einführung in die

---

51 Vgl. das Programm, in: *Amtlicher Führer 1936*, S. 25–53, passim.
52 Vgl. ebd.
53 Gauschatzmeister an alle Gauamtsleiter, Kreisleiter und Kreispropagandaleiter, 15. Mai 1936 (LAV NRW OWL, L 113 Nr. 328, fol. 27).
54 Kreiskassenleiter an HJ-Scharführer Beckmann, 10. Juni 1936 (LAV NRW OWL, L 113 Nr. 328, fol. 1), und Abrechnungen und Quittungen zur Wagner-Festwoche 1936 (LAV NRW OWL, L 113 Nr. 328, fol. 2–23).
55 Vgl. Korrespondenz zu einer Ausstellung während der Festwoche 1936 (LAV NRW OWL, L 115 H Nr. 11, unpaginiert).

3. Richard-Wagner-Festwoche in Detmold 1937« die ideologische Ausrichtung dieser Festwoche, die in gewissem Maße aus den Gedanken zur vorherigen Festwoche erwachsen zu sein scheint: Er geht von einem aus der germanischen Mythologie abstrahierten »deutschen Lebensgefühl« des Heldenruhms im Tode und dem heroischen Umgang mit dem qualvollen Leben auf der Erde – also außerhalb von Walhall – aus.[56] Dieses Lebensgefühl werde nun in »der deutschen Dichtung vom Nibelungenlied bis zu Klopstock und Lessing, Goethe und Schiller«, »in den Taten der deutschen Gelehrten, Philosophen und Erfinder, in Gutenberg und Gauß, Bunsen, Helmholtz und Zeppelin, in Herder und Grimm, Fichte und Lagarde, Leibnitz und Kant, Schopenhauer und Nietzsche« ebenso wie »in den Taten der deutschen Musik, in Bach und Händel, Haydn und Mozart, Weber und Schubert, *in den Symphonien Beethovens und den symphonischen Tragödien Richard Wagners*« verwirklicht.[57] Das heroische Moment ist dabei eines der Kennzeichen des ›Germanentums‹, das Daube auch schon in seinem Beitrag zur letzten Festwoche hervorgehoben hatte, genauso wie er dort auch auf Dichter wie Schiller, Goethe und Klopstock Bezug nahm, um die Wiedererweckung der nordischen Sagenwelt durch deutsche Künstler zu erläutern.

Das »deutsche Lebensgefühl« bringt Daube nun mit dem Anliegen der dritten Festwoche, nämlich »den deutschen Menschen zum Heroismus zu erziehen«[58], wie Meyer es in seinem Vorwort formuliert, in Einklang. Dazu konstruiert er aus den stilisierten Biografien Beethovens – als ›durch Nacht zum Licht‹ sich kämpfender, von Schicksalsschlägen gepeinigter, aber niemals daran zerbrechender, vom »Volkergeist« beseelter heroischer Deutscher – und Wagners – als von Beethovens Lebenskampf inspirierter und ebenfalls von Schicksalsschlägen hart getroffener deutscher Idealist, der sogar die Liebe dem ›deutschen‹ Anstand unterordnet und schließlich Bayreuth als das »Nationalheiligtum der deutschen Kultur« erschafft – eine enge Verwandtschaft beider Komponisten im Geiste des »deutschen Lebensgefühls«.[59] Die Werke und Biografien beider Komponisten werden zu einem Ausdruck wahren ›Germanentums‹ erklärt, die »es wert [sind], immer wieder den Deutschen ins Bewußtsein gerückt und als Vorbilder auch im nationalsozialistischen Deutschland dargestellt zu

---

[56] Otto Daube: Der deutsche Genius. Zur Einführung in die 3. Richard-Wagner-Festwoche in Detmold 1937, in: *Amtlicher Führer durch die Richard-Wagner-Festwoche Detmold 1937*, hrsg. von Otto Daube, Detmold [1937], S. 16–27, hier S. 16.
[57] Ebd., S. 17. Hervorhebung im Original gesperrt.
[58] Alfred Meyer: Der Gauleiter und Reichsstatthalter Dr. Alfred Meyer zur Richard-Wagner-Festwoche 1937 in Detmold, in: *Amtlicher Führer 1937*, S. 12.
[59] Daube: Der deutsche Genius, S. 19–27.

werden«⁶⁰, wie Meyer schreibt. Diese ideologische Ausrichtung der Festwoche lässt sich wiederum sowohl im *Amtlichen Führer* als auch im Programm von der Eröffnungsfeier an nachweisen. Der *Führer* enthält zahlreiche Ausschnitte aus Beethoven-Briefen,⁶¹ die einige Stationen seines ›heroischen‹ Lebenswegs nachzeichnen sollen. Anschließend werden Briefe Mathilde Wesendoncks – die Frau, die Wagner laut Daube aus Ehrgefühl nicht lieben konnte – zitiert.⁶²

Die Eröffnungsfeier bot direkten Einstieg in das Motto der diesjährigen Festwoche: Daubes Vortrag »Urbild – Idee – Sprache – Form« unter dem übergeordneten Titel »Das Genie der Gemeinsamkeit. Das deutsche Volkstum und die tragenden Ideen und wirksamen Kräfte des schöpferischen deutschen Volksgeistes als der Urgrund in den Kunstwerken Beethovens und Wagners« enthielt zahlreiche Musikbeispiele aus dem 13. bis 19. Jahrhundert, die die Entwicklung der Musik aus dem ›Volksgeist‹ heraus darstellen sollten.⁶³ Anschließend war die Festwoche zwischen Beethoven und Wagner genau zweigeteilt. Am 19. und 20. Mai wurden Werke Beethovens, wie die *Egmont-Ouvertüre*, die 5. Symphonie und *Fidelio* aufgeführt.⁶⁴ Der 21. Mai begann mit einer Beethoven-Morgenfeier – u. a. mit den Klaviersonaten op. 57 und op. 111.⁶⁵ Am Abend stellte Daube in einem mit musikalischen Beispielen unterlegten Vortrag unter dem Titel »Tristan-Symphonik« seine Sicht der »Geburt der Tragödie aus dem Geiste der Beethovenschen Symphonie« dar.⁶⁶ Diese Abendveranstaltung bildet die Verbindung zwischen den beiden Komponisten und markiert gleichzeitig den Anfang des Wagner gewidmeten Teils der Festwoche. Am 22. und 23. Mai wurden *Tristan und Isolde* und *Siegfried* aufgeführt.⁶⁷

Die Festwoche wurde wie im Jahr zuvor durch ein »Volksfest am Krummen Haus« am 25. Mai ergänzt.⁶⁸ Die Teilnahme an der Festwoche war wohl bei einigen Parteimitgliedern in höheren Funktionen wie im vorangegangenen Jahr wieder nicht ganz freiwillig. Das zumindest geht aus einem Brief des Kreisleiters Adolf Wedderwille, der nach Meyer der mächtigste Mann in Lippe

---

60 Meyer: Der Gauleiter und Reichsstatthalter, S. 12.
61 Anonymus: Ludwig van Beethoven. Sein Lebenslauf in seinen Briefen, in: *Amtlicher Führer 1937*, S. 44–49.
62 Anonymus: Mathilde Wesendonk [sic] in ihren Briefen an Richard Wagner, in: *Amtlicher Führer 1937*, S. 50–55.
63 Vgl. das Programm, in: *Amtlicher Führer 1937*, S. 28–43, hier S. 28f.
64 Vgl. ebd., S. 30–33.
65 Vgl. ebd., S. 34f.
66 Vgl. ebd., S. 36f.
67 Vgl. ebd., S. 38–41.
68 Brief von Bürgermeister Keller an die NSDAP-Kreisleitung Detmold, 15. September 1937 (LAV NRW OWL, L 113 Nr. 482, fol. 28).

war, vom 10. März 1937 hervor, in dem er »sämtliche Hoheitsträger der Partei und Kreisamtsleiter« aufforderte, an der Wagner-Festwoche teilzunehmen.[69]

Diese erfuhr eine wichtige Erweiterung ihres Einfluss- und Aufgabenbereiches, indem sie »zum ersten Male auch Tausenden von deutschen Arbeitern aus vielen Betrieben des Gaues das Erlebnis der Werke dieser beiden Großen der deutschen Kunst«[70] vermitteln sollte. Meyer formuliert, die Aufgabe der Festwoche sei erfüllt, wenn sie den »tausenden oft noch unter sehr bescheidenen Lohn- und Lebensbedingungen schaffenden Arbeitern zur Stärkung für ihre schwere Arbeit im Vierjahresplan Tage reinsten Kunstgenusses und tiefsten Erlebens vermitteln kann«,[71] sodass die Darbietungen neben dem generellen ideologischen Gedanken der Volkserziehung auch den konkreten wirtschaftlich motivierten Zweck der Erholung und Stärkung der Arbeitermoral hatten. Im Zuge dieser Entwicklung fand 1937 eine umfangreiche »Großaktion für den kulturellen Gedanken Bayreuths« zu Wagners 125. Geburtstag statt, die von Januar bis März, angefangen am 18. und 20. Januar in Bielefeld, verschiedene auf Wagner bezogene Veranstaltungen in den Städten des Gaues bot.[72] Laut Daube wurden diese Maßnahmen »seit Abschluss der Festwoche 1936« in Zusammenarbeit mit der Deutschen Arbeitsfront und der NS-Gemeinschaft »Kraft durch Freude« geplant, sodass im Winter 1936/1937 erstmals betriebliche Lehr- und Fortbildungsveranstaltungen – er nennt sie »Betriebsfeierstunden« – durchgeführt wurden.[73] Die Einbeziehung der Arbeiter wurde dadurch hergestellt, dass im Anschluss an die eigentliche Festwoche – das Programmheft berichtet von einem »[f]estlichen Ausklang der Wagner-Woche mit großer Tombola«[74] am 23. Mai – an den Tagen vom 24. bis 28. Mai das jeweils gleiche Programm für die Arbeiter gegeben wurde, bei dem neben Wagners *Siegfried* das während der Festwoche sonst nicht gebotene *Giulietta Guicciardi. Ein Spiel um Beethovens cis-moll-Sonate* von Otto Daube zur Aufführung kam.[75]

Was im *Führer* nicht erwähnt wird, ist die Tatsache, dass der *Siegfried* in der Darbietung für die Arbeiter im Gegensatz zur Aufführung während der für alle Besucher offenen Festwoche wohl nur gekürzt gezeigt wurde. Paul Bülow

[69] Wedderwille an Gauorganisationsamt, 10. März 1937 (LAV NRW OWL, L 113 Nr. 349, fol. 247).
[70] Meyer: Der Gauleiter und Reichsstatthalter, S. 12.
[71] Ebd.
[72] Brief vom Gaupropagandaleiter an alle Kreisleitungen, 10. November 1937 (LAV NRW OWL, L 113 Nr. 252, fol. 366f).
[73] Otto Daube: Der deutsche Arbeiter erlebt die Meisterwerke der Nation, in: *Vom Vorort zum Hügel*, fol. 14r–15r.
[74] Programmheft: *Richard Wagner Festwoche. Detmold 1937*, Detmold [1937], S. 1.
[75] Programm, in: *Amtlicher Führer 1937*, S. 43.

> **Festaufführungen für die NS.-Gemeinschaft „Kraft durch Freude"**
>
> (Veranstaltet in der Verbindung mit der Gauamtsleitung der Deutschen Arbeitsfront und der Gauwaltung der NS.-Gemeinschaft „Kraft durch Freude" des Gaues Westfalen-Nord.)
>
> Vormittags 10 Uhr: **Beethoven-Morgenfeier**
>
> 1. Teil: **Giulietta Guicciardi**
>   Ein Spiel um Beethovens cis-moll-Sonate.
>   In einem Aufzug von Otto Daube.
>
> Handelnde Personen:
>
> Graf Guicciardi . . . . Willibald Mohr
> Gräfin Guicciardi . . . . Else Hähnel
> Giulietta, ihre Tochter . . . . Gisela Mattishent
> Fürst Lichnowsky . . . . Erwin Stutzke
> Therese Brunswick . . . . Margarete Voß
> Wenzel, Graf Gallenberg . . . . Georg Born
> Stephan von Breuning . . . . Heinz Scheepers
> Graf Waldstein . . . . Richard Beron
> Ein Kammerdiener . . . . Carl Friedrich Koch
> Gäste im Hause Guicciardi. Die Handlung spielt im Herbste des Jahres 1801 im Musiksalon des Hauses Guicciardi in Wien.
>
> 2. Teil: **Symphonie in c-moll, Nr. 5**
>   Dirigent: Professor Leopold Reichwein
>
> Nachmittags 17 Uhr:
>
> Festaufführung **Siegfried**
>
> Von Richard Wagner
> Dirigent: Prof. Carl Kittel. Spielleitung: Dr. Hans Winckelmann
>
> Siegfried . . . . { Gustav Wünsche (24., 26., 28. Mai)
>   { Joachim Sattler (27. Mai)
> Mime . . . . Bruno Miserski
> Der Wanderer . . . . . { Josef Correck (26., 28. Mai)
>   { Carl Schmidt (24., 27. Mai)
> Alberich . . . . Eduard Habich
> Fafner . . . . Carl Friedrich Koch
> Erda . . . . Grete Lüddecke
> Stimme eines Waldvogels . . . . Herma Kittel
> Brünnhilde . . . . Vilma Fichtmüller

Abb. 15: Programmeintrag für die Arbeiterveranstaltungen (24.–28. Mai) aus dem *Amtlichen Führer 1937*.

schreibt in der Juli-Ausgabe der *Zeitschrift für Musik*, die »künstlerischen Gipfelereignisse« dieser Festwoche seien die Aufführungen von *Fidelio*, *Tristan und Isolde* und *Siegfried* gewesen.[76] Dabei habe die Tatsache, dass sich

[76] Paul Bülow: Dritte Richard Wagner-Festwoche in Detmold. 18. bis 28. Mai 1937, in: *Zeitschrift für Musik* 104/7 (1937), S. 809f., hier S. 809.

»diese Festwoche [zum ersten Mal] zu ungekürzter szenischer Wiedergabe der gewählten Musikdramen (soweit es den ersten Zyklus betraf) [entschloss]«, besondere Bedeutung gehabt.[77] Der »erste Zyklus« ist hier offensichtlich die Aufführung des *Siegfried* am 23. Mai, denn bei den Aufführungen für die NS-Gemeinschaft »Kraft durch Freude« – die die Festwoche bei der Einbeziehung der Arbeiter unterstützte – an den fünf Folgetagen konnte man nur einen »allerdings stark gekürzten«[78] *Siegfried* erleben. Laut Paul Bülow wurden so 3000 Arbeiter einbezogen, die seit mehreren Monaten durch die bereits erwähnten Vorträge von Daube während der betrieblichen Veranstaltungen auf den Besuch vorbereitet worden waren.[79] Bülow sieht in diesem neuen Engagement auf der Ebene der Arbeiterschaft sogar die eigentliche Legitimation der Festwoche: »Ihr Eigenrecht wird die Detmolder Festwoche aber vor allem dann behaupten, wenn ihr der Nachweis gelingt, Kreise der Arbeiterschaft wahrhaft kulturwillig und von ehrlicher Begeisterung gepackt für das Kunstwerk Richard Wagners gewonnen zu haben«[80]. Für die Arbeiter wurde 1937 sogar ein eigenes Programmheft[81] gedruckt. Diese Ausgabe ist bemerkenswerterweise wesentlich aufwändiger gestaltet als das Heft für die regulären Besucher, was wohl durch seinen Zweck als »Erinnerung an die unvergesslichen Tage in Detmold« und als »Einblick in die Grösse des Schaffens unserer Meister« erklärbar ist.[82] In der Betonung der Arbeiterveranstaltungen zeigt sich ein erster Schritt in Richtung einer Emanzipation der Detmolder Festwoche von ihrer der ›Bayreuther Festspielidee‹ deutlich untergeordneten Stellung, die im folgenden Jahr noch weiter fortgeführt werden sollte.[83]

Die Gesangssolisten kamen, anders als im vorigen Jahr, nun größtenteils nicht aus Detmold; Hilde Singenstreu war zum dritten Mal engagiert, und dieses Mal wurden auch Gastsänger aus München, Berlin, Lübeck, Wien und sogar New York verpflichtet.[84] So standen unter anderem Lotte Schrader, Gustav Wünsche, Eduard Habich, Herbert Alfen und erneut Grete Lüddecke auf der Bühne.[85] Eine Verbesserung erfuhr auch die Situation des großen Chores, der zum größten Teil

---

[77] Ebd.
[78] Ebd.
[79] Ebd.
[80] Ebd., S. 810.
[81] Programmheft: *Richard-Wagner-Festwoche Detmold. Beethoven-Wagner*, Bielefeld [1937].
[82] Brief vom Gauwart »Kraft durch Freude« Westfalen-Nord an Wedderwille, 20. Mai 1937 (LAV NRW OWL, L 113 Nr. 328, fol. 44).
[83] Vgl. dazu weiter unten im Text.
[84] Bülow: Dritte Richard Wagner-Festwoche, S. 809f.
[85] Ebd.

aus Detmolder Chören – dem Opernchor des Lippischen Landestheaters, dem Schubertbund und dem Frauenchor – bestand und von Mitgliedern des Opernchores der Städtischen Bühnen Hannover verstärkt wurde.[86] Das Orchester war erneut das Städtische Orchester aus Bochum.[87] Diese Verbesserung des künstlerischen Niveaus und die erstmals vollständig szenische Aufführung einer Wagner-Oper im Jahr 1937 war ein großer Schritt in der Entwicklung der Festwochen, der bereits auf die Höhepunkte der kommenden Jahre weist.

Abb. 16: Titelblatt des Programmhefts für die Teilnehmer an den Arbeiterveranstaltungen 1937.

Festwoche 1938 – Erstes Bayreuther Gastspiel

Der *Amtliche Führer* des Jahres 1938 bildet unter den ersten *Führern* eine Ausnahme, da er neben den sonst üblichen Teilen keinen Text Daubes zu Gestaltung und Idee der Festwoche enthält, wenngleich auch die üblichen Geleitworte Meyers und Winifred Wagners enthalten sind. Meyer legt neben der üblichen Betonung der Wichtigkeit Wagners und Bayreuths für Deutschland besonders Wert auf die Veranstaltungen für die Arbeiter, die nach der Einführung im vergangenen Jahr auch dieses Mal wieder stattfinden sollten:

> Aus allen Teilen des Gaues sollen die Menschen in den ersten Tagen der Festwoche nach Detmold zusammenströmen und in dem Theater zu einer Gemeinschaft zusammenwachsen. Die Schlußtage der Festwoche gehören den deutschen Arbeitern, die »Kraft durch Freude« zu Tausenden heranführen wird. So war es im vergangenen Jahre, und das Ergebnis war ermutigend […].[88]

---

[86] Vgl. das Programm, in: *Amtlicher Führer 1937*, S. 29–41, passim.
[87] Vgl. ebd.
[88] Alfred Meyer: [unbetitelter Text], in: *Amtlicher Führer durch die 4. Richard-Wagner-Festwoche Detmold 1938*, hrsg. von Otto Daube, Detmold [1938], S. 8.

»Dem deutschen Volksgenossen die Größe der Bayreuther Idee zu erschließen«

Abb. 17: Empfang von Winifred Wagner in Detmold. Winifred Wagner steht in der Mitte, links von ihr Alfred Meyer, rechts Heinz Tietjen.

Ein eigenständiger Text Daubes findet sich im Sonderdruck mit dem Titel *Vom Vorort zum Hügel. Detmold im Dienste Bayreuths. Aufgaben und Wege der Detmolder Richard-Wagner-Festwochen. Mit einem Rückblick auf die Festwochen 1935–1938.*[89] Das Heft, das in etwa wie eine kleine Ausgabe des *Amtlichen Führers* aufgebaut ist, enthält mehrere Texte, in denen Daube neben den bereits bekannten emphatischen Beschreibungen der Bedeutung der Kunst als aus dem Volk erwachsenes »vollkommenste[s] Abbild seines Willens« und als »erhabenste[r] Ausdruck seines Wesens« sein Konzept des »Nationalkunstwerks« erläutert:[90] »1. Das Nationalkunstwerk ist die höchste Erscheinungsform des Volkes. 2. Das Nationalkunstwerk bildet das tiefste Erlebnis für das Volk. 3. Die Vermittlung des Nationalkunstwerks an das Volk ist die größte Aufgabe kulturpolitischer Betätigung.«[91] Da das Volk einfachere musikalische Formen wie Volkslieder, Tanz-und Marschmusik von selbst begreifen könne – lediglich eine »allgemeine Stimmung« sei für die Annahme dieser Werke

[89] Otto Daube: *Vom Vorort zum Hügel.*
[90] Otto Daube: Volk und Kunst, in: *Vom Vorort zum Hügel*, fol. 3r–5r, passim.
[91] Ebd. Dieses Zitat ist im Original vollständig gesperrt.

nötig –, aber für die Konfrontation mit großen Meisterwerken, wie den Opern Wagners, geschult werden müsse, um die »Fähigkeit zur bewußten und eindeutigen klaren Aufnahme« zu erhalten, liege »die besondere Detmolder Aufgabe« in der »Schulung im Rahmen des öffentlichen deutschen Musiklebens«, um dem »Idealziel« Bayreuth als Erfüllung der Wagner'schen Volkserziehung zuzuarbeiten.[92] Nach einer darauf folgenden streiflichtartigen Rückschau auf die Festwochen der Jahre 1935 bis 1937 formuliert Daube auch das Motto für die Festwoche des Jahres 1938; die Verbindung des »heroischen Ideal[s]« – bekannt aus dem *Führer* der Festwoche 1936 und als Motto der Festwoche 1937 – mit dem »Bekenntnis der Freude« sollte das Programm in diesem Jahr tragen.[93]

Ein weiterer eigenständiger Text Daubes findet sich auch in *Richard Wagner ein Erzieher zu Deutschland*. Dieses Heft wurde in Zusammenarbeit mit dem Münsterischen Anzeiger erstellt und besteht zu einem großen Teil aus detaillierten Berichten der Mitarbeiter des *Anzeigers* zu allen wichtigen Aufführungen und Veranstaltungen der Festwoche. Der gewichtige Unterschied zu den *Führern* und Programmheften liegt darin, dass der *Erzieher zu Deutschland* erst nach der Festwoche erschienen ist. Damit ist Daubes darin enthaltener Text »Der Bayreuther Gedanke in Westfalen« auch nicht eine vorbereitende Erklärung der diesjährigen Festspielidee, sondern eine eher allgemein gehaltene, stark an die vergangenen Jahre erinnernde Darstellung der Bedeutung Bayreuths und Wagners für Deutschland. Daube zeichnet darin die Geschichte Bayreuths bis zum aktuellen Jahr nach, betont insbesondere, dass in diesem Jahr 6000 Arbeiter »auf den Festspielhügel von Bayreuth [...] geführt« werden, und leitet mit der Bemerkung, »die Vorarbeit aber für Bayreuth« werde von Detmold geleistet, zu den Detmolder Festwochen über.[94] Damit spielt er sicherlich auch auf das Engagement Detmolds auf dem Gebiet der Förderung von Arbeitervorstellungen seit dem letzten Jahr an. Anstatt nun aber detaillierter auf die diesjährige Festwoche einzugehen, stellt Daube die Verdienste Alfred Meyers in den Mittelpunkt seiner Ausführungen. Meyer sei hier »am Werke, die Bayreuther Kulturidee der Gesamtheit seines Gaues zum tiefsten Erlebnis und zum feierlichsten Bewußtsein zu bringen. In einzigartiger

---

[92] Otto Daube: Kunstwerk und Erlebnis. die Begegnung des Volkes mit dem Kunstwerk. Wege der Darbietung des Kunstwerks und seines Übergangs in den dauernden Besitz des Volkes, in: *Vom Vorort zum Hügel*, fol. 5v–9r, passim.

[93] Otto Daube: Die Richard-Wagner-Festwoche in Detmold 1935–1938, in: *Vom Vorort zum Hügel*, fol. 10r–10v.

[94] Otto Daube: Der Bayreuther Gedanke in Westfalen, in: *Richard Wagner ein Erzieher zu Deutschland. Die 4. Richard-Wagner-Festwoche in Detmold 1938*, Münster [1938], S. 3f.

Weise hat er seinen Gau unter die deutsche Kulturidee von Bayreuth gestellt«[95]. Dazu gehörten nicht nur die Wagner-Festwochen an sich mit der Einbeziehung sämtlicher Bevölkerungsschichten, einschließlich der Arbeiter und der Jugend, sondern auch die »Großkulturveranstaltungen vor insgesamt etwa 20000 Volksgenossen«, die »allein im letzten Jahre [...] in Bielefeld, Brackwede, Halle, Warendorf, Gronau, Bocholt, Coesfeld, Recklinghausen, Gelsenkirchen, Ahlen, Warburg, Paderborn, Lüdinghausen, Herford, Detmold, Bad Salzuflen, Lübbecke, Minden, Bückeburg« stattfanden.[96] Diese Orte werden auch im Heft *Vom Vorort zum Hügel* genannt,[97] ebenso wie die Veranstaltungen zur Vorbereitung auf die diesjährige Woche und besonders die Richard Wagner-Feier in Bielefeld auch in der Februar-Ausgabe der *Zeitschrift für Musik* erwähnt werden.[98] Die besondere Hervorhebung der Bedeutung Meyers für die Wagner-Festwochen ist nicht nur in Daubes Text bemerkenswert, sondern zieht sich durch den gesamten *Erzieher zu Deutschland*. Eine mögliche Konsequenz dieses 1938 gezeichneten euphorischen Meyer-Bildes wird weiter unten beleuchtet.

Insgesamt wird im Vergleich zum letzten Jahr die Bedeutung der Arbeiterveranstaltungen noch stärker betont. Wilhelm Vernekohl zufolge hat Meyer in seiner Rede vor der Presse davon gesprochen, dass ihn die Tatsache, dass »das Wort ›national‹ für den Arbeiter nichts bedeute, aber das Wort ›Internationale‹ ihn gleichsam mit magischem Glanze anzog«,[99] besonders bedrücke. Daher sei »der tiefere Sinn der Wagner-Festwoche die *Aufschließung Richard Wagners*, eines *wahrhaft deutschen Künstlers, für die schaffenden Menschen*«[100]. Auch Daube spricht im Heft *Vom Vorort zum Hügel* in seiner Rückschau der vergangenen Jahre von der besonderen Bedeutung der Arbeiterveranstaltungen seit 1937.[101] Im Zuge dieser Hervorhebung scheint sich die Tendenz der Detmolder Emanzipation aus dem Schatten Bayreuths nach der ersten Andeutung im letzten Jahr nun verstärkt fortsetzen zu wollen. In der im *Erzieher* abgedruckten Eröffnungsrede Meyers erwähnt dieser, die NS-Gemeinschaft »Kraft durch Freude« habe »sich ganz in den Dienst

---

[95] Ebd., S. 4.
[96] Ebd.
[97] Otto Daube: Der deutsche Arbeiter erlebt die Meisterwerke der Nation, in: *Vom Vorort zum Hügel*, fol. 14r–15r.
[98] Anonymus: Kleine Mitteilungen. Musikfeste und Festspiele, in: *Zeitschrift für Musik* 105/2 (1938), S. 219f.
[99] Wilhelm Vernekohl: Richard Wagner ein Erzieher zu Deutschland, in: *Richard Wagner ein Erzieher zu Deutschland*, S. 6–12, hier S. 6.
[100] Ebd., S. 7. Hervorhebung im Original gesperrt.
[101] Vgl. Daube: Der deutsche Arbeiter, fol. 14r–15r.

Abb. 18: Empfang der Ehrengäste im Detmolder Rathaus.

unserer Detmolder Aufgabe gestellt.«[102] Hier steht Detmold zwar immer noch im Dienste der Bayreuther Sache, hat aber mittlerweile seine spezielle Nische mit ganz eigener Aufgabe gefunden, für die es sogar eine Organisation gibt, die sich nun wiederum in deren Dienst stellt. Auch Paul Bülow unterstützt in der *Zeitschrift für Musik* die Entwicklung eines eigenständigen Profils der Detmolder Festwochen gegenüber den Bayreuther Festspielen:

> Auf dem grünen Hügel zu Bayreuth steht ja ausschließlich die künstlerische Tat der Festspielaufführungen im Mittelpunkt. Die Pflege des geistigen Bayreuth in den Ausstrahlungen seines weitreichenden Kulturbesitzes und in der Erkenntnis seiner weltanschaulichen Haltung ist die wichtige Zielsetzung der Detmolder Wagnerwoche. So erfolgte nach eingehenden Besprechungen zwischen den Detmolder Stellen und dem Hause Wahnfried eine glückliche und für die Zukunft vielversprechende Teilung der gegenseitigen im Dienste am Bayreuther Gral verankerten Aufgabenkreise.[103]

[102] Rede abgedruckt in: Vernekohl: Richard Wagner ein Erzieher, S. 8–11, hier S. 9. Hervorhebung vom Verfasser.
[103] Paul Bülow: Vierte Richard Wagner-Festwoche in Detmold. 5.–15. Juni 1938, in:

Das bedeutet eine Aufwertung Detmolds als bedeutende Wagnerstätte schon fast neben oder zusammen mit Bayreuth, die man sich im Jahre 1938 auch am ehesten erlauben konnte, da hier das künstlerische Niveau der Festwoche erstmals überregionale Bedeutung erlangte. Die Aufgabenteilung zwischen Bayreuth und Detmold erscheint als Chance, sich gegenüber dem an kultureller Bedeutung weit wichtigeren Haus Wahnfried zu profilieren und bis zu einem gewissen Grad unabhängig zu legitimieren. Das zeugt von einem gestiegenen Selbstbewusstsein der Detmolder Festwochen, die sich über nunmehr vier Jahre zu einer überregional bedeutsamen Veranstaltung entwickelt haben und sich als Partner Bayreuths etablieren wollen.

Neben den vergleichsweise kurzen Ausführungen Daubes im *Vorort zu Bayreuth* kommt eine weitere Verortung der aktuellen Festspielidee von Wilhelm Vernekohl im *Erzieher zu Deutschland*, der in »Die HJ erlebt Beethoven und Wagner« nach einer Zusammenfassung der Ziele der ersten Festwochen schreibt:

> Die Festwoche 1938 verbindet das heroische Ideal, das dem Leben, dem Schicksalskampf und der Weltanschauung Beethovens und Wagners gemeinsam ist, mit ihrem ebenso gemeinsamen Bekenntnis der Freude, der stärksten Äußerung im Lebensgefühl und in den Kunstwerken der beiden Geister in dem Lebensabschnitt ihrer höchsten Reife.[104]

Im Programm schlägt sich das hauptsächlich durch eine Konzentration auf Beethoven und Wagner, und – als Darstellung der »Freude« – im »Abend heiterer Kunst« am 10. Juni nieder, an dem *Der fahrende Schüler im Paradeis* von Hans Sachs – ganz im Sinne des *Meistersinger*-Höhepunktes der Festwoche –, die deutsche Bearbeitung der *Serva padrona* von Hermann Abert und eine Buffoszene aus *Das Liebesverbot* von Richard Wagner aufgeführt wurde.[105]

Daneben war der Höhepunkt des Programms von 1938 die Aufführung der *Meistersinger von Nürnberg*, die von Sängerstars gegeben wurden, »deren Namen in der Geschichte der Bayreuther Festspiele bekannt geworden sind«, wie Rudolf Bockelmann, Max Lorenz, Käthe Heidersbach und Ruth Berglund.[106] Die Aufführung am 12. Juni wurde von Darbietungen der 9. Sym-

---

Zeitschrift für Musik 105/7 (1938), S. 778ff., hier S. 779.

[104] Wilhelm Vernekohl: Die HJ erlebt Beethoven und Wagner, in: *Richard Wagner ein Erzieher zu Deutschland*, S. 4ff., hier S. 5.

[105] Vgl. das Programm, in: *Amtlicher Führer 1938*, S. 19–39, hier S. 30f., und Wilhelm Vernekohl: Ein Abend heiterer Kunst, in: *Richard Wagner ein Erzieher*, S. 17f.

[106] Heinz Bause: Der Höhepunkt der Detmolder Festtage, in: *Richard Wagner ein*

phonie Beethovens und *Tristan und Isolde* an den vorhergehenden Tagen eingeleitet.[107] Allerdings wurde ausschließlich die *Meistersinger*-Aufführung des 12. Juni in Bayreuther Besetzung gegeben. Weder *Tristan und Isolde* noch die Festaufführungen der *Meistersinger* für Arbeiterschaft und – zum erstenmal in diesem Jahr – die Hitler-Jugend wurden von diesen prestigeträchtigen Gesangssolisten geboten, sondern durch ein Vokalensemble interpretiert, das dem der Vorjahre gleicht; Hilde Singenstreu stand neben anderen SängerInnen aus Wiesbaden, München oder Wien zum wiederholten Mal in Detmold auf der Bühne.[108] Auch die Chöre für die 9. Symphonie und die Chorszenen der Opern bewegten sich auf regionalem Niveau; neben dem Volkschor Bielefeld waren beispielsweise Schubertbund und Liedertafel aus Detmold sowie der Opernchor des Stadttheaters Bielefeld und des Lippischen Landestheaters vertreten.[109] Das Orchester war diesmal das städtische Orchester aus Bielefeld.[110] Das künstlerische Niveau dieses Jahres war das bis dahin höchste in der Geschichte der Wagner-Festwochen.

Die erwähnten Festaufführungen für die HJ fanden vor der Eröffnungsfeier am 7. Juni statt: Am 5. Juni wurde nach einer »Beethoven-Morgenfeier« neben *Louis Ferdinand, Prinz von Preußen. Ein Schauspiel zu Beethovens »Eroica«* von Otto Daube auch Beethovens 3. Symphonie aufgeführt, worauf am 6. Juni eine Darstellung der *Meistersinger* folgte.[111]

Dies bewog Paul Bülow in der Juli-Ausgabe der *Zeitschrift für Musik* zu der Feststellung, die Festwoche hätte »in diesem Jahre zum erstenmal auch die Jugend der Bewegung in umfassender Weise in den Hörerkreis«[112] einbezogen. Das gleiche Programm wurde für die Besucher aus der Arbeiterschaft jeweils am 13. und 15. Juni gegeben.[113] Neben den Aufführungen wurde wieder eine Stassen-Ausstellung und eine Ausstellung zur »Bayreuther Geisteswelt« im Landestheater gezeigt.[114] Auch das in den letzten zwei Jahren etablierte »Volksfest am Krummen Haus« wurde wieder durchgeführt, wobei für dieses Jahr erstmals ein ausführliches Programm mit Uhrzeiten erhalten ist: am 13. und 15. Juni fand ab 13.30 Uhr ein »Festlicher Nachmittag« mit Gesang, Tänzen der Jugend,

Erzieher zu Deutschland, S. 19f., S. 20.
[107] Vgl. das Programm, in: *Amtlicher Führer 1938*, S. 19–39, hier S. 24f.
[108] Ebd., passim.
[109] Ebd.
[110] Vgl. Programmheft: *Richard-Wagner-Festwoche, Detmold 1938*, [Detmold] [1938].
[111] Vgl. das Programm, in: *Amtlicher Führer 1938*, S. 18–21.
[112] Bülow: Vierte Richard Wagner-Festwoche, S. 778.
[113] Vgl. das Programm, in: *Amtlicher Führer 1938*, S. 36–39.
[114] Ebd., S. 23.

Abb. 19: Blick von der Rathaustreppe auf den Marktplatz von Detmold während der von der HJ gestalteten Aufführung von *Der fahrende Schüler im Paradeis* von Hans Sachs.

Abb. 20: Blick auf die Ehrenloge des Lippischen Landestheaters, in der Meyer und die Ehrengäste saßen.

dem Hans Sachs-Spiel *Der fahrende Schüler*, Volkstänzen, Musik der Fliegerkapelle und anderen volkstümlichen Aufführungen statt.[115] Ab 20 Uhr ging der Abend am 15. Juni außerdem in ein »Fest des Volkes« über, an dem neben den volksmusikalischen Darbietungen auch Turner und Männerchöre auftraten und ein Feuerwerk gezündet wurde.[116] Auf der unteren Festwiese konnte man einen Vergnügungspark besuchen und in einem Festzelt tanzen.[117]

Aus dem *Erzieher* erfährt man auch von weiteren Veranstaltungen, die in Verbindung mit der Festwoche stattfanden: Zum einen ein mittlerweile zur »schöne[n] Tradition« gewordenes Musikschulungslager der westfälischen HJ, in dem wiederum durch auf die jugendlichen Zuhörer abgestimmte Reden, Vorträge und Aufführungen das Erlebnis der Festwoche ergänzt wurde – seit wann die »schöne Tradition« bereits besteht, wird nicht erwähnt –,[118] zum anderen die Tagung der »Freunde germanischer Vorgeschichte«.[119]

In den Texten des *Erzieher zu Deutschland* und der Juli-Ausgabe von *Die Musik* wird nun – wie bereits angedeutet – zum ersten Mal explizit Meyer als Schöpfer und Schenker der Festwochen bezeichnet. Friedrich W. Herzog schreibt, Meyer »hat der Stadt [...] ihre Rolle als Pflegestätte deutscher Kultur nicht nur zurückgegeben, sondern den Kreis ihrer Aufgaben erweitert«[120], während Wilhelm Vernekohl davon spricht, dass »Dr. Meyer [...] die Detmolder Festwoche geschaffen und unter seinen besonderen Schutz genommen hat«[121]. Der erhebliche Aufwand, der um die Festwoche 1938 betrieben wurde, die starke Popularität durch die erstmalige Verpflichtung Bayreuther Sänger und die im Vergleich zu den vergangenen Jahren erheblich deutlichere Hervorhebung Meyers in den Texten Daubes, Vernekohls und Herzogs lässt vermuten, dass die Legende von der Schenkung der Festwoche durch Meyer an Detmold hier ihren Ausgang nahm oder doch zumindest bereits angelegte Tendenzen stark befördert wurden. In keinem der anderen Jahre findet eine so deutliche Hervorhebung Meyers als Stifter der Festwochen statt.

---

[115] Vgl. die Programme zum Fest am Krummen Haus (LAV NRW OWL, L 113 Nr. 856, fol. 337ff).
[116] Ebd.
[117] Vgl. ebd.
[118] Vernekohl: Die HJ erlebt Beethoven und Wagner, S. 5.
[119] Vernekohl: Richard Wagner ein Erzieher, S. 8.
[120] Friedrich W. Herzog: Jugend erlebt Richard Wagner. Vierte Richard-Wagner-Festwoche in Detmold, in: *Die Musik* 30/10 (1938), S. 703f., hier S. 703.
[121] Vernekohl: Die HJ erlebt Beethoven und Wagner, S. 4.

Die Festwoche 1938 erlebte außerdem zum ersten Mal eine direkte Einmischung Adolf Hitlers: Nachdem Meyer ein Grußtelegramm an Hitler geschickt hatte,[122] antwortete dieser: »Der zu Beginn der Vierten Richard-Wagner-Festwoche 1938 im Landestheater zu Detmold versammelten Festgemeinde danke ich für Ihre Grüße, die ich herzlich erwidere.«[123] Laut Vernekohl löse das bei der öffentlichen Verlesung »stürmischen Beifall« bei der »großen Festgemeinde« aus.[124] Neben den bereits beschriebenen Veranstaltungen wurde zur Festwoche im Jahr 1938 eine weitere Verbindung zwischen Bayreuth und Detmold hergestellt: Alfred Meyer berichtet in einem Schreiben an den Landrat des Kreises Detmold vom 8. November 1938, als Bestätigung der Detmolder Arbeit habe

> Frau Winifred Wagner die Reichsbundesleitung des Bayreuther Bundes von diesem Jahre ab nach Detmold verlegt und den künstlerischen Leiter der Detmolder Festwoche mit der Neu-Organisation des Bundes und seiner Führung beauftragt [...]. Dadurch aber hat Frau Winifred Wagner eine neue Verbindung zwischen Bayreuth und Detmold hergestellt. Herr Staatsrat Heinz Tietjen hat den Detmolder Festwochen und dem Gau Westfalen-Nord schon im vergangenen Jahre den Ehrennamen »Vorort zu Bayreuth« gegeben [...].[125]

Im folgenden Jahr fungierte der *Amtliche Führer* auch das erste Mal als »Jahrbuch des Bayreuther Bundes«.

Festwoche 1939 – Wagner und die deutsche Romantik

Die fünfte Wagner-Festwoche vom 28. Mai bis zum 10. Juni 1939 stand unter dem Motto »Richard Wagner und die deutsche Romantik«.[126] Der *Amtliche Führer* lässt zusammen mit den anderen erhaltenen Quellen ein Bild entstehen, nachdem in den Texten zu Idee und Aufgabe der Veranstaltungen des Jahres 1939 die Emanzipationsversuche der vergangenen Festwoche wieder aufgege-

---

[122] Vernekohl: Richard Wagner ein Erzieher zu Deutschland, S. 11.
[123] Wilhelm Vernekohl: Im Banne der Neunten Sinfonie, in: *Richard Wagner ein Erzieher zu Deutschland*, S. 12f., hier S. 13.
[124] Ebd.
[125] Gauleiter Meyer an den Landrat des Kreises Detmold, 8. November 1938 (6 Blätter + 2 Anlagen) (Kreisarchiv Lippe, K2 Detmold Nr. 55 (ehemals D 100 Detmold 55), unpaginiert).
[126] Vgl. Titelblatt des Programmheftes: *5. Richard-Wagner-Festwoche Detmold 30. Mai–4. Juni 1939. Richard Wagner und die deutsche Romantik*, Detmold [1939].

Abb. 21: Stellproben für *Die Walküre* in Bayreuther Besetzung.

ben wurden. Meyer beispielsweise spricht in seinem Geleitwort im *Führer* – wie schon in den Jahren vor 1938 – wieder davon, der Gau Westfalen-Nord habe »sich ganz *in den Dienst des Bayreuther Kulturideals* gestellt«[127]. Otto Daube stellt in »Das deutsche Kulturideal Richard Wagners« fest, dass das Festspielhaus in Bayreuth als »Vermächtnis Richard Wagners« dessen »deutschen Kulturwillen« manifestiere und sozusagen ein »*deutsches Olympia*« – diese Formulierung erinnert stark an das Programm der zweiten Festwoche – darstelle, in dem das »Nationalkunstwerk« der Deutschen angemessen gewürdigt und aufgeführt werden könne.[128] Von Detmold ist hier nicht die Rede.

Den Gedanken, »Richard Wagner und die deutsche Romantik« zum Thema der Festwoche zu machen, findet man in Daubes Text allenfalls implizit, wenn man davon ausgeht, dass die von ihm angeführten Lebensumstände und Erfahrungen Wagners zu einem großen Teil durch die musikalischen und ideologischen Konzepte der ›deutschen Romantik‹ beeinflusst worden waren und so der umfassenden Darstellung im Rahmen der Festwoche bedürfen, um den Stoff, aus dem Wagners ›deutscher Geist‹ erstanden ist, kennen zu lernen. Deutlicher äußert sich Daube in der fünften Ausgabe des *Teutoburger Waldes*. Nach einer Zusammenfassung der Ziele der vergangenen Festwochen schreibt er, die fünfte Festwoche stelle »*das Kunstideal der deutschen Romantik*, die Wiedergeburt des deutschen Volkstums und der Liebe zum deu[t]schen Volke

---

[127] Alfred Meyer: [unbetitelter Text], in: *Amtlicher Führer durch die 5. Richard-Wagner-Festwoche Detmold 1939*, hrsg. von Otto Daube, Detmold [1939], S. 4. Hervorhebung im Original gesperrt.

[128] Otto Daube: Das deutsche Kulturideal Richard Wagners, in: *Amtlicher Führer 1939*, S. 52–61. Hervorhebung im Original gesperrt.

Abb. 22: Detmolder Bühnenbilder der *Meistersinger von Nürnberg* aus dem Programmheft des Jahres 1939.

und der deutschen Heimat in der Kunst«[129] dar. Paul Bülow stellt in der *Zeitschrift für Musik* ebenfalls rückblickend fest, die Festwoche habe »diesmal im Zeichen der *Beziehungen Richard Wagners zur Romantik*«[130] gestanden. Im Programm schlägt sich dieses Motto durch die Aufführung des *Freischütz* und der *Oberon-Ouvertüre* Carl Maria von Webers, einer Franz-Schubert-Morgenfeier und der Darbietung von Beethovens 6. Symphonie nieder.[131] Daneben wurden die Hauptszenen des *Fliegenden Holländers* in Verbindung mit Daubes Vortrag »Das romantische Kunstwerk«[132] konzertant aufgeführt und *Die Walküre* mit den »bayreuthischen Stimmen von Marta Fuchs, Margarete Klose, Jaro Prohaska, Franz Völker, Ludwig Hofmann und dem stolzen Walküren-Chor«[133] gegeben.

Den Abschluss der Festwoche bildete die Aufführung der *Meistersinger von Nürnberg* am 4. Juni, der ein Hans Sachs gewidmeter Abend am 3. Juni voranging.[134] Daneben wurde wiederum eine Siegfried Wagner-Morgenfeier im Gedenken zu seinem 70. Geburtstag abgehalten.[135] Das erste Mal fand vermutlich keine Stassen-Ausstellung, sondern stattdessen eine Ausstellung mit dem

[129] Otto Daube: Die Detmolder Richard-Wagner-Festwochen. Aufgaben und Wege, in: *Der Teutoburger Wald* 15/5 (1939), fol. 3v–4r.
[130] Paul Bülow: Fünfte Richard Wagner-Festwoche in Detmold. 30. Mai bis 10. Juni 1939, in: *Zeitschrift für Musik* 106/7 (1939), S. 763f., hier S. 763. Hervorhebung im Original gesperrt.
[131] Vgl. das Programm, in: *Amtlicher Führer 1939*, S. 15–37, passim.
[132] Vgl. ebd, S. 24f.
[133] Bülow: Fünfte Richard Wagner-Festwoche, S. 764.
[134] Vgl. das Programm, in: *Amtlicher Führer 1939*, S. 30–33.
[135] Ebd., S. 28f.

Titel »Im Reiche der Romantik« (und eine weitere Ausstellung unbekannten Inhalts) in der Lippischen Landesbücherei statt.[136] Außerdem wurde das in den letzten zwei Jahren gewachsene Konzept fortgeführt, die eigentliche, öffentliche Festwoche – die vom 30. Mai bis zum 4. Juni stattfand – mit den HJ-und »Kraft durch Freude«-Veranstaltungen zu umrahmen. So fanden die »Festtage der HJ« mit einer Schubert-Weber-Pfitzner-Morgenfeier, der Aufführung des *Freischütz*, einer Hans Sachs-Morgenfeier und der Aufführung der *Meistersinger* am 28. und 29. Mai statt, während die »Festtage der NS.-Gem. ›Kraft durch Freude‹« vom 6. bis 10. Juni jeweils eine Hans Sachs-Morgenfeier und die *Meistersinger* boten.[137] Bei den Orchestern handelte es sich um die städtischen Orchester aus Bielefeld und Münster.[138] Die Chorpartien wurden von den Opernchören des Landestheaters Neustrelitz, der Stadttheater Cottbus und Bielefeld sowie von verschiedenen Detmolder Chören, wie dem Chor des Lippischen Landestheaters und dem Schubertbund oder der Liedertafel, übernommen.[139] In den Texten zur Festwoche 1939 finden sich vor allem im Vergleich mit den enthusiastischen Formulierungen des Vorjahres kaum Erwähnungen des Rahmenprogramms für Arbeiter und Jugend. Meyer schreibt in der Anlage zu einem Brief an den Landrat des Kreises Detmold vom 8. November 1938: »Vom Oktober 1938 bis April 1939 finden im Gau Westfalen-Nord wiederum *Kultur-Großveranstaltungen* [...] im Zusammenhang mit dem Ideenkreis des Programms der 5. Richard Wagner-Festwoche statt.«[140] Auch seien die Vorbereitungen für die Festwoche 1939 »in enger Gemeinschaft mit Frau Winifred Wagner und Herrn Staatsrat Tietjen schon jetzt zum Abschluss gekommen«[141], was die intensiven Bemühungen und extrem schnelle Planung nach der anscheinend besonders erfolgreichen Festwoche von 1938 verdeutlicht. In Daubes »Die Detmolder Richard-Wagner-Festwoche« erfährt die Öffentlichkeit auch erstmals vom konkreten Erfolg der Veranstaltung:

> Heute sind nach einer Propaganda von 2 Wochen für eine neue Richard-Wagner-Festwoche sämtliche Aufführungen ausverkauft. Das Lippische Landestheater, die Stätte der Festaufführungen, ist längst viel zu klein geworden. Schon liegen zahlreiche Vorbestellungen von Reihenkarten für die

---

[136] Ebd., S. 18f.
[137] Ebd., S. 14–17 und S. 36f.
[138] Ebd., S. 15–37, passim.
[139] Ebd.
[140] Gauleiter Meyer an den Landrat des Kreises Detmold, 8. November 1938 (6 Blätter + 2 Anlagen) (Kreisarchiv Lippe, K2 Detmold Nr. 55 (ehemals D 100 Detmold 55), unpaginiert). Hervorhebung im Original unterstrichen.
[141] Ebd.

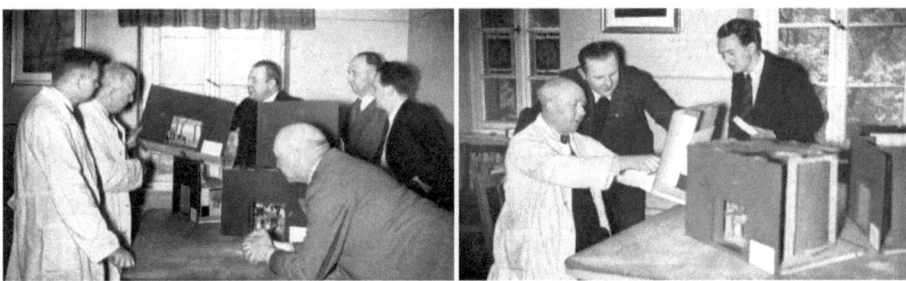

Abb. 23: Arbeit an den Modellen der Bühnenbilder 1939.

> 6. Festwoche vor, die noch garnicht [sic!] einmal angekündigt worden ist und für die das Programm noch nicht feststeht. Während für die 5. Festwoche der Verkauf seit Monaten eingestellt werden mußte, laufen täglich Anfragen nach Karten ein [...] sodaß für die kommenden Jahre mit einer außerordentlichen Verlängerung der »Festwoche« und mehrfacher Wiederholung der Aufführungen zu rechnen ist.[142]

Diese euphorischen Formulierungen zeigen, dass man sich im Jahre 1939 in einem Rausch des Erfolges befand. Durch die hervorragende künstlerische Qualität der Bayreuther Sänger erreichte die Festwoche nach 1938 nun zum zweiten Mal weit über das Gau Westfalen-Nord hinausreichende Bedeutung. Ob die Kartenbestellungen tatsächlich so zahlreich waren, wie von Daube beschrieben, sei dahingestellt, allerdings deuten seine Formulierungen auf eine wohl tatsächlich erlebte hohe Publikumsresonanz zur Festwoche 1939, sodass einem weiteren Ausbau der Veranstaltungsreihe für das nächste Jahr anscheinend nichts im Wege stand. Nur allzu verständlich ist die Begeisterung, mit der Daube ›sein‹ Projekt voranzutreiben versuchte. Der Ausbruch des Krieges aber sollte den hochgesteckten Erwartungen für die Folgejahre einen Strich durch die Rechnung machen.

Festwoche 1940 – Kürzungen und Kriegseinfluss

Der Kriegsausbruch 1939 hatte auf fast alle folgenden Festwochen erhebliche Auswirkungen. Das zeigt sich zum einen in finanziellen Kürzungen, sodass der Umfang der Festwochen stark zurückgefahren werden musste, weniger Druckmittel bereit gestellt und weniger angesehene Sänger verpflichtet werden

---

[142] Daube: Die Detmolder Richard-Wagner-Festwochen. Aufgaben und Wege, fol. 3v–4r.

konnten,[143] zum anderen in der ideologischen Ausrichtung der offziellen Texte, die in *Amtlichen Führern* und Programmheften veröffentlicht wurden. Meyer spricht in seinem Vorwort des *Führers* von 1940 davon, dass die Festtage in Detmold »durch die großen geschichtlichen Ereignisse der Gegenwart ihre besondere Bedeutung«[144] erhalten.

> Sie werden Zeugnis geben von der Größe der deutschen Kultur, von der unbeirrbaren Durchführung kultureller Aufgaben auch in Zeiten großer außenpolitischer Auseinandersetzungen und von dem starken Glauben an Führer und Volk. Im besonderen stehen die diesjährigen Richard-Wagner-Festtage in Detmold im Dienst des schaffenden deutschen Volksgenossen, der Wehrmacht und der Jugend.[145]

Weiter spricht er von der »großen deutschen Vergangenheit [, …] in der schon einmal das starke geeinte Deutsche Reich siegreich seine Feinde von den deutschen Gauen abwehrte.«[146] Ähnlich äußert sich Winifred Wagner[147] und auch Paul Bülow reiht sich in seinem Rückblick auf die Festtage ganz in diese Wortwahl ein: »Von außen von gepanzerter Kraft umschirmt, von innen von der vaterländischen Weihe der Landschaft beflügelt«[148], hätten die diesjährigen Festtage begonnen. Die demonstrative Beibehaltung kultureller Veranstaltungen während des Kriegsgeschehens sollte wohl hauptsächlich nach innen wirken, um die Moral der Deutschen zu stärken und einerseits zu zeigen, für welche Kultur es sich zu kämpfen lohnte, andererseits durch die Durchführung der Veranstaltung an sich darzustellen, wie selbstbewusst und siegesgewiss Deutschland im Krieg agieren könne. Die Kultur wird zur Demonstration von Größe und Überlegenheit einer Nation, die mitten in einem Weltkrieg steckt und trotzdem noch Muße genug hat, Kunst zu feiern.[149] Otto Daube legt in »Die deutsche Wiedergeburt aus dem Geiste der Musik« das Motto der Festta-

---

[143] Vgl. dazu auch den Beitrag von Raphael Köhler.
[144] Alfred Meyer: [unbetitelter Text], in: *Amtlicher Führer durch die Richard-Wagner-Festtage Detmold 1940*, hrsg. von Otto Daube, Detmold [1940], S. 4.
[145] Ebd.
[146] Ebd.
[147] Winifred Wagner: [unbetitelter Text], in: *Amtlicher Führer 1940*, S. 5.
[148] Paul Bülow: Richard Wagner-Festtage in Detmold, in: *Zeitschrift für Musik* 107/6 (1940), S. 361.
[149] Die deutschen Erfolge im Krieg bis zu diesem Zeitpunkt ließen das noch zu. Dass sich mit der Situation im Krieg aber auch die finanzielle Ausstattung der Festwochen verschlechterte und deren ideologische Ausrichtung darauf reagierte, wird weiter unten im Text gezeigt.

ge dar: Der »deutsche Geist«, der aus dem »Mysterium der Bachschen Musik« die »Wiedergeburt Deutschlands [...] von innen her« gestaltet habe und der auch Glucks, Mozarts, Haydns, Beethovens und schließlich Wagners Werke bestimme und aus diesen spreche,[150] ist hier in etwa gleichbedeutend mit den 1936 aufgezählten Merkmalen des ›Germanentums‹ in der nordischen Mythologie. Dieser »deutsche Geist« sei Träger des »ewige[n] Deutschland«, »das ihren [damit sind die ›großen Deutschen‹ Musiker, Maler, Baumeister, Dichter, Heerführer und Staatsmänner gemeint] Taten und ihren Werken den höchsten Inhalt und die ewige Lebenskraft gibt«.[151]

Um nun das »ewige Deutschland« in der Musik zu demonstrieren, widmeten sich die Festtage den Werken Bachs, Haydns, Beethovens und Wagners.[152] Die eigentlichen Festtage dieses Jahres – nicht ohne Grund sprechen sowohl das Titelblatt des *Amtlichen Führers* als auch Meyer und Daube von Fest*tagen* statt einer Fest*woche* – umfaßten lediglich Zeitraum vom 11. bis 13. Juni. An diesen Tagen kam neben einigen kleineren Werken Bachs, Haydns und Beethovens am Tage der Eröffnung und bei der Hauptversammlung des Bayreuther Bundes – Bach wurde von diesen dreien durch ausführlichere Veranstaltungen besonders geehrt – und nach einem Richard Wagner-Festkonzert am 12. Mai – in dem aber lediglich Vorspiele und Ouvertüren zu seinen Opern gegeben wurden – auch der *Lohengrin* am 13. Mai zur Aufführung, was den im Vergleich zu den Vorjahren bescheidenen Höhepunkt des Programms darstellte.[153] Die Kriegsausgaben ließen es nicht zu, ein umfangreicheres oder hochwertigeres Programm zu bieten. Am 14., 16. und 18. Mai fanden schließlich die Festaufführungen für die »Gefolgschaftsmitglieder der Betriebe«, die HJ und den BdM und zum ersten Mal auch die Wehrmacht statt.[154] Auch diese Veranstaltungen erfuhren eine starke Einschränkung ihres im Vorjahr noch recht ausführlichen Programms: Lediglich der *Lohengrin* wurde aufgeführt.[155] Insgesamt wurden so Qualität und Quantität des Programms im Vergleich zum Vorjahr stark reduziert. Um diese Einbuße aber so gut wie möglich zu verschleiern, werden die Festtage in der Rückschau der 1944 erschienenen Festschrift *10 Jahre Pflege des Bayreuther Kulturideals im Gau Westfalen-Nord* wieder zur Fest*woche* umformuliert, da diese Schrift ihrem Zweck als

---

[150] Otto Daube: Die deutsche Wiedergeburt aus dem Geiste der Musik, in: *Amtlicher Führer 1940*, S. 24–28, passim.
[151] Ebd.
[152] Ebd.
[153] Vgl. das Programm in: *Amtlicher Führer 1940*, S. 14–23.
[154] Programm (Kreisarchiv Lippe, K2 Detmold Nr. 55 (ehemals D 100 Detmold 55), unpaginiert).
[155] Ebd.

Geburtstagsgeschenk für Adolf Hitler gemäß tunlichst den besten Eindruck des Detmolder Projekts hinterlassen sollte.[156] Auch die mitwirkenden Künstler der Festtage 1940 waren nicht mit dem Aufgebot der Aufführungen der beiden Vorjahre zu vergleichen; *Lohengrin* wurde vollständig vom Stadttheater Bielefeld inszeniert und gegeben.[157] Das Orchester des Wagner-Festkonzerts war wiederum das Stadtorchester Bochum.[158]

Festwoche 1941 – Letztes Bayreuther Gastspiel

Das Kriegsthema ist auch während der Festwoche vom 3. bis 11. Juni 1941 gegenwärtig. Winifred Wagners Geleitwort im *Amtlichen Führer* bezieht sich zwar nicht auf das aktuelle Geschehen, Meyers Vorwort erneuert aber den Gedanken des letzten Jahres, in den Festwochen »ein stolzes Zeichen deutscher Kulturleistungen während des Krieges und der größten politischen Entwicklungen, die die deutsche Geschichte erlebte«[159] zu setzen. Auch Paul Bülow schließt sich dem in der *Zeitschrift für Musik* an, wenn er vom »weltbewegenden Schicksalsringen der Völker«[160] spricht, während dem die Festwoche stattgefunden habe. Es ist in den offziellen Quellen wie Programmheften und dem *Amtlichen Führer*, sowie in den sonst üblichen Zeitschriften wie dem *Teutoburger Wald* keine programmatische Schrift von Daube überliefert.

Das Programm der Festwoche 1941 erlebte gegenüber dem Vorjahr wieder eine deutliche Aufwertung. Neben kleineren Werken von Gluck, Mozart und Beethoven kamen Webers *Freischütz*, Wagners *Tristan und Isolde* und als Höhepunkt am 8. Juni *Die Walküre* in Bayreuther Besetzung zur Aufführung.[161] Das Orchester stellte die Stadt Bielefeld.[162] Am 10. und 11. Juni fanden »Festaufführungenen der NS.-Gem. ›Kraft durch Freude‹« statt, in denen Webers *Freischütz* gegeben wurde.[163] Diese Aufführungen waren »für

---

[156] Anonymus: 10 Jahre Pflege des Bayreuther Kulturideals im Gau Westfalen-Nord. Der Bayreuther Gedanke im Kriege, in: *10 Jahre Pflege des Bayreuther Kulturideals im Gau Westfalen-Nord*, Detmold 1944, S. 9–16, hier S. 15. Vgl. dazu auch das Kapitel über die Festwoche 1944 in diesem Text.
[157] Vgl. das Programm, in: *Amtlicher Führer 1940*, S. 20–23.
[158] Vgl. ebd., S. 18f.
[159] Alfred Meyer: [unbetitelter Text], in: *Amtlicher Führer durch die 7. Richard-Wagner-Festwoche Detmold 1941*, hrsg. von Otto Daube, Detmold [1941], S. 10.
[160] Paul Bülow: 7. Richard Wagner-Festwoche in Detmold. 3.–11. Juni 1941, in: *Zeitschrift für Musik* 108/8 (1941), S. 539f., hier S. 539.
[161] Vgl. das Programm, in: *Amtlicher Führer 1941*, S. 13–23, passim.
[162] Ebd.
[163] Programmheft: *7. Richard-Wagner-Festwoche*, Detmold [1941], fol. 2r.

Soldaten und Rüstungsarbeiter«[164] vorgesehen und entsprechen den Arbeiterveranstaltungen aus den vergangenen Jahren, die nun angesichts des Krieges auf Rüstungs- und Kriegsarbeiter umgemünzt wurden. Es ist nicht eindeutig zu ermitteln, ob am 9. Juni ebenfalls eine Aufführung geplant war. Das Programmheft führt keine Veranstaltung für diesen Tag auf, wobei allerdings in »10 Jahre Pflege des Bayreuther Kulturideals im Gau Westfalen-Nord« rückblickend von drei Veranstaltungen gesprochen wird.[165] Entweder stimmt also eine Angabe in einem der beiden Hefte nicht, oder der *Freischütz* wurde am 10. oder 11. Juni zweimal gegeben. Warum der Etat der Festwochen im Jahre 1941 trotz des Krieges noch einmal sprunghaft angehoben wurde,[166] lässt sich wohl nicht eindeutig beantworten. Es kann aber vermutet werden, dass während der ersten Kriegsjahre, in denen Deutschland erhebliche militärische Erfolge verzeichnen konnte und die Ausdehnung des Reichsgebietes noch bis Mitte 1942 zunahm, nach 1940 keine Kürzungen des Kulturetats mehr für nötig gehalten und im Gegenteil erneut hohe Summen für die Durchführung kultureller Veranstaltungen ausgegeben wurden. Als sich die Kriegslage dann zu verschlechtern begann, sparte man auch bei Kunst und Kultur, worunter bereits die Festwoche 1942 zu leiden hatte.

Festwoche 1942 – Spiegel des Kriegsgeschehens

Der Planungszeitraum für die Festwochen der Jahre 1942 bis 1944 lässt sich jeweils anhand der überlieferten Briefe des Gauamtsleiters August Mietz an den Landrat des Kreises Detmold ungefähr einordnen. In diesen Briefen bittet er die Stadt Detmold um Kostenzuschüsse für die jeweils geplante Festwoche. Das lässt zwar nicht die tatsächliche Planungsarbeit überblicken, erscheint aber als Hinweis auf die zeitliche Einordnung des Schrittes der Sponsorenakquise, die wiederum vermutlich in jedem Jahr ungefähr zum gleichen Zeitpunkt innerhalb der Planungen stattfand. So schreibt Mietz am 30. Dezember 1941, dass »bereits jetzt mit den organisatorischen Arbeiten begonnen werden«[167] müsse, was auf eine wesentlich spätere Planungsphase im Vergleich zur Festwoche 1939 schließen lässt.[168] Über die Planungsarbeit für die Festwochen 1940 und 1941 sind keine Quellen erhalten.

[164] Anonymus: 10 Jahre Pflege des Bayreuther Kulturideals im Gau Westfalen-Nord. Der Bayreuther Gedanke im Kriege, in: *10 Jahre Pflege*, S. 9–16, hier S. 15.
[165] Ebd.
[166] Vgl. dazu den Beitrag von Raphael Köhler in diesem Band.
[167] Gauschatzmeister Mietz an den Landrat des Kreises Detmold, 30. Dezember 1941 (Kreisarchiv Lippe, K2 Detmold Nr. 55 (ehemals D 100 Detmold 55), unpaginiert).
[168] Vgl. dazu den Abschnitt über die Festwoche 1939 in diesem Text.

Für die Festwoche vom 29. bis 31. Mai 1942 wurden wahrscheinlich keine offziellen Programmhefte mehr gedruckt, die in Stil und Umfang mit denen der vergangenen Jahre vergleichbar sind. Zumindest sind weder im Lippischen Landesarchiv noch in der Lippischen Landesbibliothek Hefte dieser Art für das Jahr 1942 erhalten. Die einzigen Informationen über das Programm der Festwoche erhält man daher neben Zeitungen und Zeitschriften aus dem Rückblick in *10 Jahre Pflege des Bayreuther Kulturideals im Gau Westfalen-Nord*, in dem diese achte Festwoche aber gemäß ihrer Bedeutung im Verhältnis zu den Festwochen der anderen Jahre nur vergleichsweise kurz mit der Erwähnung der aufgeführten Stücke abgehandelt wird.[169] Alfred Pellegrini schreibt in der Juli-Ausgabe der *Zeitschrift für Musik*, die Festwoche hätten dieses Mal »im kleineren Rahmen« stattgefunden,

> der aber in der Auswahl der Mitwirkenden und der Güte der Durchführung keinesfalls eine Herabminderung der gebotenen Leistungen [bedeutete], sondern im Gegenteil, durch die gesteigerte Konzentration auf diesmal nur drei Festaufführungen zu einem bedeutsam nachhaltenden künstlerischen Erlebnis hinauszuwachsen schien.[170]

Diese Lagebeschreibung ist sehr euphemistisch und versucht von der Realität, dass die Festwoche dieses Jahres besonders nach den Erfolgen und künstlerischen Höhepunkten der Jahre 1938, 1939 und 1941 in Hinsicht auf Programmgestaltung und -umfang den bisherigen Tiefpunkt in der Geschichte der Veranstaltung darstellte, abzulenken. Bei den Aufführungen handelte es sich um Wagners *Tristan* und ein Beethoven-Konzert mit der Ouvertüre Nr. 2 (der »Leonoren-Ouvertüre«) und der 5. und 6. Symphonie.[171] Der Höhepunkt bestand in der Aufführung der *Walküre*, dirigiert vom Bayreuther Festspieldirigenten Karl Elmendorff.[172] Die Sänger stammten aus ganz Deutschland; Mannheim, Hamburg, Berlin, Düsseldorf, München, Kassel und Bielefeld waren vertreten.[173] Das Orchester stellte die Stadt Münster.[174]

Pellegrini fasst die Festtage als ein »Bekenntnis unbeirrbar deutschen Siegeswillens«[175] zusammen. Diese Formulierung trägt wohl dem sich für Deutschland zunehmend schlecht entwickelnden Kriegsverlauf Rechnung, der

---

[169] Anonymus: 10 Jahre Pflege des Bayreuther Kulturideals, S. 15.
[170] Alfred Pellegrini: »Richard Wagner-Tage« in Detmold, in: *Zeitschrift für Musik* 109/7 (1942), S. 318.
[171] Ebd.
[172] Ebd.
[173] Ebd.
[174] Ebd.
[175] Ebd.

»Dem deutschen Volksgenossen die Größe der Bayreuther Idee zu erschließen«

Abb. 24: Ausstellung im Detmolder Rathaus 1942, ganz rechts: Alfred Meyer.

in Anbetracht der immer größeren Erfolge der Alliierten[176] die Bevölkerung Deutschlands dazu aufgefordert, mit eben diesem »unbeirrbarem Siegeswillen« weiterzukämpfen und so durch Hartnäckigkeit den Sieg zu erringen.

Festwoche 1943 – Absinken zur Bedeutungslosigkeit

Laut Mietz wurde mit den organisatorischen Arbeiten für die Festwoche des Jahres 1943 um den 8. Dezember 1942 begonnen.[177] Die Veranstaltungsplanung

[176] So stellte beispielsweise die Verwicklung der USA in die mittlerweile zum Weltkrieg avancierten Kämpfe Ende 1941 eine entscheidende Veränderung der Machtverhältnisse dar. Die Ausdehnung und Macht des Deutschen Reiches erreichte zwar erst im Spätsommer 1942 ihren Höhepunkt, allerdings begann bereits Anfang des Jahres der Vormarsch in die Sowjetunion zu stagnieren und sich die Wende der Erfolgsserie der Wehrmacht anzukündigen. Nachdem im November 1942 schließlich die deutschen Truppen in Stalingrad eingeschlossen worden waren, verzeichnete das Deutsche Reich einen Rückschlag nach dem anderen und die Niederlage wurde unausweichlich.

[177] Brief von Gauamtsleiter Mietz an den Landrat des Kreises Detmold am 8. Dezember 1942 (Kreisarchiv Lippe, K2 Detmold Nr. 55 (ehemals D 100 Detmold 55), unpaginiert).

lief anscheinend nicht reibungslos, da Meyer den Hauptteil der ursprünglich für Juni angesetzten Festwoche wenige Monate vorher noch auf den Herbst verschieben musste,[178] eine Maßnahme, die auch auf die Unsicherheiten der Situation angesichts des sich für Deutschland immer negativer entwickelnden Kriegsverlaufes zurückzuführen sein dürfte.[179] Die einzigen offiziellen Informationen über die Festwoche erhält man aus *10 Jahre Pflege des Bayreuther Kulturideals im Gau Westfalen-Nord*. Die beschönigenden Formulierungen in dieser Festschrift verdecken nur notdürftig die Realität, dass »die Veranstaltung [...] in der Bedeutungslosigkeit zu versinken«[180] drohte. Von der eigentlichen Programmgestaltung der Festwoche wird zunächst gar nicht gesprochen, sondern nur von einer Verbindung der »9. Richard-Wagner-Woche mit zwei Sonderlehrgängen der Richard-Wagner-Schule« im Juni und September, an denen dann auch »Teile aus Händels Oper ›Hermann und Thusnelda‹[181]« bzw. »musikalische und szenische Aufführungen« aus den Werken Bachs, Händels, Glucks, Mozarts, Beethovens, Webers und Wagners gegeben wurden.[182] Diese Veranstaltungen fanden am 19. und 20. Juni unter dem Motto »[D]ie Edda und ihre Wiedergeburt in Richard Wagners ›Ring des Nibelungen‹« sowie vom 5. bis 12. September unter dem Titel »Richard Wagner und die deutschen Meister« statt.[183] In *10 Jahre Pflege* wird deutlich betont, dass 1943 »neben den Wagner-Wochen und den Lehrgängen der Richard-Wagner-Schule [...] die Gemeinschaftsveranstaltungen des Bayreuther Bundes mit der N.S. Gem. ›Kraft durch Freude‹ im Gau erhöhte Bedeutung [gewannen], da sie [...] in hervorragendem Maße in den Dienst der *Wehrbetreuung* gestellt«[184] wurden. An einigen Stellen war die Verwirrung über diese Planung offensichtlich groß genug, um anzunehmen, dass die Festwoche dieses Jahres nur an einem einzigen Tag stattfinden würde.[185] Die »über 200 Veranstaltungen [...] in Flakstellungen, Lazaretten, Fliegerhorsten, und vor Einheiten des Heeres, der Luftwaffe und des R.A.D.« wurden wahrscheinlich wie gewohnt durch von

---

[178] Brief vom Gauhauptstellenleiter an den Landrat des Kreises Detmold vom 27. April 1943 (Kreisarchiv Lippe, K2 Detmold Nr. 55 (ehemals D 100 Detmold 55), unpaginiert).
[179] Vgl. dazu Anm. 176.
[180] Christoph Schmidt: *Nationalsozialistische Kulturpolitik im Gau Westfalen-Nord. Regionale Strukturen und Milieus (1933–1945)*, Paderborn u.a. 2006, S. 426.
[181] Gemeint ist Händels *Arminio*. Die ›Eindeutschung‹ der italienischen Opernnamen war eine übliche Praxis.
[182] Anonymus: 10 Jahre Pflege, S. 15.
[183] Ebd.
[184] Ebd., S. 15f. Hervorhebung im Original fett.
[185] Schmidt: *Nationalsozialistische Kulturpolitik*, S. 426.

Die Programme der Konzerte des Bayreuther Bundes für die Wehrmacht im Gau Westfalen-Nord	
in Verbindung mit der NS. Gemeinschaft „Kraft durch Freude"	
Große Meister der deutschen Oper	**Die heitere deutsche Oper**
1. Orpheus und Euridike . . . . Chr. W. Gluck a) Duett Orpheus — Euridike b) Arie des Orpheus „Ach ich habe sie verloren" c) Terzett Orpheus — Euridike — Amor	1. Die lustigen Weiber von Windsor Otto Nicolai Szene Frau Fluth — Frau Reich
2. Die Zauberflöte . . . . W. A. Mozart Szene der Pamina mit den drei Knaben	2. Cosi fan tutte . . . . W. A. Mozart „Bei Männervolk, bei Soldaten..."
3. Fidelio . . . . L. van Beethoven Terzett Leonore — Rocco — Marzelline	3. Figaros Hochzeit . . . . W. A. Mozart a) Briefduett Gräfin — Susanna b) Arie der Susanna „Endlich naht sich die Stunde"
4. Der Freischütz . . . . C. M. von Weber Duett Agathe — Ännchen	4. Die Zauberflöte . . . . W. A. Mozart Szene Papageno — Papagena
5. Der Wildschütz . . . . Albert Lortzing Duett Baculus — Gretchen	5. Zar und Zimmermann . . . . . Albert Lortzing a) Arie des van Bett b) Duett Peter Iwanow — Marie
6. Das Rheingold. . . . . Richard Wagner 1. Szene (Der Raub des Rheingolds)	6. Der Wildschütz . . . . Albert Lortzing a) Duett Baculus — Gretchen b) Arie des Baculus
7. Die Götterdämmerung . . . . . . Richard Wagner Rheintöchterszene	
8. Das Sternengebot . . . . Siegfried Wagner Schlußgesang der Agnes	7. Hänsel und Gretel . . . . Engelbert Humperdinck a) Daheim b) Im Walde
9. Der Rosenkavalier . . . . Richard Strauß Schlußszene Marschallin — Oktavian — Sophie	

Abb. 25: Programme für zwei der Konzerte des Bayreuther Bundes und »Kraft durch Freude« für die Wehrmacht im Gau Westfalen-Nord.

Daube gehaltene Vorträge unterstützt.[186] Mit Ausführungen über die Begeisterung der deutschen Soldaten über die Darbietungen und einer Darstellung weiterer Maßnahmen »im Geiste Bayreuths«, wie den Druck von Feldpostheften oder Unterrichtsmaterialien zu wagnerbezogenen Themen, die aber nicht mehr in direkter Verbindung zu den Festwochen stehen, schließt der Text.[187]

Die Programme der Wehrmachts-Konzerte (Abb. 25) sind in *10 Jahre Pflege* abgedruckt.[188] Eine detailliertere Programmübersicht der Festwochenteile im Juni und September, die in *10 Jahre Pflege* fehlt, findet sich in der *Lippischen Staatszeitung*. Zwar sind dort für den 19. und 20. Juni keine Veranstaltungshinweise in Verbindung zu Wagner zu finden, dafür werden allerdings im

---

[186] Anonymus: *10 Jahre Pflege*, S. 15.
[187] Ebd., S. 16. Diese Ausführungen beschränken sich allerdings nicht mehr auf Aktivitäten des Jahres 1943, sondern schließen den gesamten Zeitraum von 1941 bis 1943 ein, was es weiter erschwert, ein klares Profil der Festwoche des Jahres 1943 herauszuarbeiten.
[188] Vgl. Abbildung in *10 Jahre Pflege*, S. 95f.

„Wenn die Detmolder Richard-Wagner-Pflegestätte im Kriegsjahre 1944 ihr 10. Arbeitsjahr mit einem so stolzen, schönen und erfolgreichen Arbeitsbericht abschließen kann, so hat sie ihre Lebenskraft und ihre Notwendigkeit nachdrücklich bewiesen. Meine herzlichen Wünsche gelten dem planvollen Wirken seines Trägers, Gauleiter Dr. Alfred Meyer, ebenso wie der zielbewußten Fortführung der Detmolder Arbeit."

Abb. 26: Geleitwort Winifred Wagners zur Festwoche 1944.

September mehrere Veranstaltungen angekündigt.[189] Am 5. September fand demnach ein Bach-Abend statt, gefolgt von einer Reihe von Konzertabenden. So kamen ein Händelkonzert mit Ausschnitten aus italienischen Opern von Händel und anderen, älteren Komponisten am 6., je ein Gluck-und Mozartkonzert mit Opernausschnitten am 7. und 8., ein Beethovenkonzert mit der Sonate op. 27, Auszügen aus *An die ferne Geliebte* und dem *Fidelio* am 9., und ein Weberkonzert mit Opernauszügen am 10. September zur Aufführung. Am 11. September wurde ein »Opernabend« mit Werken Bachs, Glucks und Mozarts gegeben, der kaum den Namen »Opernabend« verdient; gespielt wurden die *Kaffee-Kantate* BWV 211, Glucks *Le Cadi dupé* (im Programm aufgeführt als *Der betrogene Kadi*) und Mozarts *Bastien und Bastienne* KV 50. Den Abschluss bildete ein »Wagner-Orchester-Konzert« mit dem Orchester der Stadt Münster am 12. September; die einzige Veranstaltung der Festwoche, bei der tatsächlich Wagner'sche Werke aufgeführt wurden. Um allerdings trotzdem die Verbindung zu Wagner zu erhalten, wurden die jeweiligen Konzertabende mit Namen wie »Wagner und Gluck« oder »Wagner und Mozart« angekündigt, was sich wohl eher auf die einführenden Vorträge beziehen dürf-

[189] Vgl. zu allen folgenden Angaben zum Programm die Ausgaben der *Lippischen Staatszeitung* vom 5. bis 12. September 1943.

te, die beispielsweise das jeweilige Verhältnis Wagners zum jeweiligen Komponisten thematisiert haben könnten. Die Sänger kamen aus ganz Deutschland; München, Leipzig, Bielefeld, Mannheim, Frankfurt am Main, Karlsruhe, Berlin und Magdeburg waren vertreten.

Festwoche 1944 – Jubiläumsjahr

Die Planungen für die letzte Festwoche wurden laut Mietz um den 1. Februar 1944 begonnen, also so spät wie in keinem der Vorjahre.[190] Zum Jubiläumsjahr 1944, das das zehnjährige Bestehen der Festwoche feierte, wurde die bereits mehrmals angeführte, aufwändig gestaltete Festschrift *10 Jahre Pflege des Bayreuther Kulturideals im Gau Westfalen-Nord* gedruckt, die neben den Geleitworten Winifred Wagners (Abb. 26) und Alfred Meyers ausführliche rückblickende Texte und einen vielfältig bebilderten Teil mit Fotos von Mitwirkenden, Aufführungen und Persönlichkeiten der vergangenen neun Jahre enthält.

Aus einem Brief des Geschäftsführers der Richard-Wagner-Schule an Kreisleiter Wedderwille vom 1. März 1944 geht hervor, dass diese Schrift einem besonderen Zweck diente, da »der Gauleiter [sie] dem Führer als Geburtstagsgeschenk überreichen wird«[191]. Da Hitler sich stets auf dem Laufenden halten lasse, was Bayreuth betrifft, werde »die Denkschrift […] sicher die Aufmerksamkeit des Führers erwecken«.[192] Wenn Meyer die »Denkschrift« tatsächlich bis zu Adolf Hitlers Geburtstag am 20. April drucken ließ, um sie ihm rechtzeitig zu übergeben, so bedeutet das, dass viele der darin für das Jahr 1944 aufgeführten Veranstaltungen zu diesem Zeitpunkt noch gar nicht stattgefunden hatten; ob sie tatsächlich alle realisiert wurden, wie dort[193] geplant, ist zweifelhaft.

Ihrer Bestimmung entsprechend enthält die Festschrift deutlich beschönigende Beschreibungen der vergangenen Festwochen, die auch die bisherigen Tiefpunkte der Jahre 1942 und 1943 überspielen und die Substanzlosigkeit der Festwochen dieser Jahre nur bei genauerem Hinsehen offenbaren.[194] *10 Jah-*

---

[190] Brief von Gauamtsleiter Mietz an den Landrat des Kreises Detmold, 1. Februar 1944 (Kreisarchiv Lippe, K2 Detmold Nr. 55 (ehemals D 100 Detmold Nr. 55), unpaginiert).
[191] Geschäftsführer der Richard-Wagner-Schule an Kreisleiter Wedderwille, 1. März 1944 (LAV NRW OWL, L 113 Nr. 1060, fol. 461).
[192] Ebd.
[193] Anonymus: *10 Jahre Pflege des Bayreuther Kulturideals*, S. 17.
[194] Vgl. hierzu die entsprechenden Kapitel über die Festwochen 1942 und 1943 in diesem Text.

re Pflege des Bayreuther Kulturideals im Gau Westfalen-Nord enthält einen bereits viel zitierten, gleichnamigen Text[195], der in drei Abschnitte unterteilt ist. Der erste fasst einleitend die schon bekannten Gedanken zur besonderen ›deutschen‹ Bedeutung der Werke und Weltanschauung Wagners zusammen. Dabei kommt eine in den früher entstandenen Texten nie so deutlich ausgesprochene Huldigung des Hitler-geführten Deutschen Reiches auch in kulturpolitischer Hinsicht zum Ausdruck:

> Erst das Jahr 1933 brachte *die Erfüllung*, als der Führer Bayreuth in den Mittelpunkt des deutschen Kulturgeschehens stellte und mit ihm nicht ein Festspieltheater für die Werke Wagners, nicht auch die nationale Tragödienbühne, sondern *die Bayreuther Kulturidee*, das Vermächtnis Richard Wagners von der deutschen Sendung der Kunst, der Nation *als Aufgabe* übergab.[196]

In den beiden folgenden Abschnitten wird die Entwicklung der Wagner-Festwochen dargestellt. Dazu gehört auch eine kurze Einführung in die Entstehungsgeschichte der Veranstaltungsreihe, deren erste 1935 »unter der Schirmherrschaft von Frau Winifred Wagner und dem Gauleiter von Westfalen-Nord, Reichsstatthalter Dr. Alfred Meyer«, durchgeführt worden sei, worauf »der Erfolg der Aufführungen und die kulturpolitische Bedeutung der Woche, insbesondere ihre national-politische und weltanschauliche Ausrichtung […] den Gauleiter [bestimmten], die Detmolder Richard-Wagner-Woche zu einer ständigen Einrichtung seines Gaues zu erheben«.[197]

Meyer wird hier wiederum nur sehr gemäßigt als ›Schenker‹ der Wagner-Festwochen dargestellt und eher als derjenige hervorgehoben, der den Festwochen ihren institutionellen Charakter gab, sodass sie die ›reichsweite‹ Bedeutung erlangen konnten, die ihnen zugeschrieben wurde. Die anschließende Zusammenfassung von Programm und Motto deckt sich im Großen und Ganzen mit den in den jeweiligen Jahren propagierten Absichten, wenn auch die von Daube immer wieder betonte Verwandtschaft des ›nordischen‹ mit dem antik-griechischen Menschen mit weit weniger Nachdruck erwähnt wird, als man das von Daube selbst gewohnt ist, was vermuten lässt, dass der Text nicht von ihm stammt. Die Anerkennung für die Leistung, die Gastspiele der Bayreuther Ensembles in Detmold zu ermöglichen, wird hier explizit »Frau

---

[195] Anonymus: 10 Jahre Pflege des Bayreuther Kulturideals im Gau Westfalen-Nord, in: *10 Jahre Pflege*, S. 9–18.
[196] Anonymus: 10 Jahre Pflege des Bayreuther Kulturideals, S. 9–11. Hervorhebung im Original fett.
[197] Anonymus: 10 Jahre Pflege, S. 11.

Der Verlauf der Studienlehrgänge:	
Anreisetag: 18¹⁵ Begrüßung der Teilnehmer durch den Bürgermeister der Landeshauptstadt Detmold im Rathaussaal der Stadt. 1. Vorlesung: Das Beethoven-Erlebnis des jungen Wagner.	**5. Tag:** 9³⁰ Die Götterdämmerung. 17⁰⁰ Die Edda. — Der germanische Mythus im 18. und 19. Jahrhundert.
1. Tag: 9³⁰ Richard Wagner, Lehr- und Wanderjahre (1813—1839). Die Studien- und Jugendwerke — Die Feen — Das Liebesverbot — Rienzi. 17⁰⁰ Irrfahrten (1839—1842). Paris. — Der fliegende Holländer.	**6. Tag:** 9³⁰ Neue Irrfahrten (1857—1864). Mathilde Wesendonk — Tristan und Isolde. 17⁰⁰ Fortsetzung.
2. Tag: 9³⁰ Das deutsche Bekenntnis (1842—1849). Dresden — Wagner und die deutschen Meister (Bach — Gluck — Mozart — Beethoven — Weber). Tannhäuser. 17⁰⁰ Lohengrin.	**7. Tag:** 9⁰⁰ Deutsche Kunst und deutsche Politik (1864—1871). 11⁰⁰ ⎱ Die Meistersinger von Nürnberg. 16³⁰ ⎰
3. Tag: 9⁰⁰ Kunst und Revolution (1849—1857). Die politischen Schriften — Flucht aus Dresden — Exil in Zürich. 11⁰⁰ Das Rheingold. 17⁰⁰ Die Walküre.	**8. Tag:** 9³⁰ Die Erfüllung (1871—1883). Bayreuth. — Parsifal. 12⁰⁰ Schlußfeier. Schlußansprache des Kreisleiters als Beauftragter des Gauleiters.
4. Tag: 9³⁰ Siegfried.	Neben den Studienlehrgängen, an denen durchschnittlich nur 60 Hörer teilnahmen, fanden durchschnittlich Sonderlehrgänge mit durchschnittlich 250—300 Teilnehmern statt. Die öffentlichen Sonderlehrgänge: Juli 1941 „Richard Wagner und die deutschen Meister." September 1942 „Richard Wagners deutsche Sendung." September 1943 „Richard Wagner und die deutschen Meister." Dezember 1943 „Die Meistersinger von Nürnberg." Juli 1944 „Goethe und die Musik." Oktober 1944 „Richard Wagner und Friedrich Nietzsche."

Abb. 27: Verlauf der Studienlehrgänge.

Winifred Wagner, in Verbindung mit dem künstlerischen Leiter der Bayreuther Festspiele Staatsrat *Heinz Tietjen*« zugesprochen, die sich durch die »großzügige Planung, die vielen Tausenden von Volksgenossen auch in den kleinsten Städten des Gaues das Bayreuther Kulturwerk nahebrachte«, dazu bewogen fühlten, die Gastspiele in die Festwochen »einzubauen«.[198] Wie dieser Vorgang organisatorisch konkret abgelaufen ist, lässt sich kaum mehr nachvollziehen. Es ist jedoch davon auszugehen, dass der Einfluss und die Fürsprache Winifred Wagners tatsächlich ihren Teil dazu beigetragen haben dürften, die Bayreuther Solisten nach Detmold zu holen, wenn auch nicht vergessen werden darf, dass die erheblichen finanziellen Mittel, die in diesen Jahren zur Verfügung standen[199] dafür ebenfalls unerlässlich waren. Außerdem spielten die hervorragenden Kontakte Daubes zu Winifred und Siegfried Wagner[200] wohl auch eine wesentliche Rolle. Abschließend geht der erste Abschnitt von »10 Jahre Pflege« auf die Arbeit des Bayreuther Bundes, die Gründung der Richard-

---

[198] Anonymus: 10 Jahre Pflege, S. 13. Hervorhebung im Original fett.
[199] Vgl. hierzu den Beitrag von Raphael Köhler in diesem Band.
[200] Vgl. hierzu den Beitrag von Joachim Iffland in diesem Band.

Wagner-Schule im Jahre 1941 und auf verschiedene neben den Festwochen durchgeführte Veranstaltungen, z. B. Sonderlehrgänge für verschiedene Interessentengruppen, ein.[201] Die Abfolge der öffentlichen Sonderlehrgänge und der Verlauf der Studienlehrgänge, die als ausführliche Einführung in Leben und Werk Richard Wagners gedacht waren, werden auf der folgenden Seite erstmals seit der Entstehung der Festwochen in einem offiziellen Heft wiedergegeben (Abb. 27).[202]

Die Termine der Studienlehrgänge nebst Teilnehmerzahlen sind in der Festschrift auf S. 73 aufgeführt. Es ist nicht ganz eindeutig, welcher dieser Lehrgänge nach dem Programm des Studienlehrgangs auf S. 14 abgehalten wurde. Aus der Angabe, dass die Studienlehrgänge mit geschlossenem Besucherkreis lediglich durchschnittlich 60 Teilnehmer hatten, lässt sich aber erschließen, dass wahrscheinlich sämtliche auf S. 73 aufgeführten Lehrgänge mit einer Teilnehmerzahl unter 100 mit diesem Programm durchgeführt wurden; ihre durchschnittliche Besucherzahl liegt bei 62. Das wären jeweils vier nach diesem Programm abgehaltene Lehrgänge in den Jahren 1941 und 1942 und einer im Jahr 1943.

Der nächste Abschnitt von »10 Jahre Pflege« beginnt mit der Feststellung, dass die Bayreuther Festspiele auch im Krieg »der lebensspendende Kraftquell der Nation« geblieben und von Adolf Hitler für die Wehrmacht und Mitarbeiter der Rüstungsindustrie geöffnet worden seien, was eben auch Detmold »auf Veranlassung des Gauleiters« getan habe.[203] Nach einer Rückschau auf die vergangenen Festwochen bis 1943[204] folgt eine Übersicht über »Die Veranstaltungen im 10. Jahre der Bayreuther Kulturpflege im Gau Westfalen-Nord 1944«[205] (Abb. 29). Nach dieser Übersicht wurde das Jahr 1944 mit einem umfangreichen Angebot von Wagner-Veranstaltungen geplant. Es ist explizit aufgeführt, dass die Veranstaltungen für März bis Juni im Februar organisatorisch vorbereitet würden, was sich mit Mietz' Aussage deckt. Insgesamt waren 91 Gemeinschaftsveranstaltungen des Bayreuther Bundes mit »Kraft durch Freude«, darunter Wagner-Konzerte für die Wehrmacht und andere besondere Gruppen, Sonderlehrgänge und Vorträge von Januar bis Oktober 1944 geplant. Die Wagner-Festwoche an sich fand ohne Nennung der genauen Daten im Juni statt und sollte aus Aufführungen der *Meistersinger*, einem Richard-Wagner-Konzert, *Tristan und Isolde* und einer »Siegfried Wagner-Feier«

---

[201] Vgl. Anonymus: 10 Jahre Pflege, S. 12f.
[202] Ebd., S. 14.
[203] Ebd., S. 15.
[204] Ebd., S. 15f. Siehe hierzu auch die jeweiligen jahresspezifischen Kapitel in diesem Beitrag.
[205] Ebd., S. 17.

Abb. 28: Teilnehmer am ersten Studienlehrgang 1941.

bestehen.[206] Damit bedeutet das Programm zum zehnjährigen Bestehen zwar eine Rückbesinnung auf Wagner als Hauptperson der Festwoche, steht aber immer noch deutlich hinter den Höhepunkten der Jahre 1938, 1939 und 1941 zurück. Außerdem darf – wie bereits erwähnt – nicht vergessen werden, dass es sich bei dieser Auflistung um *geplante* Veranstaltungen handelte, sodass es wahrscheinlich ist, dass im weiteren Kriegsverlauf längst nicht alle dieser Planungen auch tatsächlich realisiert werden konnten.

Mit der zunehmenden Aussicht auf eine Niederlage im Krieg, die Mitte 1944 praktisch schon zur Gewissheit geworden sein musste, wurden auch die Propagandaschriften rund um die Wagner-Festwochen immer mehr auf die moralische Stärkung des Volkes im Kampf gegen die übermächtigen Alliierten bezogen. So schreibt die *Lippische Staatszeitung* am 5. Juni 1944:

> In dem ungebrochenen und durch nichts zu brechenden kulturellen Selbstbehauptungswillen unseres Volkes gegen den zu brutalstem Terror gestei-

[206] Ebd.

gerten Vernichtungswahnsinn einer blindwütigen Unterwelt liegt eines der ergreifendsten und erhebendsten Zeugnisse der deutschen Seele, ein solzes Bekenntnis zu den ewigen Werten jener Welt, die den Mächten der Finsternis für immer verschlossen bleiben wird und in deren reine Höhen kein Feuer der Bombennächte seine sengenden Glutschwaden emporlodern lassen kann.[207]

Auch die Rede Alfred Meyers, die er zur Eröffnung der Richard-Wagner-Konzerte für die Wehrmacht am 16. April 1944 hielt, ist ganz vom Kriegsgeschehen gezeichnet. Er fragt, ob es überhaupt legitim sei, in diesem »Jahr der Entscheidung«, in dem »schwerste Kämpfe« bevorstehen, Kulturpflege zu betreiben, anstatt auf Frieden zu warten, und begründet die offensichtliche, bejahende Antwort mit dem Nietze'schen Zitat von Bayreuth als »Morgenweihe am Tage des Kampfes« zur Stärkung der »inneren Front«.[208] Er spricht von »Bolschewiken, Juden und Gangstern«, von deren Neid auf die europäische – und dabei besonders die deutsche – Kunst, über deren Kultur als Kultur des Elends und der Zerstörung etc., ohne dabei tatsächlich ein eigenständiges Programm der Festwoche 1944 zu formulieren;[209] die mittlerweile drastisch verschlechterte Position Deutschlands im Krieg zeigt hier ihre Auswirkungen und lässt die Wagner-Festwoche ohne eigene Kontur im allgemeinen »Überlebenskampf« der deutschen Kultur gegen die »Bedrohungen« von außen aufgehen.[210] So wurde im Jahr 1944 noch einmal eine umfangreiche und so prestigeträchtig wie möglich veranstaltete Festwoche durchgeführt – oder zumindest geplant –, die das zehnjährige Bestehen gebührend feiern und natürlich auch als ›Durchhalte-Propaganda‹ dienen sollte und vielleicht ein Indiz für eine Weigerung Meyers ist, die unabwendbare Niederlage im Krieg anzuerkennen.

Zusammenfassung

Die Richard-Wagner-Festwochen in Detmold weisen in ihrer zehnjährigen Geschichte insgesamt eine bemerkenswerte Heterogenität in Idee, Gestaltung und Durchführung auf. Von Anfang an standen neben Wagners Werk und besonders dessen ›deutscher‹ Seite im Sinne der Bildung des ›Volksgeistes‹ und der Entwicklung des ›Deutschtums‹ durch die Rezeption seiner Musik auch die Werke anderer, besonders ›deutscher‹ Künstler der Vergangenheit und Gegenwart im

---

[207] *Lippische Staatszeitung*, 5. Juni 1944, zit. n. Schmidt: *Nationalsozialistische Kulturpolitik*, S. 426f.
[208] Redetyposkript zu Alfred Meyers Rede am 16. April 1944 mit handschriftlichen Eintragungen (LAV NRW OWL, L 113 Nr. 1060, fol. 519–531).
[209] Ebd.
[210] Ebd.

	Die Veranstaltungen im 10. Jahre der Bayreuther Kulturpflege im Gau Westfalen-Nord 1944		
Januar:	30 Gemeinschaftsveranstaltungen des Bayreuther Bundes und der N.S.Gem. „Kraft durch Freude": „Die heitere deutsche Oper" (Szenen aus Werken Mozarts, Lortzings, Nicolais, Humperdincks). Davon 22 Veranstaltungen für die Wehrmacht, 4 für die Kulturringe der H.J., 4 öffentliche Veranstaltungen.		8.—12. Richard-Wagner-Konzerte der Detmolder Wagner-Woche im Gau Oberschlesien. 15.—30. Proben zur 10. Richard-Wagner-Woche in Detmold. 28.—30. Vortragsreihe an der Richard-Wagner-Schule in Detmold über „Tristan und Isolde".
Februar:	Organisatorische Vorbereitungen der Veranstaltungen vom März bis Juni.	Juni:	10. Richard-Wagner-Woche in Detmold. Aufführungen: „Meistersinger" — Richard-Wagner-Konzert — „Tristan und Isolde" — Siegfried-Wagner-Feier anläßlich der 75. Wiederkehr seines Geburtstages. Anschließend bis September Richard-Wagner-Konzerte für die Wehrmacht an den Fronten und in den besetzten Gebieten.
März:	31 Gemeinschaftsveranstaltungen des Bayreuther Bundes und der N.S.Gem. „Kraft durch Freude": „Die großen Meister der deutschen Oper" (Szenen aus „Orpheus" von Gluck, „Zauberflöte" von Mozart, „Fidelio" von Beethoven, „Freischütz" von Weber, „Rheingold" und „Götterdämmerung" von Wagner, „Sternengebot" von Siegfried Wagner, „Rosenkavalier" von Richard Strauß). Davon 15 Veranstaltungen für die Wehrmacht, 15 öffentliche.		
		Juli:	Sonderlehrgang der Richard-Wagner-Schule „Goethe und die Musik."
April:	16.—30. 15 Richard-Wagner-Konzerte für die Wehrmacht (12) und Rüstungsbetriebe (3) im Gau Westfalen-Nord: „Richard Wagner als Gestalter deutscher Geschichte und deutscher Sage". (Szenen aus „Tannhäuser", „Lohengrin", „Ring des Nibelungen", „Meistersinger").	Oktober:	31 Gemeinschaftsveranstaltungen des Bayreuther Bundes und der N.S.Gem. „Kraft durch Freude": „Die Meister der deutschen Romantik" — für die Wehrmacht und Rüstungsbetriebe im Gau Westfalen-Nord. Anläßlich des 100. Geburtstages Friedrich Nietzsches: Sonderveranstaltung der Richard-Wagner-Schule Detmold: „Sternenfreundschaft". (Wagner und Nietzsche.)
Mai:	4.—6. Richard-Wagner-Konzerte der Detmolder Wagner-Woche für die Wehrmacht im Generalgouvernement.		

Abb. 29: Geplante Wagner-Veranstaltungen im Gau Westfalen-Nord für das Jahr 1944.

Mittelpunkt der Festwochen. Detmold verstand sich dabei als volkserzieherische Kulturstätte im Hinblick auf die im Jahresverlauf stets wenige Monate später stattfindenden Bayreuther Festspiele und den ›Bayreuther Gedanken‹, der den Deutschen aller Schichten näher gebracht werden sollte, auch wenn sie die Festspiele in Bayreuth selbst nicht besuchen konnten. Zitiert sei stellvertretend die besonders repräsentative Aussage Daubes im *Amtlichen Führer* des Jahres 1936: »*Die besondere Aufgabe der Detmolder Richard-Wagner-Stätte* ist es, dem deutschen Volksgenossen die Größe der Bayreuther Idee zu erschließen, sein Verlangen nach dem Bayreuther Erlebnis zu wecken und das Erlebnis selbst vorzubereiten.«[211] Dieses volkserzieherische Konzept wurde vom ersten Jahr an durch umfangreiche Bildungsangebote getragen, die anfangs nur während der Festwochen und später auch über mehrere Monate des Jahres verteilt angeboten wurden. Es handelte sich dabei um Ausstellungen und belehrende Beiträge in den *Amtlichen Führern*, vor allem aber um von Otto Daube gehaltene Vorträge. Diese Vorträge fanden einerseits am Vormittag als Werkeinführung zu einem am Abend gebotenen Werk, andererseits aber auch zu sonstigen Zeitpunkten,

---

[211] Otto Daube: Aufgaben der Richard-Wagner-Festwoche 1936, in: *Amtlicher Führer 1936*, S. 10–21, hier S. 21. Hervorhebung im Original gesperrt.

gern innerhalb der Eröffnungsfeier als in Motto und Ideologie der jeweiligen Festwoche einführende Rede statt. Seit die NS-Kulturgemeinde »Kraft durch Freude« es in Zusammenarbeit mit den Organisatoren der Festwochen ab 1937 ermöglichte, dass nach dem Abschluss der eigentlichen Festwoche besondere Zusatzkonzerte für Arbeiter gegeben wurden, hielt Daube seine Vorträge auch schon mehrere Monate vorher auf betrieblichen Veranstaltungen, ebenso wie er sich seit der Einbeziehung der HJ im Jahre 1938 auch auf diesem Gebiet engagierte. Die in der Entwicklung der Festwochen bis 1939 immer hochwertigere und umfangreichere Programmgestaltung lässt sich auf die stets wachsenden finanziellen Mittel zurückführen, die für die Planung der immer populärer werdenden Festwoche zur Verfügung standen, sodass in den Jahren 1938, 1939 und 1941 als künstlerische Höhepunkte das jeweilige Bayreuther Sängerensemble verpflichtet werden konnte. Die Gesangssolisten bildeten die Hauptattraktion der jeweiligen Festwoche, während die Orchester und Chöre im wesentlichen ein nur regional bedeutsames künstlerisches Niveau erreichten. Umfang und Einflussbereich der Festwochen wuchsen während der ersten fünf Jahre beständig, sodass neben den Arbeitern auch HJ und BdM mit speziellen Veranstaltungen angesprochen wurden und der Neuaufbau des Bayreuther Bundes unter Otto Daube von Detmold aus geführt wurde. Seit der Festwoche 1940 lassen sich deutlich die Folgen des Krieges für die finanzielle Ausstattung der Veranstaltung ablesen; die letzten fünf Festwochen – mit Ausnahme der des Jahres 1941 – blieben in Programmgestaltung und -umfang weit hinter denen der Vorjahre zurück, wenn auch mit der Gründung der Richard-Wagner-Schule durch Alfred Meyer im Jahre 1941 noch einmal der Versuch unternommen wurde, die Wagnerpflege in Detmold in einer weiteren Institution zu festigen.

Von Anfang an war Otto Daube der künstlerische Leiter der Festwochen; er bildet damit zusammen mit der Schirmherrschaft Winifred Wagners eine Konstante, die über den gesamten Verlauf der Festwochen erhalten bleibt. Er war – auch durch seine Beziehungen nach Bayreuth – das Herzstück in Organisation und Planung der Festwochen und hat möglicherweise sogar den Anstoß gegeben, die Veranstaltung überhaupt in Detmold einzuführen.[212] Winifred Wagners Beteiligung zeigt sich vor allem in kurzen Geleitworten in den *Amtlichen Führern* zur jeweiligen Festwoche, die sich im Wesentlichen darauf beschränken, die angemessene Umsetzung des Wagner'schen ›Geistes‹ zu loben. Es ist aber anzunehmen, dass sie im Hintergrund auch Vermittlungsarbeit zwischen Detmold und Bayreuth leistete, um beispielsweise das Engagement des Bayreuther Sängerensembles möglich zu machen.

---

[212] Vgl. hierzu den Beitrag von Joachim Iffland in diesem Band.

Agnes Seipelt
»Der Staat darf sich nicht durch das Geflunker einer sogenannten Pressefreiheit beirren und beschwätzen lassen«
Die Richard-Wagner-Festwochen in der Presse

So wie heute jede Zeitung einen Kulturteil hat, wurden auch in der NS-Zeit kulturelle Großereignisse von den Medien beachtet und Berichte und Kritiken veröffentlicht. Allerdings waren Presse und Rundfunk in der NS-Zeit zum großen Teil gleichgeschaltet – so auch die *Lippische Staatszeitung*.[1] Somit ist nicht gewährleistet, dass die Aussagen, Beschreibungen etc. in den Artikeln der Staatszeitung tatsächlich der Wahrheit entsprechen, geschweige denn, dass sie neutral berichten oder ehrlich kritisieren. Denn die Presse als Massenmedium war neben dem Rundfunk ein wichtiges Instrument des Propagandaapparates der Nationalsozialisten. Es ist also unwahrscheinlich, Artikel zu finden, die offensichtlich Kritik am Staat oder der Partei üben. Trotzdem lassen sich anhand von Beschreibungen und Fotografien, Reden und Werkkritiken die Festwochen teilweise rekonstruieren und besser als Teil der Propaganda verstehen. Außerdem ist es möglich, aufgrund der Quantität und Qualität der Artikel Parallelen zum zeitgenössischen politischen Geschehen zu ziehen. Diese Parallelen sollen hier anhand einer repräsentativen Auswahl von Artikeln der *Lippischen Staatszeitung* aus dem Lippischen Landesarchiv Detmold gezeigt werden.

Die *Lippische Staatszeitung* ist zum Zeitpunkt der Wagner-Festwochen die älteste und bekannteste Zeitung der Region Lippe. 1767 als *Lippische Intelligenzblätter* gegründet, wurde sie zunächst 1842 in *Regierungs- und Anzeigenblatt* und schließlich 1878 in *Lippische Landeszeitung* umbenannt.[2] Nach der Machtübernahme der Nationalsozialisten nahm der am 16. Mai 1933 ernannte Reichsstatthalter Alfred Meyer die Zeitungsangelegenheiten in Lippe sehr schnell in Angriff, da er die Presse als Instrument

[1] Gegenwärtig erscheint sie unter dem Namen *Lippische Landeszeitung*. Während der NS-Zeit führte sie den Untertitel *Amtliches Organ des Gaues Westfalen-Nord der N.S.D.A.P. Amtliche Nationalsozialistische Zeitung des Landesregierung und sämtl. Behörden*.
[2] Geschichte der Lippischen Landeszeitung, URL: http://www.lz.de/wir_ueber_uns/allgemeine_unter nehmensinfos, Abruf: 28. November 2011.

der Propaganda für »seine wichtigste Waffe«[3] hielt. Einem Schreiben an Staatsminister Joachim Riecke vom 6. Juni 1933 zufolge strebte er eine »Verschmelzung der ›Landes-Zeitung‹ und des ›Lippischen-Kurriers‹ [sic!]«[4] an. Die Verhandlungen scheiterten jedoch an der Frage, wer von den beiden Verlegern die Mehrheit an der zu gründenden Zeitungs-GmbH besitzen sollte.[5] Nach einem zweiten Ultimatum, auf das der Verleger des *Kuriers*, Ernst Münnich, erneut nicht reagierte, beschloss man, einen Trennungsstrich zwischen der Partei und dem *Kurier* zu ziehen und entzog letzterem die Führung des Untertitels *Organ des Gaues Westfalen-Nord der N.S.D.A.P.*[6] Am selben Abend erschien ein Flugblatt, aus dem hervorgeht, »daß ab 1. Oktober die ›Lippische Staatszeitung‹ das parteiamtliche Organ der Bewegung in Lippe sein würde«.[7] Laut Befehl des Reichsstatthalters sollten alle Abonnenten des *Kuriers* aufgesucht, deren schriftliches Einverständnis zum Bezug der *Lippischen Staatszeitung* geholt und »alle nationalsozialistischen Leser ab 1. Oktober mit der ›Lippischen Staatszeitung‹ beliefert«[8] werden. Münnich hatte so seine Zeitung zwar behalten, verlor jedoch seine Abonnenten und war dem Niedergang geweiht.[9]

Die Pressepolitik des NS-Staats im Überblick

Zur Durchsetzung der NS-Herrschaft war ein funktionierender Propagandaapparat von größter Bedeutung. Alle zur Verfügung stehenden Bereiche der Kommunikation und Medien wurden mittels differenzierter Kontroll- und Lenkungsorgane überwacht und letztlich zu »Macht- und Propagandainstrumenten«[10] umfunktioniert. Ein besonders komplexes und verzweigtes System der Lenkung und Kontrolle musste auf dem Pressesek-

[3] Hans-Jürgen Sengotta: *Der Reichstatthalter in Lippe 1933 bis 1939. Reichsrechtliche Bestimmungen und politische Praxis*, Detmold 1976 (Sonderveröffentlichungen des Naturwissenschaftlichen und Historischen Vereins für das Land Lippe, Bd. 26), S. 294.
[4] Sengotta: *Der Reichstatthalter*, S. 294.
[5] Vgl. ebd., S. 294ff.
[6] Vgl. ebd., S. 301f.
[7] Ebd., S. 300.
[8] Ebd. und Reinhard Wulfmeyer: *Lippe 1933. Die faschistische Machtergreifung in einem deutschen Kleinstaat*, Bielefeld 1987, S. 136.
[9] Vgl. ebd. und Sengotta: *Der Reichstatthalter*, S. 299.
[10] Marianne Faust, Willi Reinkensmeier: Totale Kommunikationskontrolle in der Vorkriegsphase des Dritten Reiches (1933–1939), in: *Deutsche Kommunikationskontrolle des 15.–20. Jh.*, hrsg. von Heinz-Dietrich Fischer, München 1982, S. 229–255, hier S. 230.

tor installiert werden. Die Organisation des Propagandaapparates folgte einer gleichbleibenden, an die Organisationsstruktur der NSDAP angelehnten Ordnung: hierarchisierter, zentralistischer Aufbau nach dem Führerprinzip. Im Wesentlichen basierte die Kommunikationskontrolle auf drei Institutionen: Reichspropagandaleitung, Reichsministerium für Volksaufklärung und Propaganda (RMVP) und Reichskulturkammer.[11]

Nach der Reichstagswahl vom 5. März 1933 und der damit verbundenen Machtübernahme erklärte Hitler bereits zwei Tage später sein Vorhaben zur Errichtung eines Propagandaministeriums.[12] Es wurde am 13. März, mit Joseph Goebbels als Minister, gegründet. Goebbels, der auch an der Spitze der Reichspropagandaleitung und der Reichskulturkammer stand, besaß somit eine »spektakuläre Macht«,[13] die er einsetzte, um Gesetze zu erlassen, die die Kontrolle noch verschärften. Darunter fällt das Schriftleitergesetz vom 4. Oktober 1933, das die Schriftleiter bzw. die Redakteure unter eine zentrale Aufsicht stellte und diese nun zu Trägern einer öffentlichen und dem Staat dienenden Aufgabe machte. Dies bedeutete zwar, dass ein Journalist wirtschaftlich weiterhin an den Verlag gebunden, dafür aber ganz der Propagierung der NS-Ideologie verpflichtet war und ständig vom RMVP kontrolliert und reglementiert wurde.[14]

Die schwerwiegendste Folge des Schriftleitergesetzes aber war die scharfe ›Aussortierung‹ der Journalisten[15] durch zahlreiche Bedingungen für die Zulassung zum Beruf, wie die ›politische Zuverlässigkeit‹ und die ›arische‹ Abstammung, was schon in dem im April erlassenen »Gesetz zur Wiederherstellung des Berufsbeamtentums« zu einer »Diskriminierung ›unangenehmer‹ Journalisten«[16] geführt hatte. Zudem musste jeder Journalist Mitglied in der Reichspressekammer der Reichskulturkammer (RKK) sein, die dem RMVP angeschlossen war. Auch hier galten strenge Voraussetzungen für die Mitgliedschaft.[17] Auf verlegerischer Ebene traten Max Amann[18] und seine Verordnung

---

[11] Vgl. ebd., S. 230.
[12] Vgl. Jürgen Hagemann: *Die Presselenkung im Dritten Reich*, Bonn 1970, S. 25.
[13] Faust/Reinkensmeier: *Totale Kommunikationskontrolle*, S. 230.
[14] Vgl. ebd., S. 234.
[15] Vgl. Doris Kohlmann-Viand: *NS-Pressepolitik im Zweiten Weltkrieg*, München 1991, S. 26.
[16] Fabian R. Lovisa: *Musikkritik im Nationalsozialismus. Die Rolle deutschsprachiger Musikzeitschriften 1920–1945*, Heidelberg 1991 (Neue Heidelberger Studien zur Musikwissenschaft, Bd. 22), S. 201. Vgl. ebd., S. 428.
[17] Vgl. Faust/Reinkensmeier: *Totale Kommunikationskontrolle*, S. 231.
[18] Max Amann, Reichsleiter für die Presse und Präsident der Reichspressekammer, wurde am 24. November 1891 in München geboren und erhielt eine Aus-

vom April 1935 in den Vordergrund. Diese bewirkte weitere Schließungen und Zusammenlegungen großer Zeitungsverlage und eine fast vollständige Ausschaltung opponierender Unternehmen. Für ›Nicht-Arier‹ und politisch Andersdenkende bedeutete dies nun ein endgültiges Berufsverbot.[19]

Einer der letzten für den Kunstbereich relevanten Schritte geschah 1936 mit dem am 27. November in Kraft getretenen »Kritikverbot«,[20] das Goebbels auf der Jahrestagung der Reichskulturkammer und der deutschen Arbeitsfront-NS-Gemeinschaft »Kraft-durch-Freude« thematisierte: »Ich habe mich [...] veranlaßt gesehen, in einem Erlaß vom heutigen Tage die Kritik überhaupt zu verbieten und sie durch eine Kunstbetrachtung oder Kunstbeschreibung ersetzen zu lassen.«[21] Dazu ist anzumerken, dass das Kritikverbot nicht für Fachzeitschriften galt, sondern vor allem für die vielschichtige und schwerer kontrollierbare Tagespresse.[22]

Als Rechtfertigung für das Verbot der freien Meinungsäußerung wurde angegeben, dass die Presse nun »unbeeinflußt von wirtschaftlichen Interessen und Verknüpfungen ihres Verlages nur dem Wohl der gesamten Nation«[23] dienen solle sowie wichtige volkserzieherische Funktionen innehabe. Ein Meinungspluralismus führe nur zur Verunsicherung der Leser:

> bildung zum Kaufmann. Im Ersten Weltkrieg fungierte er als Vizefeldwebel in einer Kompanie mit Hitler. Aufgrund dieser Bekanntschaft war er von 1921 bis 1923 Geschäftsführer der NSDAP und seit 1922 Geschäftsführer des Zentralverlages des NSDAP, Franz Eher Nachfolger GmbH. Zudem nahm Amann am Hitlerputsch von 1923 teil, was ihm 6 Monate Haft einbrachte. Seit Anfang 1933 war er Mitglied des Reichstages und Reichsleiter für die Presse der NSDAP, im Dezember des Jahres wurde er zum Präsidenten der Reichspressekammer ernannt. Er war außerdem Vorsitzender des Vereins deutscher Zeitungsverleger sowie des Deutschen Zeitungs-Verlags. Amann war Verleger von *Mein Kampf* und laut Hitler der größte Zeitungseigentümer der Welt. Er regierte ein zunächst aus Gauzeitungen und später auch aus überregionalen Zeitungen bestehendes Imperium. Als ›Hauptschuldiger‹ wurde er 1948 zu zehn Jahren Arbeitslager verurteilt und sein Vermögen wurde eingezogen. Am 30. März 1957 starb Amann in München. Vgl. Herrmann Weiß: Max Amann, in: *Biographisches Lexikon zum Dritten Reich*, hrsg. von Herrmann Weiß, Frankfurt am Main 1998, S. 21f., und Ernst Klee: Amann, in: *Das Personenlexikon zum Dritten Reich. Wer war was vor und nach 1945*, hrsg. von Ernst Klee, Frankfurt am Main 2005, S. 14f.

[19] Vgl. ebd., S. 233.
[20] Vgl. Lovisa: *Musikkritik im Nationalsozialismus*, S. 201.
[21] *Zeitschrift für Musik* 104/3 (1937), zit. n. Lovisa: *Musikkritik im Nationalsozialismus*, S. 199.
[22] Vgl. ebd., S. 200.
[23] Faust/Reinkensmeier: *Totale Kommunikationskontrolle*, S. 233.

Der Staat [...] darf sich nicht durch das Geflunker einer sogenannten Pressefreiheit beirren und beschwätzen lassen, seine Pflicht zu versäumen und der Nation die Kost vorzuenthalten, die sie braucht und die ihr gut tut; er muß mit rücksichtsloser Entschlossenheit sich dieses Mittels der Volkserziehung versichern und es in den Dienst des Staates und der Nation stellen.[24]

Mit Kriegsbeginn kamen zu den bestehenden Reglementierungen noch weitere Einschränkungen hinzu. Darunter fällt zum einen die militärische Zensur, also das Verbot von Veröffentlichungen, »aus denen der Feind Rückschlüsse auf die Führung militärischer Operationen ziehen kann«[25]. Zum anderen wurde die Papierzuteilung weiter eingeschränkt, was bereits 1937 durch die vermehrten Rüstungsmaßnahmen abzusehen war,[26] und aufgrund von Einberufungen zum Militär verschlechterte sich auch die personelle Besetzung im Pressesektor.[27]

Die Wagner-Festwochen in der *Lippischen Staatszeitung*

In Anbetracht der geschilderten Situation wird man nicht erwarten, in der *Lippischen Staatszeitung* Artikel zu finden, die offen Widerstand gegen die Regierung erheben. Ganz im Gegenteil: Praktisch jeder Artikel zu den Wagner-Festwochen in der *Lippischen Staatszeitung*, der Bestandteil der Stichproben war, enthält ausschließlich positive Kritik, gepaart mit einer Verherrlichung der nationalsozialistischen Politik. Auffällig oft wird Gauleiter Meyer genannt und geehrt – kein Wunder, war er doch einer der wichtigsten Personen für die Realisierung der Wagner-Festwochen.[28]

Das Inhaltliche außen vor gelassen, gibt es zunächst auffällige formale Gegebenheiten. Zunächst kann man deutlich eine Abnahme der Artikelanzahl im Laufe der Zeit feststellen. In den ersten Jahren und vor dem Krieg erschien während der Festwoche fast täglich ein Artikel mit Berichten zu dem vorherigen Tag. Dann nimmt die Häufigkeit der Berichterstattung ab und sinkt auf zwei Artikel im Jahre 1944. Das hängt sicherlich zum Teil mit den Auswirkungen des Krieges auf das Pressewesen, wie z. B. die Papierrationierung, zusammen. Aber auch die *Staatszeitung* insgesamt hat im Laufe der Zeit an Seitenzahlen abgenommen und die Artikel zu den Wagner-Festwochen, 1935

---

[24] Adolf Hitler: *Mein Kampf*, München 1943, S. 264, zit. n. Faust/Reinkensmeier: *Totale Kommunikationskontrolle*, S. 233.
[25] Kohlmann-Viand: *NS-Pressepolitik im Zweiten Weltkrieg*, S. 43.
[26] Vgl. ebd., S. 56.
[27] Vgl. ebd., S. 29.
[28] Vgl. hierzu auch den Beitrag von Joachim Iffland in diesem Band.

teilweise bis zu drei ganzen Seiten lang, wurden immer kürzer. Auf den Titelseiten erschienen sie überhaupt nicht mehr, da das Kriegsgeschehen ganz in den Vordergrund der Betrachtungen rückte.

Qualitativ ist zu bemerken, dass ab dem Jahr 1939 kaum mehr Fotografien in den Artikeln zu finden sind. Außerdem schreibt ab dem Jahr 1942 nicht mehr Paul Bülow die Kritiken, sondern ein gewisser Erich Meinhard, der laut *Staatszeitung* für die Pressebereiche Kunst, Kultur und Handel verantwortlich war.[29] Dies hing vermutlich auch mit den kriegsbedingten Einsparungen im Personalbereich zusammen. In einem der ersten Artikel vom 20. Juli 1935 mit dem Titel »Auftakt zur Richard-Wagner-Festwoche 1935« auf der Titelseite wird auf das Ziel der Festwochen verwiesen: Es handle sich um eine »Vorbereitung und Einführung in die Bayreuther Festspiele für 1936« und »keineswegs [um] eine Konkurrenz.«[30] Ein weiterer Artikel, der sich im Innenteil der Zeitung findet, widmet sich mehr den künstlerischen Aspekten der Festwoche. Man findet hier u. a. die Erläuterungen zur Musik des *Longinus* von Hans von Wolzogen und das Gedicht *Detmold* von Otto Daube.[31] Ähnliche Artikel findet man häufig. Sie enthalten neben Ankündigungen, Berichten über Vorbereitungen, die künstlerische Leistung, Organisation oder Empfänge von Ehrengästen oft seitenlange Werk- und Inszenierungskritiken. Diese schrieb fast ausschließlich der externe Musikkritiker Dr. phil. Paul Bülow:

> Die »Lippische Staatszeitung«, die die Richard-Wagner-Festwoche seit dem Zeitpunkt, da der Gedanke zur Abhaltung auftauchte, in jeder nur möglichen Weise gefördert hat und deren Kunstkritiker, Pg. [Parteigenosse, Anm. d. Verf.] Otto Daube, die künstlerische Leitung dieser großen Veranstaltung übernahm, hat als Sonderberichterstatter den bekannten Kunstkritiker Dr. Paul Bülow aus Lübeck nach hier verpflichtet, der von heute ab unsere Leser eingehend über den Verlauf der Veranstaltungen unterrichten wird.[32]

Der Schriftsteller und Wagnerforscher Paul Bülow wurde am 21. Oktober 1894 in Lübeck geboren und studierte in Marburg, Leipzig und Rostock, wo er 1916 seinen Doktorgrad erwarb. Er verfasste u. a. Artikel wie *Richard Wagner und sein Werk von Bayreuth. Werden und Wesen einer deutschen*

---

[29] Vgl. z. B. *Lippische Staatszeitung*, 3. Juni 1936, S. 1 (Kopfzeile).
[30] Auftakt zur Richard-Wagner-Festwoche 1935, in: *Lippische Staatszeitung*, 20. Juli 1935, S. 1.
[31] Ebd., S. 6. Mehr zu Daube und zu seinen mit den Wagner-Festwochen verbundenen Tätigkeiten vgl. den Beitrag von Joachim Iffland in diesem Band.
[32] Festlicher Auftakt, in: *Lippische Staatszeitung*, 21. Juli 1935, S. 5.

Kunststätte, aus Wagners Briefen und Schriften geschildert von 1927, *Adolf Hitler und der Bayreuther Kulturkreis* von 1933 sowie *Bayreuth. Die Stadt der Wagner-Festspiele 1876–1936* von 1936.[33] Er starb am 18. Juni 1954 in seiner Heimatstadt.[34]

Dies alles ist in diesem Rahmen nicht besonders auffällig oder unerwartet. Natürlich berichtete die *Staatszeitung* positiv über die Festwochen und über die Gauleitung, natürlich wird ein ›politisch angepasster‹ Schriftsteller für die Werkkritiken engagiert und natürlich wird hier Wagners Werk zu manipulativen Zwecken propagandistisch benutzt. Interessant ist jedoch, wie sich die Artikel im Laufe der Zeit und vor allem in Hinblick auf den Krieg inhaltlich verändern und so vorsichtige Rückschlüsse auf das politische Geschehen zulassen. Ebenso können uns die Zeitungsartikel einen weiteren Blickwinkel zu den Festwochen insgesamt geben: Neben Fotografien und abgedruckten Reden scheinbar nebensächliche, aber interessante Details, die in Programmheften und *Amtlichen Führern* nicht erwähnt werden. Schon der Artikel vom 25. Juli 1935, in dem Bülow von einer Aufführung von *Tristan und Isolde* berichtet, in der es »stürmische, immer wieder sich erneuernde Beifallskundgebungen des begeisterten Publikums (im ausverkauften Hause)«[35] gegeben habe, enthält zudem Fotografien von Cosima Wagner und ein Szenenbild aus *Tristan und Isolde*. In einem Artikel vom 3. Juni 1936 wird die Ansprache Meyers zur Wagner-Festwoche 1936 zitiert, in der er behauptet, dass Wagner Nationalsozialist gewesen sei[36] und somit Bayreuth als »nationale[s] Kulturheiligtum«[37] für das »kommende Reich«[38] fungiere. Darauf sollen die Detmolder Wagner-Festwochen vorbereiten und »Kraft durch reine Freude« spenden.[39] Die Kunst dürfe sich nicht vom Volk trennen und kein Privileg der Gebildeten mehr sein. Die Wagner-Festwochen sollen so eine nationalsozialistische Mission erfüllen.[40] Auch die folgende Aussage aus einer Rede Daubes aus der *Lippischen*

---

33 Vgl. Georg H. Schlatter Binswanger: Bülow, in: *Deutsches Literatur-Lexikon. Das 20. Jahrhundert. Biographisches-Bibliographisches Handbuch*, Bd. 4, hrsg. von Konrad Feilchenfeldt, Berlin 2003, Sp. 553f.
34 Vgl. Paul Frank, Wilhelm Altmann [Bearb.]: *Kurzgefaßtes Tonkünstler-Lexikon. Zweiter Teil. Ergänzungen und Erweiterungen seit 1937*, Bd. 1. A–K, Wilhelmshaven 1974, S. 97.
35 Bülow: Tristan und Isolde, in: *Lippische Staatszeitung*, 25. Juli 1935, S. 5.
36 Vgl. hierzu auch den Beitrag von Joachim Iffland, S. 12.
37 Richard-Wagner-Festwoche eröffnet, in: *Lippische Staatszeitung*, 3. Juni 1936, S. 2.
38 Ebd., S. 1.
39 Ebd., S. 2.
40 Vgl. Ebd.

Abb. 30: Titelseite der *Lippischen Staatszeitung* vom 20. Juli 1935.

Staatszeitung vom 4. April 1937 bringt gut das offizielle Ziel der Festwochen sowie die immer wiederkehrende Verherrlichung der ›deutschen‹ Kunst und des Lipperlandes zum Ausdruck:

> Nun hat der nationalsozialistische Staat den kühnen Gedanken Richard Wagners aufgegriffen. Dieselben Männer, die in Deutschland den Gedanken des »Kraft-durch-Freude«-Wertes verwirklichen, haben unter der Führung Adolf Hitlers, des großen Verehrers der Kunst Richard Wagners, seit 1933 Tausenden deutscher Volksgenossen auch den Besuch der Bayreuther Festspiele ermöglicht.[41]

Auffällig ist hier die Verbindung von Wagner mit dem »KdF«-Gedanken. Die Gemeinschaft »Kraft durch Freude«, eine nationalsozialistische Unterorganisation der Deutschen Arbeitsfront (DAF), die von 1933 bis 1945 bestand, gestaltete und überwachte die Freizeit der deutschen Bevölkerung. Ziel war es einerseits, die volkswirtschaftliche Produktion anzukurbeln, und andererseits, aus der arbeitenden eine gesunde und kriegstüchtige Bevölkerung zu machen. Unter die Freizeitangebote fielen – neben Reisen und Sportkursen – auch Konzerte. Es lag somit auf der Hand, dass man Wagners Werk, das die germanische Mythologie heroisiere und den ›deutschen Geist‹ verherrliche, als einen besonderen Teil des »KdF«-Programms instrumentalisierte, um damit »Kraft durch reine Freude«[42] zu spenden. Weiter führt Meyer aus, dass laut »Wagners Wort« die Kunst jedem Menschen aus jedem Berufsstand zugänglich gemacht werden müsse und deshalb

> [z]u diesem Zwecke [...] der Gauleiter von Westfalen-Nord, Dr. Alfred Meyer, [...] in Detmold, der schönen Stadt am Fuße des Teutoburger Waldes, einen Vorort für Bayreuth eingerichtet und beschlossen [habe], daß hier alljährlich Tausende arbeitender deutscher Volksgenossen aus den Betrieben seines Gaues die großen deutschen Kunstwerke – im Jahre 1937 Beethoven und Richard Wagner – erleben sollen, um ihnen von Detmold aus den Weg nach Bayreuth zu weisen.[43]

Nach dem großen Erfolg von 1935 erlangte die Festwoche rasch größere Bekanntheit. Auch Daube betont in einer Vorankündigung zur Wagner-Festwoche 1937, dass »[...] die Teilnahme der Oeffentlichkeit an der diesjährigen

---

[41] Daube: Volk und Kunst, in: *Lippische Staatszeitung*, 4. April 1937, S. 4.
[42] Richard-Wagner-Festwoche eröffnet, in: *Lippische Staatszeitung*, 3. Juni 1936, S. 2. Zur Rolle Alfred Meyers bei der Gründung der Festspiele, vgl. hierzu auch die Beiträge von Joachim Iffland und Andreas Fukerider in diesem Band.
[43] Daube: Volk und Kunst, in: *Lippische Staatszeitung*, 4. April 1937, S. 4.

Festwoche bereits heute die Beteiligung der vergangenen Jahre weitaus übertroffen hat, daß der Vorverkauf bereits einen höheren Stand erreicht hat als beim Eröffnungstag der früheren Festwochen, und daß die Zustimmung aus dem ganzen Gau eine außergewöhnlich rege«[44] sei. Auch ein weiterer Artikel vom 9. Mai 1937 mit dem Titel: »Richard-Wagner-Festwoche ausverkauft« betont dies. Schon zehn Tage vor Beginn seien die Eintrittskarten für alle Veranstaltungen restlos vergriffen, so Daube, und es werde erwartet, »daß das Lippische Landestheater bei allen Veranstaltungen überfüllt sein wird«[45]. In diesem Zusammenhang gibt eine kurze Mitteilung vom 4./5. Juni 1938 anschaulich das Problem des Platzmangels im Lippischen Landestheater wieder:

> Es ist berechtigt Klage geführt worden, daß die Inhaber von Stehplätzen auf dem 3. und 2. Rang Klappstühle, Kissen und andere Sitzgelegenheiten mitbringen und die Zugänge zu den Sitzplätzen auf dem 2. und 3. Rang versperren. Es werden künftig nur noch Stehplätze in beschränkter Anzahl ausgegeben, und zwar besonders gesondert für 3. und 2. Rang. Klappstühle, Kissen und sonstige Sitzgelegenheiten von Inhabern von Stehplätzen dürfen auf keinen Fall mitgenommen werden.[46]

Dies ist nun eine eindeutige Quelle, die auf den gesteigerten Publikumsandrang auf die Festwochen hindeutet. Der Andrang hatte zur Folge, dass Meyer 1939 in einer Begrüßungsrede den Wunsch äußerte, in die geplante Volkshalle am Hiddeser Berg umzuziehen, der Immobilienmarkt lasse es aber noch nicht zu.[47] Zudem erschien 1940 unter den Kleinanzeigen ein Aufruf, Privatzimmer für Gäste der Festwochen zur Verfügung zu stellen.[48] Anscheinend konnte eine vollständige Unterbringung in Gaststätten und Hotels nicht gewährleistet werden.

Wie bereits eingangs erwähnt, wurde die Presse als ein wichtiges Instrument für Propagandazwecke benutzt. Dieser Missbrauch wird auch anhand der Wagner-Festwochen allzu deutlich und in folgendem Artikel von 1937 sogar offen thematisiert:

---

[44] Der Richard-Wagner-Festwoche entgegen, in: *Lippische Staatszeitung*, 3. April 1937, S. 9.

[45] Richard-Wagner-Festwochen ausverkauft, in: *Lippische Staatszeitung*, 9. Mai 1937, S. 5.

[46] Zur Richard-Wagner-Festwochen gerüstet, in: *Lippische Staatszeitung*, 4./5. Juni 1938, S. 23.

[47] Zur Volkshalle Hiddeser Berg vgl. den Beitrag von Joachim Iffland in diesem Band, S. 25.

[48] Vgl. Aus den lippischen Städten, in: *Lippische Staatszeitung*, 27. April 1940, S. 3.

> Das Buch, die Zeitung, die Kunst, das Theater, der Film, das alles sind, wie Adolf Hitler sagt, Mittel der Volkserziehung. Und so stellen wir, dem Willen des Führers entsprechend, auch das Theater in Detmold während der Richard-Wagner-Festwoche ganz in den Dienst der Erziehung der deutschen Menschen. [...] Wir wollen den deutschen Menschen zum Heroismus erziehen. Wahrhaftig! Beethoven und Wagner sind heroische Deutsche gewesen, und so sind sie es wert, immer wieder den Deutschen ins Bewußtsein gerückt und als Vorbilder auch im nationalsozialistischen Deutschland dargestellt zu werden. [...] Die Richard-Wagner-Festwoche 1937 hat ihre Aufgabe erfüllt, wenn sie den deutschen Menschen, die diese Feiertage erleben, und vor allen Dingen den tausenden oft noch unter sehr bescheidenen Lohn- und Arbeitsbedingungen schaffenden Arbeitern zur Stärkung für ihre schwere Arbeit im Vierjahresplan Tage reinsten Kunstgenusses und tiefsten Erlebens vermitteln kann.[49]

Diese nur allzu deutliche propagandistische Ansprache von Meyer enthält außerdem Bezüge auf die militärische Aufrüstung, denn wenn Meyer von dem Vierjahresplan spricht, ist damit der Plan von 1936 gemeint, der die wirtschaftliche Unabhängigkeit sowie die Aufrüstung bis zur Kriegsfähigkeit in vier Jahren anvisierte. Dies wird zwei Jahre später noch deutlicher, als Meyer auf die erhöhte Arbeitszeit einging: »Vor kurzem haben wir erst den Bergarbeitern noch ¾ Stunden Mehrarbeit aufgeben müssen. Aber auch jeder andere Beruf, der Bauer, der Arbeiter, der Bürger, der Beamte, die ganze Wehrmacht, alles schafft fieberhaft.«[50] Daraufhin geht er auf die geschaffenen, »geradezu wunderbare[n] Leistungen«, wie die »Aufrüstung, der Schutzwall im Westen, die Rüstungsindustrien, die Reichsautobahnen [und] die Bauten des Führers«, welche in kurzer Zeit entstanden seien, ein.[51] Deswegen besteht Meyer auf einen »Ausgleich« des Volkes durch die Kunst, die es »erbauen, freuen und seelisch kräftigen«[52] soll. Schließlich kommt er zu dem Schluss »[d]aß sich [...]

---

[49] Meyer: Detmold im Dienste Bayreuths, in: *Lippische Staatszeitung*, 15./16. Mai 1937, S. 5. Dieses Zitat bietet Gelegenheit zu der Feststellung, dass die Artikel in der *Lippischen Staatszeitung* durchaus nicht ausschließlich dort abgedruckt wurden. Dieser Text erschien beispielsweise auch im *Amtlichen Führer* des Jahres 1937 (dort S. 12), und Paul Bülows Kritiken in der *Zeitschrift für Musik* sind über Jahre hinweg veröffentlicht worden. Vgl. hierzu auch den Beitrag von Andreas Fukerider in diesem Band.
[50] Die Eröffnung der Wagner-Festwoche, in: *Lippische Staatszeitung*, 31. Mai 1939, S. 2.
[51] Ebd.
[52] Ebd.

Kunst und Arbeitertum und Soldatentum nicht ausschließen, sondern sinnvoll ergänzen«.⁵³

Ab dem Jahr der 6. Wagner-Festwoche, also während der Kriegsvorbereitungen und im Krieg, beziehen sich die Aussagen immer mehr auf das Kriegsgeschehen und die damit verbundenen Einschränkungen durch Geldmangel: »Der Lage entsprechend müssen die diesjährigen Veranstaltungen in kleinerem Rahmen durchgeführt werden und in dieser so ernsten Zeit einen ernsten und feierlichen Charakter tragen.«⁵⁴ Und auch der Bau der von Meyer gewünschten Volkshalle am Hiddeser Berg wurde »aus zwingenden Gründen aufgeschoben« und somit müssten »manche Wünsche bezüglich der Ausgestaltung der Richard-Wagner-Festwoche zurückgestellt werden«.⁵⁵ Die Zeitung berichtet zudem bis zum Ende der Wagner-Festwochen stolz und enthusiastisch von der ›Kulturarbeit‹, die diese leisteten: »Detmolds Wagner-Tage behaupten sich auch im Kriege als einzigartige Kundgebung deutschen Kulturwillens im Sinne Bayreuths.«⁵⁶ Dabei wird das Kriegsgeschehen immer wieder mit einbezogen:

> Welch ein erhebender Kulturwille und welche Bejahung völkischer Lebenskraft sprechen doch aus einer solchen Kunsttat mitten im schweren Ringen eines Krieges, der gerade am Tage der Aufführung eines so vaterländisch durchglühten Werkes wie des »Lohengrin« überwältigende Siege der deutschen Waffen in Feindesland meldete.⁵⁷

Außerdem wird immer wieder zur Unterstützung aufgerufen:

> Der Sinn der Richard-Wagner-Veranstaltungen ist 1940 ist [sic!], daß das Erlebnis der Kunstwerke größter deutscher Meister und vor allen Dingen Richard Wagners uns innerlich erheben, die Liebe zum Reich festigen und die Einsatzbereitschaft für Deutschland stärken soll. [...] Und so sollen

---

53   Ebd.
54   Die Wagner-Tage im Dienste des Reiches, in: *Lippische Staatszeitung*, 13. Mai 1940, S. 3.
55   Empfang der Presse durch den Gauleiter, in: *Lippische Staatszeitung*, 31. Mai 1939, S. 7.
56   Bülow: Richard-Wagner-Tage in Detmold, in: *Lippische Staatszeitung*, 12. Mai 1940, S. 4.
57   »Lohengrin« – ein künstlerisches Ereignis, in: *Lippische Staatszeitung*, 14. Mai 1940, S. 4. Mit dem »Siege« ist die nach dem Vorstoß durch die Ardennen gelungene Übersetzung deutscher Truppen über die Maas bei Sedan am 13. Mai 1940 gemeint. Dies war im Zuge des Westfeldzuges eine wichtige Schlacht zur Einkreisung alliierter Armeen in Belgien und Frankreich.

auch diese Richard-Wagner-Veranstaltungen des Kriegsjahres 1940 im *Dienste des Reiches* stehen.[58]

Weiterhin wird die Hoffnung auf einen ›Endsieg‹ Deutschlands verbreitet:

> Wenn die Gaukulturwoche des Jahres 1940 den Offizieren und Soldaten unserer Wehrmacht und unseren in der Heimat schwer schaffenden deutschen Menschen Erhebung und Erbauung gebracht, in ihnen den fanatischen Willen zum Einsatz gestärkt und den Glauben an unseren Endsieg gefestigt hat, so hat sie ihre Aufgabe voll und ganz erfüllt [...].[59]

Diese Hoffnung ist auch 1941 noch nicht abgeschwächt:

> Wenn wir [...] trotz Krieg mitten in der gewaltigsten Auseinandersetzung mit England diese Tage [die Richard-Wagner-Tage, Anm. d. Verf.] durchführen, so ist das der größte und schönste Beweis für unseren unerschüttlichen Glauben an den Endsieg und an Deutschlands Zukunft.[60]

Einer der letzten Artikel zu den Wagner-Festwochen mit dem Titel »Eine unversiegbare Kraftquelle für den Kampf. 10 Jahre Bayreuther Kulturpflege im Gau Westfalen-Nord – Die Richard-Wagner-Tage in Detmold 1944« trägt deutliche Zeichen der Durchhalte-Propaganda, aber auch des weiterbestehenden Siegeswillens, obwohl der Sieg Deutschlands zu diesem Zeitpunkt nicht mehr realistisch war:

> Als wir bei Beginn unseres Schicksalkampfes das Wort Kapitulation aus unserem Wortschatz strichen, galt dies – vielen vielleicht damals noch nicht voll bewußt – auch für das Gebiet der Kulturpflege. Auch hier gibt es für uns kein Zurück, sondern nur ein tapferes Hindurch und sieghaftes Vorwärts! [...] Unter solchen deutlich erkennbaren Vorzeichen standen auch die diesjährigen Richard-Wagner-Tage in Detmold [...].[61]

Gauleiter Meyer führte in diesem Zusammenhang in seiner Ansprache zur Eröffnung der Wagner-Festwochen aus:

---

[58] Die Wagner-Tage im Dienste des Reiches, in: *Lippische Staatszeitung*, 13. Mai 1940, S. 3. Hervorhebung im Original gesperrt.
[59] Ebd.
[60] Dank und Verpflichtung an Bayreuth, in: *Lippische Staatszeitung*, 4. Juni 1941, S. 1.
[61] Erich Meinhard: Eine unversiegbare Kraftquelle für den Kampf, in: *Lippische Staatszeitung*, 5. Juni 1944, S. 3.

> Wenngleich der Feind mit seinem Generalangriff und der Invasion droht […], wir Deutsche haben die seelische Ruhe und Festigkeit und können sie auch haben, diese Kulturveranstaltung durchzuführen, um aus dem Erlebnis dieser Tage neuen Mut und neue Kraft zu weiterem Einsatz für den Endsieg zu gewinnen.[62]

Wie in diesem Beitrag deutlich gemacht werden konnte, zeigt sich an den Detmolder Richard-Wagner-Festwochen unverkennbar, wie solche kulturellen Veranstaltungen als Instrument der Propaganda missbraucht wurden. Zugleich ist im zeitlichen Verlauf eine Abnahme der Unterstützung der Festwochen durch Verkürzungen im Programm und in den Berichten der *Lippischen Staatszeitung* zu sehen. Zuletzt waren die Artikel primär zur Unterstützung der deutschen Armee, zur Erhaltung des Stolzes und des Glaubens an den ›Endsieg‹ gedacht. Zum Ende des Krieges, in Anbetracht der absehbaren Niederlage, wendete sich die Stimmung schließlich zu einer Art ›Durchhalte-Propaganda‹.

---

[62] Ebd. Mit der Invasion ist die unter dem Decknamen »Operation Neptune« durchgeführte Landung der Alliierten in der Normandie gemeint, die ein Teil der »Operation Overlord« war und zum Ziel hatte, die deutschen Besatzer aus Nordfrankreich zurückzudrängen.

Raphael Köhler
»Die ganze Anlage unserer Arbeit verbietet es, hohe Eintrittspreise zu verlangen«
Finanzielle Aspekte der ›reichswichtigen‹ Richard-Wagner-Festwochen

›Reichswichtig‹ – dieses Prädikat, das die Richard-Wagner-Festwochen von Beginn an trugen, weist darauf hin, dass der finanzielle Aufwand für die Durchführung dieser Veranstaltung hoch gewesen sein muss. Aber welche Folgerungen lassen sich aus der Finanzierung der Festwochen ziehen? Dieser Frage wird im Folgenden nachgegangen und es wird erörtert, inwiefern, ausgehend von wirtschaftlichen Aspekten, Schlüsse über die Zielsetzung der Festwoche möglich sind. Dabei wird die These verfolgt, dass sich die Verleihung des Prädikats ›reichswichtig‹ – wörtlich genommen – innerhalb der finanziellen Planung der Festwochen auch auf Reichsebene widerspiegelt. Dazu wird die Entwicklung der Festwochen aus finanzieller Sicht dargestellt und der Frage nach den Geldgebern und deren Interessenshintergründen nachgegangen.

Betrachtet man anhand der Haushaltspläne[1] die wirtschaftliche Situation Detmolds vor Beginn der ersten Festwoche, so wird ersichtlich, dass die Stadt zu dieser Zeit vor allem mit dem Abbau von Schulden beschäftigt war. Die Überschüsse des 1933 wiedereinsetzenden Wirtschaftsaufschwungs[2] wurden beispielsweise zur Schuldentilgung benutzt und man versuchte eine konsequente Sparpolitik zu verfolgen.[3] Wo blieb hier Platz für eine kulturelle Großveranstaltung wie die Richard-Wagner-Festwoche? Das lässt sich anhand der Haushaltspläne schwerlich beantworten. Auch Christoph Schmidt stellt fest, dass sich »die Entwicklung des städtischen Kulturhaushalts ab 1935 nur noch

[1] Vgl. die Protokolle von den Beratungen des Bürgermeisters mit den Ratsherren der Jahre 1940 bis 1944 (Stadtarchiv Detmold, D 106 Detmold, 1572).
[2] Der Wirtschaftsaufschwung wurde beispielsweise durch die Ausrichtung des Deutschen Reiches auf Kriegswirtschaft gefördert, woraus Detmold als Garnisonsstadt mit eigenem Militärflugplatz großen Nutzen ziehen konnte. Vgl. Christoph Schmidt: *Nationalsozialistische Kulturpolitik im Gau Westfalen-Nord. Regionale Strukturen und lokale Milieus (1933–1945)*, Paderborn u.a. 2006, S. 370f.
[3] Vgl. Schmidt: *Nationalsozialistische Kulturpolitik*, S. 370ff.

unvollständig rekonstruieren«[4] lässt, da ab diesem Zeitpunkt keine vollständigen Haushaltspläne mehr überliefert sind.

Zur Entwicklung des Etats und der Beteiligung der Finanzierungsträger

Trotz ›Reichswichtigkeit‹ bewegte sich der finanzielle Aufwand für die erste Richard-Wagner-Festwoche anscheinend auf vergleichsweise geringem Niveau. Die Abrechnungen der Jahre 1935 und 1937 liegen nicht mehr vor, dafür aber diejenige des Jahres 1936. In dieser Abrechnung belaufen sich Ausgaben und Einnahmen auf 31 570,53 Reichsmark (RM).[5] (Abb. 31) Für die anderen beiden Jahre kann ebenfalls von einem jährlichen Etat von etwa 30 000 RM ausgegangen werden.[6] Nimmt man die Abrechnung von 1936 als Orientierungsgrundlage, waren in den ersten drei Jahren die Hauptfinanzierer die Stadt Detmold mit etwa 7000 RM, das Reichsministerium für Volksaufklärung und Propaganda (RMVP) mit 5000 RM und die Lippische Landesregierung mit 2000 RM. Gut ein Drittel des Gesamtetats wurde durch den Kartenverkauf gedeckt; der Rest kam von Stiftungen, die in der Abrechnung nicht genauer bezeichnet werden. 1938 erhöhte sich der Etat einem vorläufigen Rechnungsabschluss vom 5. September zufolge schlagartig auf 113 806,41 RM.[7] (Abb. 32)

Wie ist dieser sprunghafte Anstieg zu erklären? Vor allem dadurch, dass 1938 Zuschüsse von Institutionen auf Gau-Ebene hinzukamen. (Abb. 35.) So beteiligten sich die Gauleitung Westfalen-Nord mit 1000 RM, die Gauleitung Westfalen-Nord der NSDAP mit 20 000 RM,[8] die Westfälische Provinzialhauptkasse[9] mit 6000 RM, die Wirtschaftliche Gesellschaft für Westfalen und Lippe[10] mit 24 000 RM und die nationalsozialistische Gemeinschaft »Kraft

---

4   Schmidt: *Nationalsozialistische Kulturpolitik*, S. 379.
5   Einnahmen und Ausgaben. Abrechnung der Richard-Wagner-Festwoche 1936, aufgestellt am 24. März 1937 (LAV NRW OWL, L 80.04 Nr. 1496).
6   Vgl. Schmidt: *Nationalsozialistische Kulturpolitik*, S. 421.
7   Vorläufiger Rechnungsabschluss der Richard-Wagner-Festwoche 1938, Stand vom 5. September 1938 (LAV NRW OWL, L 80.04 Nr. 1496).
8   Diese Institutionen sind in der Abrechnung tatsächlich getrennt aufgeführt.
9   Die Provinzialhauptkasse Münster war eine der Girozentralen Westfalens aus der sich die heutige Landesbank Girozentrale WestLB in Münster entwickelt hat. Vgl. WestLB, Website der Westdeutschen Landesbank, URL: http://www.westlb.de, Abruf: 20. Dezember 2011.
10   Die Wirtschaftliche Gesellschaft existiert auch heute noch als Verein in Münster. Im Nationalsozialismus entstand sie 1934 durch erzwungene Zusammenschließung des Westfälisch-Lippischen Wirtschaftsbundes mit Sitz in Bielefeld und der Wirtschaftswissenschaftlichen Gesellschaft mit Sitz in Münster. Ihr Aufgabe sollte sein, »Aufklärungsarbeit im Sinne der Wirtschafspolitik der Reichsregie-

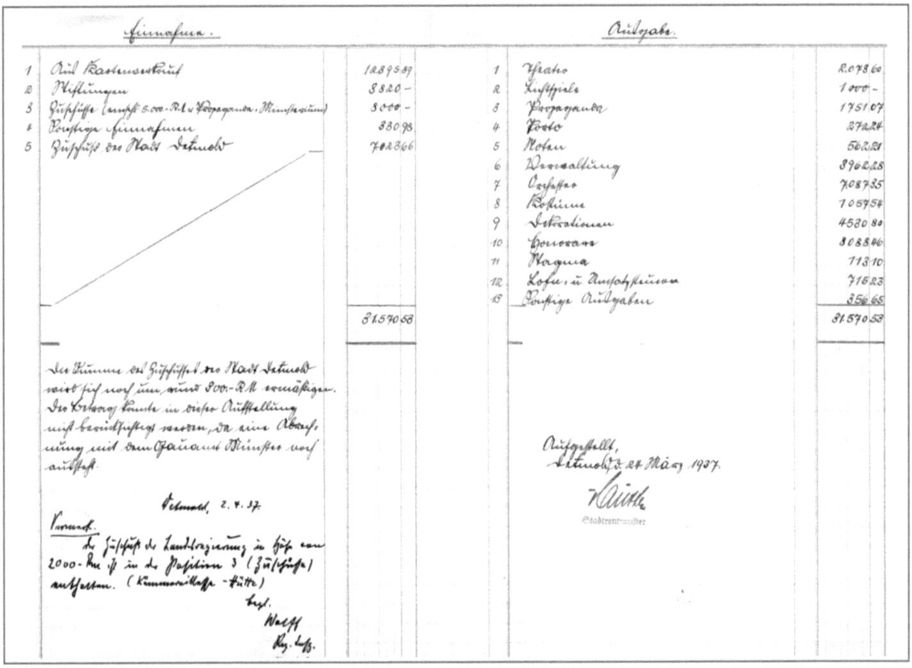

Einnahme			Ausgabe	
1	Aus Kartenverkauf	12895 89	1 Theater	2.078 60
2	Stiftungen	3820 -	2 Lichtspiele	1000 -
3	Zuschüsse (einschl. 5.000,- RM v. Propaganda-Ministerium)	8000 -	3 Propaganda	1751 07
4	Sonstige Einnahmen	380 98	4 Porto	272 24
5	Zuschuss der Stadt Detmold	7023 66	5 Noten	562 21
			6 Verwaltung	3962 28
			7 Orchester	7087 35
			8 Kostüme	1057 54
			9 Dekorationen	4530 80
			10 Honorare	8088 46
			11 Stagma	113 10
			12 Lohn- u. Umsatzsteuern	715 23
			13 Sonstige Ausgaben	356 65
		31.570 58		31.570 53

Die Summe des Zuschusses der Stadt Detmold wird sich noch um rund 800,- RM ermäßigen. Der Betrag konnte in dieser Aufstellung nicht berücksichtigt werden, da eine Abrechnung mit dem [illegible] Münster noch aussteht.

Aufgestellt,
Detmold, d. 24. März 1937.
Hütte
Stadtrentmeister

Detmold, 2.4.37.
Vermerk.
Der Zuschuß der Landesregierung in Höhe von 2000,- RM ist in der Position 3 (Zuschüsse) enthalten. (Kommunalkasse-Hütte)
begl.
Wolff
Reg. Ass.

Abb. 31: Abrechnung der Richard-Wagner-Festwoche 1936.

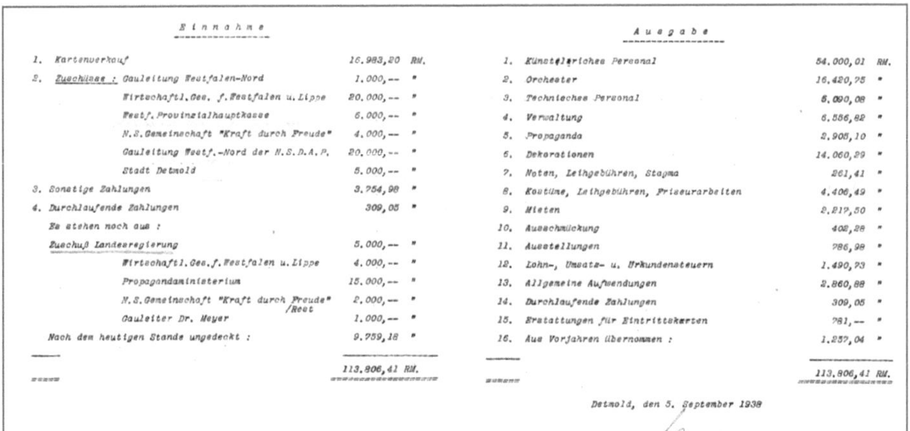

E i n n a h m e

1.	Kartenverkauf	16.983,20	RM.
2.	Zuschüsse : Gauleitung Westfalen-Nord	1.000,--	"
	Wirtschaftl.Ges. f.Westfalen u.Lippe	20.000,--	"
	Westf.Provinzialhauptkasse	6.000,--	"
	N.S.Gemeinschaft "Kraft durch Freude"	4.000,--	"
	Gauleitung Westf.-Nord der N.S.D.A.P.	20.000,--	"
	Stadt Detmold	5.000,--	"
3.	Sonstige Zahlungen	3.754,98	"
4.	Durchlaufende Zahlungen	309,05	"
	Es stehen noch aus :		
	Zuschuß Landesregierung	5.000,--	"
	Wirtschaftl.Ges.f.Westfalen u.Lippe	4.000,--	"
	Propagandaministerium	15.000,--	"
	N.S.Gemeinschaft "Kraft durch Freude" /Rest	2.000,--	"
	Gauleiter Dr. Meyer	1.000,--	"
	Nach dem heutigen Stande ungedeckt :	9.759,18	"
		113.806,41	RM.

A u s g a b e

1.	Künstlerisches Personal	54.000,01	RM.
2.	Orchester	16.420,75	"
3.	Technisches Personal	5.090,08	"
4.	Verwaltung	6.586,82	"
5.	Propaganda	2.905,10	"
6.	Dekorationen	14.060,29	"
7.	Noten, Leihgebühren, Stagma	261,41	"
8.	Kostüme, Leihgebühren, Friseurarbeiten	4.406,49	"
9.	Mieten	2.217,50	"
10.	Ausschmückung	402,28	"
11.	Ausstellungen	786,98	"
12.	Lohn-, Umsatz- u. Urkundensteuern	1.490,73	"
13.	Allgemeine Aufwendungen	2.860,88	"
14.	Durchlaufende Zahlungen	309,05	"
15.	Erstattungen für Eintrittskarten	781,--	"
16.	Aus Vorjahren übernommen :	1.257,04	"
		113.806,41	RM.

Detmold, den 5. September 1938

Hütte
Stadtrentmeister.

Abb. 32: Vorläufiger Rechnungsabschluss der Richard-Wagner-Festwoche 1938.

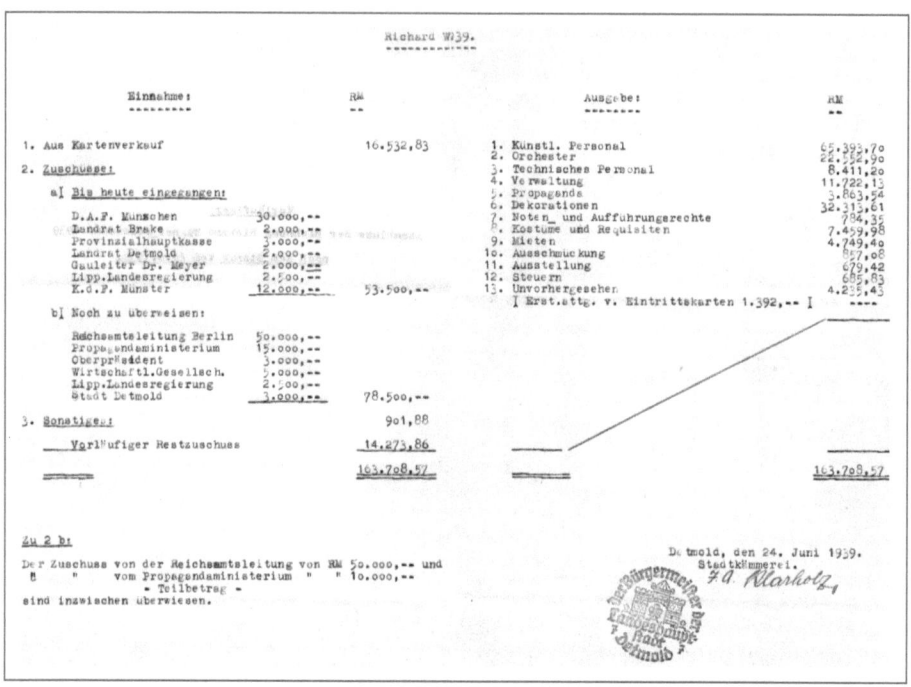

Abb. 33: Vorläufiger Abschluss der Rechnung der Richard-Wagner-Festwoche 1939.

durch Freude« (KdF)[11] mit 6000 RM. Außerdem trug Gauleiter Dr. Alfred Meyer persönlich 1000 RM bei. Die Beteiligung des RMVP erhöhte sich auf 15 000 RM und die der Landesregierung auf 5000 RM. Die Stadt Detmold selbst war nur noch mit einem Zuschuss von 5000 RM vertreten.

Ihren Spitzen-Etat erreichte die Richard-Wagner-Festwoche schließlich im Jahre 1939, welcher sich laut einer vorläufigen Abrechnung am 24. Juni auf 163 708,57 RM belief.[12] (Abb. 33) In diesem Jahr kam der Großteil der Gelder von überregionalen Institutionen: Die Deutsche Arbeitsfront München beteiligte sich mit 30 000 RM und die Reichsamtsleitung Berlin unterstützte die Festwo-

rung« zu verrichten. Vgl. Wirtschaftliche Gesellschaft für Westfalen und Lippe, URL: http://www.wirtschaft-westfalen.de, Abruf: 20. Dezember 2011.

[11] Die KdF wurde am 27. November 1933 als Freizeitorganisation der Deutschen Arbeitsfront gegründet. Vgl. Rolf Walter: *Wirtschaftsgeschichte. Vom Merkantilismus bis zur Gegenwart*, Köln/Weimar/Wien ⁵2011, S. 201.

[12] Vorläufiger Rechnungsabschluss der Richard-Wagner-Festwoche 1939, Stand vom 24. Juni 1939 (LAV NRW OWL, L 80.04 Nr. 1496).

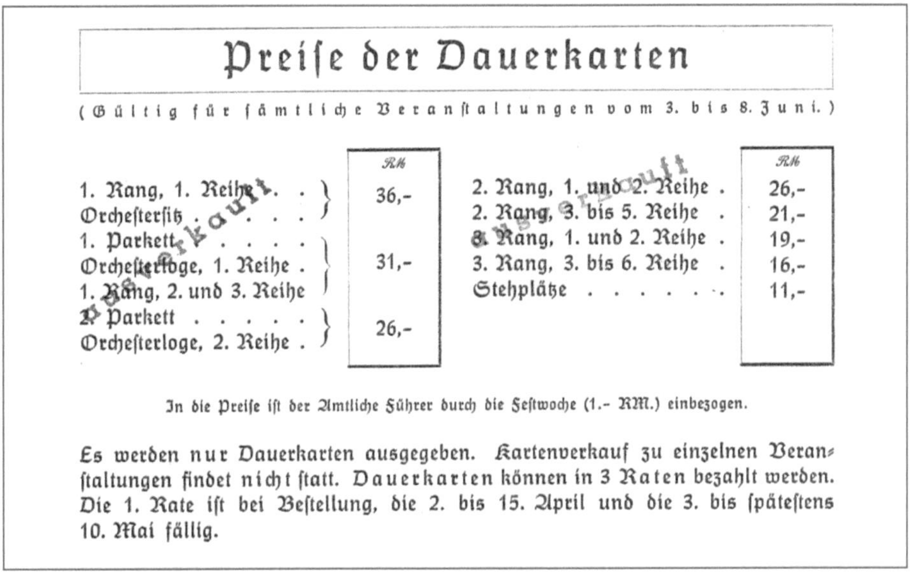

Preise der Dauerkarten

(Gültig für sämtliche Veranstaltungen vom 3. bis 8. Juni.)

	RM		RM
1. Rang, 1. Reihe . . ⎱	36,-	2. Rang, 1. und 2. Reihe .	26,-
Orchestersitz . . . . ⎰		2. Rang, 3. bis 5. Reihe .	21,-
1. Parkett . . . . . ⎱		3. Rang, 1. und 2. Reihe .	19,-
Orchesterloge, 1. Reihe . ⎬	31,-	3. Rang, 3. bis 6. Reihe .	16,-
1. Rang, 2. und 3. Reihe ⎰		Stehplätze	11,-
2. Parkett . . . . . ⎱	26,-		
Orchesterloge, 2. Reihe . ⎰			

In die Preise ist der Amtliche Führer durch die Festwoche (1.- RM.) einbezogen.

Es werden nur Dauerkarten ausgegeben. Kartenverkauf zu einzelnen Veranstaltungen findet nicht statt. Dauerkarten können in 3 Raten bezahlt werden. Die 1. Rate ist bei Bestellung, die 2. bis 15. April und die 3. bis spätestens 10. Mai fällig.

Abb. 34: Preisliste der Richard-Wagner-Festwoche 1941.

che mit 50 000 RM. Das RMVP bezuschusste die Veranstaltung weiterhin mit 15 000 RM und auch die Lippische Landesregierung blieb bei 5000 RM. Die NS-Gemeinschaft KdF Münster verdoppelte ihren Zuschuss aus dem Vorjahr auf nun 12 000 RM. Die Provinzialkasse senkte ihren Beitrag auf 3000 RM, dafür kamen in diesem Jahr Zuschüsse der Landräte Brakes und Detmolds von jeweils 2000 RM sowie 3000 RM vom Oberpräsidenten der Provinz Westfalen hinzu und auch Gauleiter Meyer steuerte erneut 1000 RM bei. Auffallend ist, dass die Wirtschaftliche Gesellschaft in diesem Jahr nur noch 5000 RM bereitstellte. Detmolds eigener Zuschuss sank erneut und belief sich nur noch auf 3000 RM. Dass der Ausbruch des Zweiten Weltkrieges einen Einschnitt auch für die Richard-Wagner-Festwoche bedeutete, verwundert nicht – 1940 dauerte sie nur drei Tage. Aus einem Brief des Gauschatzmeisters geht hervor, dass sich die Gesamtausgaben der Festwoche nur noch auf 42 000 RM (Abb. 38) beliefen und dass die Stadt Detmold diesmal nur mit einem Zuschuss von 500 RM beteiligt war.[13] Ab 1941 liegen keine Kostenabrechnungen mehr vor.

[13] Gauschatzmeister der NSDAP an den Landrat des Kreises Detmold Schweigert, 25. Januar 1940 (2 Blätter + 5 Anlagen) (Kreisarchiv Lippe, K2 Detmold Nr. 55).

Wirft man allerdings einen Blick auf die Kartenpreise, stellt 1941 mit 36 RM für die besten Plätze das teuerste Jahr für das Publikum dar. (Abb. 36) So kann über den Etat von 1941 Folgendes angenommen werden: Wenn die Kartenpreise ähnlich hoch waren wie ihm Jahre 1939 (35 RM für die besten Sitzplätze) und dazu sämtliche Dauerkarten im Gegensatz zu den Vorjahren – mit Ausnahme von 1939 – ausverkauft waren, kann davon ausgegangen werden, dass 1941 wieder ein deutlich höherer Etat als im Vorjahr zur Verfügung stand, vielleicht vergleichbar mit der Größenordnung der Etats von 1938 und 1939.[14] Für die Jahre 1941 bis 1944 sind lediglich Dokumente über Zuschüsse der Lippischen Landesregierung von je 5000 RM und der Stadt Detmold von je 2000 RM überliefert.

Kostenanteile der Geldgeber – Wer trug die Hauptlast?

Wenn man auf der Basis der Kostenabrechnung des Jahres 1936 annimmt, dass die Zuschüsse von 1935 bis 1937 durch das RMVP und die Lippische Landesregierung zusammen etwa 7000 RM betrugen, trug die Stadt Detmold in den ersten drei Jahren mit jeweils 7000 RM den größten Anteil der Kosten. Den Status als Hauptveranstalterin verlor die Stadt allerdings abrupt im Jahre 1938, wo sie mit einem Zuschuss von 5000 RM den enormen Subventionen der Gauleitung und der Wirtschaftlichen Gesellschaft für Westfalen und Lippe gegenüberstand. In den nächsten Jahren sank ihre Beteiligung weiterhin, von 3000 RM (1939) auf zwischenzeitlich 500 RM (1940), um schließlich bei jeweils 2000 RM in den letzten drei Jahren zu verbleiben. Sieht man von den Zuschüssen des RMVP ab, welches die Festwochen von Anfang an subventionierte, zeigt sich also bei den Geldgebern eine sich stufenweise ausweitende Beteiligung von der Landesebene (Detmold und die Lippische Landesregierung) ab 1935 über die Gauebene ab 1938 bis zur Reichsebene (Reichsamtsleitung Berlin und die Deutsche Arbeitsfront München) im Jahre 1939. (Abb. 35) In diesem Sinne bewahrheitete sich im Laufe ihrer finanziellen Entwicklung die Bezeichnung der Richard-Wagner-Festwoche als offzell ›reichswichtige‹ Veranstaltung, auch wenn sie in diesen Status erst ›hineinwuchs‹.

Aus finanzieller Sicht war der Höhepunkt der Festwochen offensichtlich das Jahr 1939. (Abb. 38) Dies spiegelt sich in der künstlerischen Qualität: So finden sich inden drei vorliegenden Kostenabrechnungen beispielsweise die Ausgaben für das Orchester, welche von ca. 7000 RM im Jahr 1936 über ca. 16 400 RM

---

14 Dafür spricht auch das erneut hohe künstlerische Niveau, das mit den Bayreuther Solisten in Detmold vorhanden war, vgl. hierzu auch den Beitrag von Andreas Fukerider in diesem Band.

»Die ganze Anlage unserer Arbeit verbietet es, hohe Eintrittspreise zu verlangen«

1938 auf ca. 22 500 RM 1939 stiegen. Der enorme Betrag von ca. 65 000 RM[15] ermöglichte es, neben dem Orchester weiteres hochrangiges künstlerisches Personal nach Detmold zu holen, unter anderem für einzelne Opernaufführungen die originale Bayreuther Besetzung. Allein die sechs Aufführungen der *Meistersinger von Nürnberg* kosteten ca. 28 000 RM – was fast schon dem jeweiligen Gesamtetat der ersten drei Festwochen entspricht. Während 1939 der höchste Etat zur Verfügung stand, wurde auch die Kartenpreisaufstellung in diesem Jahr wesentlich differenzierter ausgearbeitet als beispielsweise im ersten Veranstaltungsjahr. (Abb. 37)

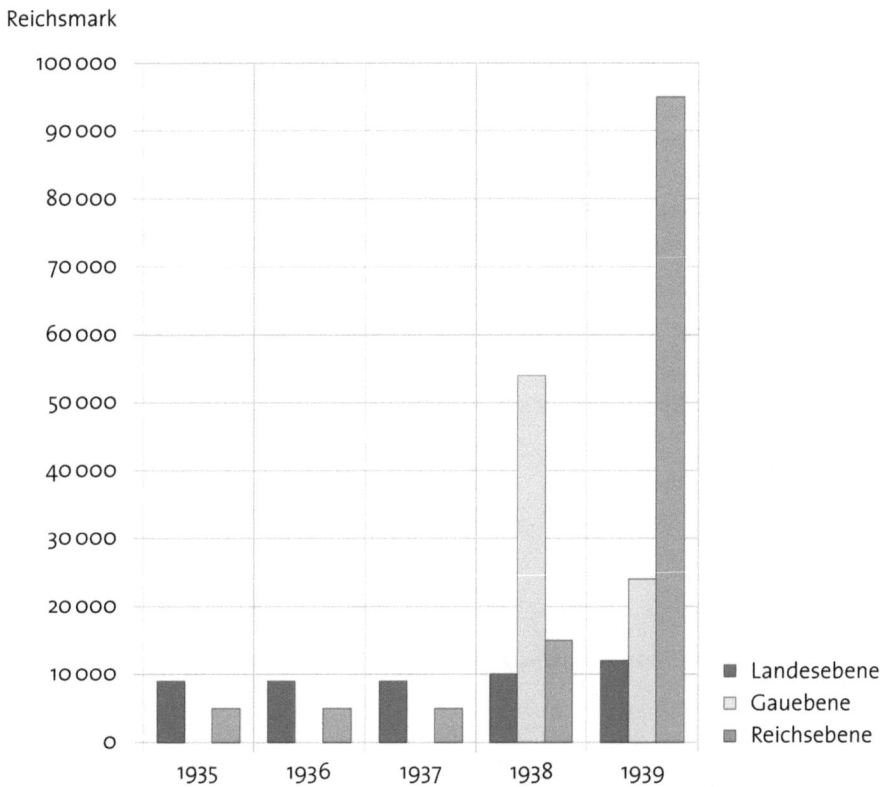

Abb. 35: Vergleich der Finanzierungsbeiträge auf Landes-, Gau- und Reichsebene.

[15] Gauleiter Meyer an den Landrat des Kreises Detmold, 8. November 1938 (Kreisarchiv Lippe, K2 Detmold Nr. 55).

Die Dauerkartenpreise für Sitzplätze höchster Preisklassen im Lippischen Landestheater, also beispielsweise im 1. Rang, bewegten sich von 25 RM im Jahr 1935 bis zu 36 RM als Spitzenpreis im Jahr 1941. (Abb. 36) Die günstigsten Kartenpreise, etwa für den 3. Rang im Jahre 1935, beziehungsweise für die letzte Reihe und Stehplätze in den Folgejahren, bewegten sich stets um etwa 10 RM. (Abb. 36) Eine Ausnahme stellt das Jahr 1940 dar, da hier die Festwoche auf drei Tage verkürzt wurde, sodass auch die Kartenpreise entsprechend niedriger waren. (Abb. 36)

Aber was war eine Karte eigentlich wert? Um hiervon eine Vorstellung zu erhalten, sei ein Vergleich zu zeitgenössischen Löhnen und Lebensmittelpreisen hergestellt. Eine Einordnung in die damals alltägliche Lebenswelt ermöglicht beispielsweise ein Blick auf den Preis eines Grundnahrungsmittels wie Brot. Weiterhin kann man sich die Löhne von einfachen Arbeitern aus einem gängigen Berufszweig vor Augen führen. So betrug der Preis eines ortsüblichen Roggen- oder Mischbrots zu 1kg sowohl 1935 als auch 1940 34 Reichspfennig (Rpf).[16] Arbeiter aus dem Baugewerbe, wie etwa Zimmerer, Einschaler und Zementfacharbeiter hatten 1936 einen Bruttostundenverdienst von 85,4 Rpf, also einen Bruttowochenverdienst von 40,35 RM. Im März 1944 lag der Stundenverdienst bei 96,5 Rpf und damit der Wochenverdienst bei 45,71 RM.[17]

	1935	1936	1937	1938	1939	1940	1941
1. Rang					35 RM		36 RM
u. Ä.	25 RM	30 RM	25 RM	30 RM	30 RM	15 RM	31 RM
2. Rang				25 RM	25 RM	12 RM	26 RM
u. Ä.	16 RM	20 RM	20 RM	20 RM	20 RM	10 RM	21 RM
3. Rang		15 RM			25 RM		19 RM
u. Ä.	12 RM		15 RM	15 RM	10 RM	8 RM	16 RM
Stehplätze		10 RM	10 RM	10 RM	8 RM	5 RM	11 RM

Abb. 36: Übersicht der rekonstruierbaren Kartenpreise der Richard-Wagner-Festwoche von 1935 bis 1941.

[16] *Statistisches Jahrbuch für das Deutsche Reich*, Band 1939, Berlin 1940, S. 340 und *Statistisches Jahrbuch für das Deutsche Reich*, Band 1935, Berlin 1936, S. 271. Die Preise gelten für die Stadt Essen. Sie ist die von den im Jahrbuch aufgelisteten Städten nächstgelegene zu Detmold.

[17] *Statistisches Handbuch von Deutschland 1928–1944*, hrsg. vom Länderrat des Amerikanischen Besatzungsgebiets, München 1948, S. 471. Die täglichen Arbeitsstunden sind nicht angegeben.

So kann davon ausgegangen werden, dass die Preise für die Dauerkarten für die einfache Arbeiterklasse kaum erschwinglich waren. Es war allerdings in vielen Veranstaltungsjahren möglich, Einzelkarten zu erwerben: Die Einzelkartenpreise bewegten sich beispielsweise für die Opernaufführungen *Der arme Heinrich* von Hans Pfitzner am 29. Juli 1935 von 1,50 RM für Sitzplätze im 3. Rang bis hin zu 4 RM für Logenplätze (Abb. 37). Auch die Karten für Morgenfeiern[18] bewegten sich auf einem recht niedrigen Preisniveau. Selbst bei der in Bayreuther Besetzung aufgeführten *Walküre* am 2. Juni 1939 waren hintere Plätze ab dem 3. Rang bereits ab 6 RM bis hin zu nochmal günstigeren Stehplätzen erhältlich und damit bezahlbar. Dadurch wurde die Festwoche preislich für die breitere Öffentlichkeit zugänglich gemacht. Dies entsprach der Ideologie der Festwochen, wie beispielsweise aus einem Brief Meyers »[a]n den Landrat des Kreises Detmold« vom 8. November 1938 hervorgeht, in welchem er schrieb: »Die ganze Anlage unserer Arbeit verbietet es, hohe Eintrittspreise zu verlangen; wir wenden uns vorwiegend an den deutschen Arbeiter, die Jugend und an die ganze Öffentlichkeit«.[19] Interessierten von außerhalb kam man zusätzlich entgegen, indem man es in einigen der Veranstaltungsjahren ermöglichte, für die Dauer der Festwoche mit den Eintrittskarten an allen Bahnhöfen im Umkreis von 150 Kilometern nach Detmold Sonntagsrückfahrkarten zu erhalten. In einem Bericht von Paul Bülow in der *Zeitschrift für Musik* 1937 wird deutlich, dass das Publikum »in diesem Jahre zum ersten Mal auch den schlichten deutschen Arbeiter aus den Betrieben des Gaugebietes Westfalen-Nord umfaßte« und dass »unter Mitwirkung der NS-Gemeinschaft ›Kraft durch Freude‹ etwa 3000 Arbeiter«[20] den morgendlichen und abendlichen Aufführungen beiwohnten. Wie schon dargestellt wurde, ist die KdF dann im folgenden Jahr das erste Mal als einer der finanziellen Förderer der Festwoche aufgelistet. So ist es nicht verwunderlich, dass beispielsweise 1940 gesonderte Festaufführungen für die KdF durchgeführt wurden, welche mit einem Preis von 1 RM für Gefolgschaftsmitglieder der Betriebe aus Detmold, Lippe, Herford, Paderborn und Bielefeld sowie für Soldaten der Wehrmacht, für die Hitler-Jugend und für den Bund Deutscher Mädel besonders attraktiv gemacht wurden.

---

[18] Zu den Morgenfeiern vgl. auch den Beitrag von Kamil Glabica in diesem Band.
[19] Gauleiter Meyer an den Landrat des Kreises Detmold, 8. November 1938 (Kreisarchiv Lippe, K2 Detmold Nr. 55).
[20] Paul Bülow: Dritte Richard Wagner-Festwoche in Detmold. 18. bis 28. Mai 1937, in: *Zeitschrift für Musik* 104/7 (1937), S. 809.

Preise der Eintrittskarten:

a) Reihenkarten, gültig für sämtliche Veranstaltungen vom 30. Mai bis 4. Juni

	RM.		RM.
1. Rang, 1. Reihe		2. Parkett, 4.–6. Reihe	
Orchestersitz (Reihe 1–5)	35.-	2. Rang, 2.–6. Reihe	20.-
1. Parkett		3. Rang, 1. und 2. Reihe	15.-
Orchesterloge, 1. Reihe	30.-	3. Rang, 3.–6. Reihe	
1. Rang, 2. und 3. Reihe		Rangloge	10.-
2. Parkett, 1.–3. Reihe			
Orchesterloge, 2. Reihe	25.-	Stehplätze im 2. und 3. Rang	8.-
2. Rang, 1. Reihe			

Reihenkarten können in 3 Raten bezahlt werden. Die 1. Rate ist nach erfolgter Bestätigung der Bestellung, die 2. und 3. Rate bis spätestens 10. Mai fällig.

b) Einzelkarten

	1. Rang, 1. Reihe / Orchestersitz 1.–3. Reihe	Orchesterloge 1. Reihe / 1. Parkett / 1. Rang, 2. u. 3. Reihe	Orchesterloge 2. Reihe / 2. Parkett / 2. Rang, 1. Reihe	2. Parkett 4.–6. Reihe / 2. Rang, 2.–6. Reihe	3. Rang 1.–3. N.Reihe	3. Rang 4.–6. Reihe / Rangloge	Stehplatz im 2. u. 3. Rang
30. Mai Eröffnungsfeier	3.00	3.00	2.00	1.00	0.50	0.50	0.30
31. Mai Freischütz	8.00	7.00	6.00	5.00	4.00	3.00	2.00
1. Juni Schubert-Morgenfeier	1.00	1.00	1.00	0.50	0.50	0.30	0.30
1. Juni Fliegender Holländer	5.00	4.00	3.00	3.00	2.00	1.00	1.00
2. Juni Walküre	14.00	12.00	10.00	8.00	6.00	4.00	3.00
3. Juni Siegfried-Wagner-Morgenfeier	2.00	2.00	1.00	1.00	0.50	0.50	0.50
3. Juni Hans Sachsens poetische Sendung	12.00	10.00	9.00	8.00	6.00	4.00	3.00
4. Juni Meistersinger von Nürnberg							

Einzelkarten zum 4. Juni können nur in Verbindung mit der gleichen Karte zum 3. Juni ausgegeben werden.

1935

1939

Bedingungen für den Besuch der Festwoche:

Reihenkarte zur Teilnahme an allen Veranstaltungen vom 21. bis 28. Juli (mit Ausnahme des Volksfestes im Palaisgarten und der Fahrten in den spielfreien Zeiten):

1. Rang / Parkett	25 RM.
2. Rang	16 RM.
3. Rang	12 RM.

Karten zu den Opernaufführungen am 29. und 30. Juli:

	Der arme Heinrich (29. Juli)	Der Bärenhäuter (30. Juli)
Logen	4,00 RM.	3,00 RM.
1. Rang (1. Reihe)	3,00 RM.	2,00 RM.
1. Rang (2. Reihe)	2,00 RM.	1,50 RM.
Orchestersitz	4,00 RM.	3,00 RM.
1. Parkett	3,00 RM.	2,00 RM.
2. Parkett	2,00 RM.	1,50 RM.
2. Rang (1. Reihe)	2,00 RM.	1,50 RM.
2. Rang (2.–5. Reihe)	1,50 RM.	1,00 RM.
3. Rang	1,00 RM.	0,50 RM.

Abb. 37: Preise der Reihenkarten von 1935 (oben) und 1939 (unten).

»Die ganze Anlage unserer Arbeit verbietet es, hohe Eintrittspreise zu verlangen«

In den ersten drei Jahren stellten die Erlöse des Kartenverkaufs von ca. 12000 RM bei Gesamteinnahmen von ca. 30000 RM eine unverzichtbare Quelle zur Kostendeckung dar. Die Bedeutung des Kartenverkaufs rückte aber in den Jahren 1938 und 1939 mit jeweils etwa 17000 RM im Verhältnis zu den bedeutend höheren Etats dieser Jahre in den Hintergrund. Trotz des zunehmend größeren (qualitativen) Aufwands der Festwochen, der mit den steigenden Finanzmitteln einherging, erhöhten sich die Kartenpreise nur geringfügig. Dies zeigt, dass die Anpassung der Kartenpreise bewusst klein gehalten wurde. Anke Groenewold spricht in diesem Zusammenhang von »[v]olkstümliche[n] Preise[n]«.[21] Dahinter steht allerdings nur scheinbar eine soziale Tat – vielmehr

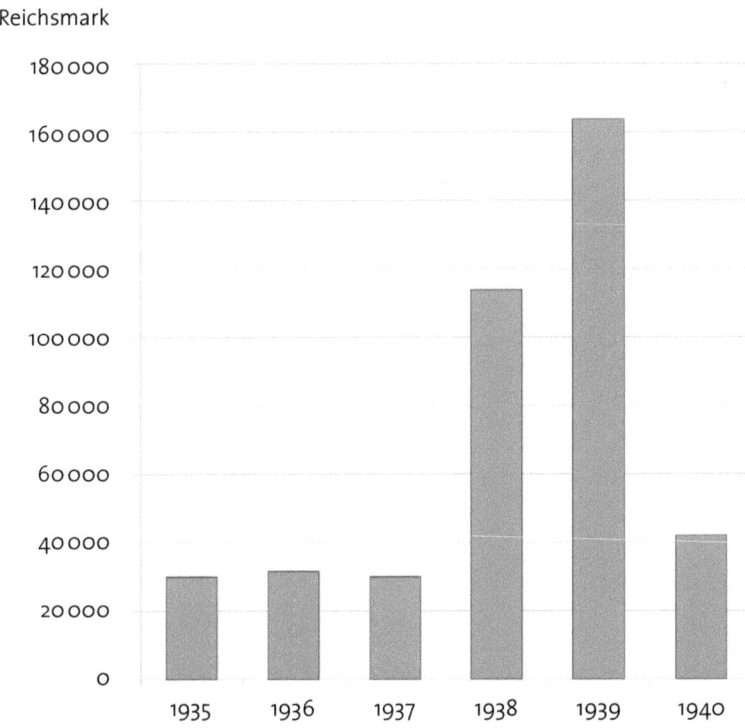

Abb. 38: Jährliche Etats der Richard-Wagner-Festwoche von 1935 bis 1940.

[21] Anke Groenewold: Als die »Wunderschöne« zu einem Vorort von Bayreuth gestempelt wurde, in: *Lippische Blätter für Heimatkunde* 2/1988, hrsg. von der Lippischen Landeszeitung, S. 6 (D DT, LZ 152 4° (1988)).

offenbart sich hier die nationalsozialistische Kulturpolitik und es zeigt sich, worum es bei den Festwochen in erster Linie ging: Sie dienten der Vermittlung von nationalsozialistischem Kultur-und Gedankengut auf breiter Ebene.[22] Diese ideologische Verzwecklichung der Festwoche zeigt sich, wie dargestellt, in der sich ausweitenden finanziellen Beteiligung von entsprechenden Förderern bis hin zur Reichsebene, wie etwa der Reichsamtsleitung der NSDAP in Berlin.

[22] Vgl. hierzu auch den Beitrag von Joachim Iffland in diesem Band.

Kamil Glabica
»Das Kunstverständnis aller Volksschichten im Sinne nationalsozialistischer Weltanschauung wecken und vertiefen«
Theater- und Musikpolitik in Detmold während der NS-Zeit

Die Geschichte des Detmolder Theaters beginnt 1778 mit der Errichtung des ersten Komödienhauses am Lemgoer Tor. Fast 50 Jahre später, 1825, entstand das Hoftheater, das sich architektonisch an klassischen Vorbildern orientierte. Zu einem dramatischen Vorfall kam es am 5. Februar 1912, als das Bühnenhaus beinahe vollständig abbrannte und allein die Grundmauern erhalten blieben. Unmittelbar danach wurde ein Neubau geplant, allerdings verzögerte sich die Fertigstellung aufgrund des Ersten Weltkrieges. Erst 1919 wurde es unter dem Namen »Landestheater« eröffnet. Es bot Platz für 741 Besucher – 165 mehr als zuvor. Eigentümer war das Land Lippe, das jedoch den Betrieb des Landestheaters noch im selben Jahr an den eigens dafür gegründeten Theaterverein übertrug. Finanzielle Mittel erhielt der Theaterverein von mehreren Seiten. Der Staat, der das Gebäude unentgeltlich zur Verfügung stellte, gab genauso wie die Stadt Detmold Zuschüsse.[1]

Zudem zahlte jedes Mitglied, das dem Verein beitrat, einen Geldbetrag, mit dem man sich einen ›Anteil‹ in Höhe von 200 Mark sicherte. Weitere Gelder flossen durch Einnahmen aus Kinoveranstaltungen, die ab den 1920er-Jahren im Landestheater stattfanden. Zum Intendanten wurde 1921 Emil Becker ernannt. Ihm ist es zu verdanken, dass das Landestheater auf überregionaler Ebene an Bedeutung gewann. Die wirtschaftliche bzw. finanzielle Krise im Jahr 1923 hatte jedoch die Konsequenz, dass eine Strukturreform des Detmolder Theaterlebens erfolgen musste, da die Förderer des Vereins immer mehr mit finanziellen Problemen zu kämpfen hatten. Für die zuvor entstandenen Schulden leisteten die Stadt und das Land Ausgleichszahlungen, und die Verwaltung des Theaters ging im Grunde in die öffentliche Hand über: Neuer Vorsitzender des Theatervereins wurde 1925 der Bürgermeister der Stadt Detmold, Dr. Emil Peters, der dieses Amt bis 1933 ausübte, bevor er von Hans Keller abgelöst

---

[1] Vgl. Christoph Schmidt: *Nationalsozialistische Kulturpolitik im Gau Westfalen-Nord. Regionale Strukturen und Milieus (1933–1945)*, Paderborn u.a. 2006, S. 382.

Abb. 39: Das Lippische Landestheater – die Stätte der Richard-Wagner-Festwochen.

wurde. Während der Weltwirtschaftskrise mussten die von Stadt und Land geleisteten Zuschüsse erneut gesenkt werden, da auch die Zuschauerzahlen bis 1932 stetig abfielen. Als Konsequenz dieser Krise – die in dieser Zeit übrigens die meisten Theater in Deutschlands in ähnlicher Weise erleben mussten – wurde beschlossen, ab Beginn der Winterspielzeit 1925/1926 auf die im Vergleich zum Sprechtheater überaus kostenintensive Sparte Musiktheater zu verzichten.[2]

[2] Vgl. ebd., S. 383.

Die Nationalsozialisten nahmen in Detmold erstmals nach den Kommunalwahlen 1932 Einfluss auf das Theater. In diesem Zusammenhang ist vor allem der Komponist August Weweler zu erwähnen, der im Detmolder Kulturleben eine führende Rolle spielte.³ 1898 als Pianist am Detmolder Sommertheater engagiert, wurde er in den folgenden Jahren nicht nur als Leiter mehrerer Detmolder Chöre, sondern auch als Organisator der Lippischen Musikfeste sowie als Gründer des Fürstlichen Konservatoriums für Musik zu einer der zentralen Figuren des Detmolder Musiklebens. 1932 trat er im Alter von 64 Jahren in die NSDAP ein und wurde im Jahr darauf Vorsitzender der Ortsgruppe des »Kampfbundes für deutsche Kultur«, einer der einflussreichsten Kulturorganisationen der NS-Zeit. In dieser Funktion setzte er sich dafür ein, die vom Propagandaministerium festgelegten Vorgaben und Richtlinien in Lippe durchzusetzen. Über sich selber sagte er dabei oft, er sei ein »alter Kämpfer der nationalsozialistischen Bewegung«.⁴ Die Tatsache, dass Weweler 1927 für das sozialdemokratisch gesinnte *Volksblatt* einen Artikel mit dem Titel »Pläne und Ziele des Konservatoriums« verfasste, verdeutlicht allerdings, dass er zu dieser Zeit wahrscheinlich noch keine nationalsozialistischen Ansichten besaß oder diese zumindest noch nicht stringent vertrat, da er wohl sonst keine Zeile für diese Zeitung geschrieben hätte.⁵

1933 bot Weweler der Landesregierung und dem Stadtrat der Landeshauptstadt an, sich um die Belange des Theatervereins zu kümmern. In einem Schreiben vom 20. März 1933 heißt es: »Die Landesregierung wird gebeten, eine schleunige Umgestaltung des Vorstandes des Theatervereins herbeizuführen, damit die neue Zeit auch in unserem Theaterwesen sich ausprägt.«⁶ Weweler setzte sich dafür ein, dass sich der Vorstand in erster Linie aus nationalsozialistisch gesinntem Personal zusammensetzen sollte. Ferner sollte der Theaterspielplan unter strenger staatlicher Kontrolle stehen, um auf diese Weise musikalische Werke zurückdrängen zu können, die z. B. demokratisches oder jüdisches Gedankengut beinhalteten. In einem zweiten Schreiben wenige Tage danach ging Weweler auf weitere Details ein und schlug vor, »dass vornehmlich national und nationalsozialistisch denkende und empfindende Persönlich-

---

3   Zu Weweler vgl. Lukas Speckmann: Ein lippischer »Chefideologe«? Der Komponist August Weweler, in: *Nationalsozialismus in Detmold: Dokumentation eines stadtgeschichtlichen Projekts*, bearb. von Hermann Niebuhr und Andreas Ruppert, Bielefeld 1998 (Sonderveröffentlichungen des Naturwissenschaftlichen und Historischen Vereins für das Land Lippe, Bd. 50), S. 99–122.
4   Vgl. ebd., S. 100.
5   Vgl. ebd., S. 105.
6   Schreiben des KfdK an Landesregierung und Stadtrat, 20. März 1933, zit. n. Schmidt: *Nationalsozialistische Kulturpolitik*, S. 385.

keiten, eventuell auch Mitglieder des K.f.d.K. Detmold in den Vorstand des Lippischen Theatervereins gewählt werden«[7] sollten.

Die Vorschläge Wewelers zur Umstrukturierung des Theatervereins wurden von der Landesregierung eher als eine Art Anregung verstanden, als dass sie jene Forderungen unmittelbar in die Tat umsetzen wollte. Zu Beginn zwang sie zwei der drei verbliebenen Vertreter, die der Landesregierung vor der nationalsozialistischen Machtübernahme angehörten, dazu ihr Amt niederzulegen, damit mehr Parteimitglieder berücksichtigt werden konnten.[8] Auch Bürgermeister Peters, der bis dahin Vorsitzender des Theatervereins war, wurde zum Rücktritt gezwungen. Mit dem Parteimitglied und Oberregierungsrat Dr. Oppermann stand dann ab dem 27. April 1933 sein Nachfolger als Vorsitzender des Vereins bereit. Eine solche ›Gleichschaltung‹ blieb der Theaterleitung vorerst erspart.[9] Emil Becker blieb nach 1933 weiterhin Leiter des Landestheaters – sicher nicht zuletzt aufgrund seines hohen künstlerischen Ansehens sowie seiner unbestrittenen kaufmännischen Fähigkeiten. Doch bereits kurze Zeit später erkrankte Becker schwer und sah sich gezwungen, einen Nachfolger zu bestimmen. Diesen fand er in dem Münsteraner Schauspieler Otto Will-Rasing.

Obwohl die Theaterleitung nach der Machtübernahme der Nationalsozialisten vorerst unverändert geblieben war, wurde zur Spielzeit 1933/1934 das künstlerische Personal beinahe vollständig ausgetauscht. Auch nahm der Theaterverein erstmals Einfluss auf die Gestaltung des Spielplans, was durch den gesundheitsbedingten Ausfall des Intendanten ermöglicht wurde.[10] Schon in der letzten von Becker geleiteten Spielzeit waren Überlegungen angestellt worden, wie man den ins Stocken geratenen Theaterbetrieb wieder zum Laufen bringen könnte. Einen Beitrag dazu leistete die Presse vor Ort, die reichlich Werbung für das Theater machte. »Generalangriff des Landestheaters«[11] lautete das Motto, mit dem jeder Bürger zum monatlichen Theaterbesuch aufgefordert wurde.[12] Wie an wenigen Zahlen deutlich wird, zeigte das Konzept offenbar Wirkung: Im Vergleich zur Saison 1932/1933 stiegen die Besucherzahlen

---

[7] Schreiben des KfdK an Landesregierung und Stadtrat, 29. März 1933, zit. n. Schmidt: *Nationalsozialistische Kulturpolitik*, S. 385.
[8] Vgl. Ebd.
[9] Vgl. ebd., S. 386.
[10] Vgl. ebd., S. 387.
[11] Ron Eagle: Theatre in Detmold 1933–1939. A Case Study of Provincial Theatre during the Nazi Prewar Era, in: *Theatre in the Third Reich. The Prewar Years. Essays on Theatre in Nazi Germany*, hrsg. von Glen W. Gadberry, Westport 1995, S. 33–45.
[12] Vgl. Schmidt: *Nationalsozialistische Kulturpolitik*, S. 388.

fast um die Hälfte – auf ca. 33.800 Besucher – an. Ebenso wurden doppelt so viele Dauerkarten wie zuvor verkauft. In den folgenden Jahren versuchte der neue Intendant Will-Rasing diesen Aufschwung zu verstetigen und den Erfolg weiter auszubauen, indem er eine dreimonatige Sommerspielzeit einführte. Was sich aber in wirtschaftlicher Hinsicht als besonders kluger Schachzug entpuppte, war seine Entscheidung, den Gastspielbetrieb zu intensivieren. Mit seinen Auftritten in Städten wie Bad Salzuflen, Lemgo, Lage, Paderborn und Höxter konnte das Detmolder Ensemble große Erfolge verzeichnen.[13] Dennoch musste kurze Zeit später eine Strukturreform durchgeführt werden, da der Theaterverein nicht mehr in der Lage war, die steigenden Kosten zu decken: Die Zahl der Beschäftigten am Theater wuchs stetig, außerdem waren Renovierungsarbeiten notwendig geworden.[14] Zu den Vereinsmitgliedern zählten von jetzt an das Land (44%iger Anteil am Verein), der Kreis sowie die Stadt Detmold (jeweils 23%) und der Kreis Lemgo, der 10% in Anspruch nahm. Die aus diesem Anlass neu formulierte Satzung macht deutlich, in welchem Geiste das Landestheater in dieser Zeit stand: Der Verein sollte »volksbildend […] wirken und das Kunstverständnis aller Volksschichten im Sinne nationalsozialistischer Weltanschauung […] wecken und […] vertiefen.«[15]

Der Kriegsausbruch hatte zunächst keine negativen Folgen für das Theaterleben in Detmold. In der Spielzeit 1939/1940 konnte man allenfalls von minimalen Zuschauerverlusten sprechen. Eine Schwierigkeit bestand jedoch darin, geeignetes Personal zu finden, wobei die Einberufungen zum Militär eine weniger bedeutende Rolle spielten. Es fehlte allerdings schlichtweg an qualifizierten Schauspielern; denn aufgrund der relativ niedrigen Gagen und der Tatsache, dass das Detmolder Theater den Künstlern bis 1942 keine Ganzjahresverträge offerierte, sank die Attraktivität dieser Stellen am Landestheater.[16]

Das Interesse der Bürger am Theater sank während des Zweiten Weltkrieges keineswegs. Im Gegenteil stieg die Nachfrage kontinuierlich und erreichte in der Spielzeit 1943/1944 einen bis dahin absoluten Höhepunkt. Insgesamt besuchten in dieser Saison beinahe 224 000 Zuschauer die Theateraufführungen des Landestheaters, davon allein in Detmold etwa 165 000. Eine bemerkenswerte Zahl, wenn man sich die geringe Größe der damaligen Landeshauptstadt – die damals noch keine 25 000 Einwohner zählte – vor Augen führt. Die Anzahl der Aufführungen innerhalb einer Woche stieg von drei auf fünf bis sechs an. Aber selbst dies genügte nicht, den überwältigenden

---

[13] Vgl. ebd., S. 388.
[14] Vgl. ebd., S. 389.
[15] Satzung vom 7. Juli 1939, zit. n. ebd., S. 390.
[16] Vgl. ebd., S. 391.

Zuscheueransturm unter Kontrolle zu bekommen, was hin und wieder zu Tumulten führte. In einem Schreiben vom 9. April heißt es z. B., dass sich »die Kassiererin, der Intendant und andere aufsichtführende Personen [...] die übelsten Beschimpfungen gefallen lassen [mussten], zumal die Polizei fehlte.«[17]

Nachdem man festgestellt hatte, dass es der Stadt an regelmäßige stattfindenden Musikveranstaltungen fehle, ergänzte man das Detmolder Musikleben der 1930er- und 1940er-Jahre durch eine Reihe von kleineren und größeren Musikfesten. So wurden beispielsweise die Lippischen Musikfeste wiederbelebt, die schon in der Vorkriegszeit durchgeführt wurden und im September 1934 erneut stattfanden. Entsprechend der Ideologie der ›Volksgemeinschaft‹ wurde als eines der Ziele solcher Veranstaltungen formuliert, dass die Bürger aus den einfacheren Gesellschaftsschichten für die Kultur gewonnen werden sollten.[18] Nichtsdestotrotz blieb der ganz große Erfolg auf überregionaler Ebene aus. Harte Kritik musste insbesondere der oben bereits erwähnte Organisator dieses Musikfestes, August Weweler, einstecken, dessen bei den Festspielen 1934 aufgeführtes Oratorium *Die Sintflut* auf wenig Zuspruch stieß. Der Musikkritiker Hermann Unger urteilte in der *Zeitschrift für Musik*, dass »Wewelers Sintflut [...] den großen Aufwand des Musikfestes nicht gerechtfertigt«[19] habe.

Nicht zuletzt aufgrund derartiger negativer Rückmeldungen kam es garnicht erst zu einer zweiten Auflage dieses Musikfestes und Weweler verließ die Stadt.[20] Einen deutlich größeren Erfolg konnten dann die erstmals 1935 veranstalteten Richard-Wagner-Festwochen für sich verbuchen, die im Verlauf der darauffolgenden Jahre in den Vordergrund des Detmolder Musiklebens traten. Außer den Wagner-Festwochen wurden kleinere Konzerte des Konservatoriums und der verschiedenen Chöre, aber auch die Morgenfeiern der NSDAP veranstaltet. Als Beispiel für eine solche Morgenfeier mag die Veranstaltung vom 4. Februar 1940 im Lippischen Landestheater dienen, an der sich der Männer- und Frauenchor Lage sowie der Schubertbund Detmold beteiligten. Zur Aufführung kamen u. a. Werke von Richard Wagner,

---

[17] Schreiben vom 9. April 1943, zit. n. Schmidt: *Nationalsozialistische Kulturpolitik*, S. 392.
[18] Vgl. ebd., S. 417.
[19] Vgl. Speckmann: August Weweler, S. 114.
[20] Vgl. Schmidt: *Nationalsozialistische Kulturpolitik*, S. 417. Damit hatte er aber keineswegs an allgemeiner Bedeutung und Wertschätzung in Detmold verloren, wurden doch beispielsweise während der Wagner-Festwochen 1935 und 1936 von ihm komponierte Werke an prominenter Stelle aufgeführt; vgl. dazu den Text von Andreas Fukerider in diesem Band.

Edvard Grieg und Max Reger.[21] 1943 wurden Überlegungen intensiviert, eine reguläre Konzertreihe auf die Beine zu stellen, für deren Aufführungen – genauso wie bei den Wagner-Festwochen auch – auswärtige Orchester engagiert werden sollten. Die schlechte Wirtschaftslage sowie diverse Schwierigkeiten im Bereich der Logistik (bedingt durch die Kriegsjahre) vereitelten letztendlich die Umsetzung dieser Idee.

Resümiert man die oben genannten Ergebnisse, so wird deutlich, dass sich das Musikleben in der Stadt Detmold den kulturpolitischen Strategien der Nationalsozialisten gänzlich fügte und somit auch gleichzeitig deren negative Konsequenzen zu spüren bekam. Die finanzielle Förderung, die insbesondere das Lippische Landestheater erfuhr, sicherte nicht nur dessen wirtschaftliche Existenz, sondern bedeutete zugleich eine Vereinnahmung im Sinne der nationalsozialistischen Ideologie.

---

[21] Vgl. Ghislaine Nauwelaerts: Im deutschen Liede liegt die deutsche Seele, in: *Lippische Mitteilungen aus Geschichte und Landeskunde*, Bd. 67, hrsg. von Hermann Niebuhr und Rainer Springhorn, Detmold 1998, S. 127–171, hier S. 168.

Cornelia Kohle
»Man hat diese Zeit ja hautnah erlebt«
Bericht eines Zeitzeugen

Zeitzeugen können nicht nur mit persönlichen Erinnerungen fehlende Informationen in der Historie ergänzen und einen Blick hinter die Kulissen ermöglichen. Sie eröffnen auch einen lebendigen Zugang zu ›toten‹ Ereignissen. Von Anfang an stand es deshalb bei der Planung des Projekts *Lippes Grüner Hügel. Die Richard-Wagner-Festwochen in Detmold 1935–1944* außer Frage, zur Vervollständigung des Gesamtbildes Zeitzeugeninterviews durchzuführen, zumal die größtenteils propagandistisch eingefärbten Quellen aus den 1930er- und 1940er-Jahren (Zeitungsartikel, Programmführer, Rezensionen etc.) ein recht einseitiges Licht auf die Geschehnisse der Richard-Wagner-Festwochen werfen.[1]

Zunächst aber einmal bestand das größte Problem darin, Menschen ausfindig zu machen, die die Richard-Wagner-Festwochen selbst miterlebt hatten. Zwar existieren Schilderungen über das Dritte Reich im Allgemeinen und auch in Lippe zuhauf, aber erstaunlicherweise gibt es keine persönlichen Berichte oder Interviews mit Zeitzeugen, die sich speziell mit dem Phänomen der Richard-Wagner-Festwochen in Detmold befassen – und das, obwohl dieses nationalsozialistische Kulturereignis, das als ›reichswichtig‹ deklariert wurde, nicht nur in künstlerischen Kreisen weithin bekannt war, sondern auch ein Echo in der überregionalen Presse fand. Der Versuch, 2011 mit Hilfe eines Zeitungsappells mögliche Zeitzeugen in der lokalen Bevölkerung ausfindig zu machen, scheiterte jedoch. Obwohl sich unter den Lesern, wie wir später herausfanden, einige Personen befanden, die die Festwochen miterlebt hatten, meldete sich niemand bei uns. Erst die Suche über persönliche Kontakte brachte Erfolge: Von drei angesprochenen Menschen erklärte sich einer, Herr Günther Guericke, dankenswerterweise zu einem Interview bereit. Ein weiterer Zeitzeuge sah sich aus physischen und psychischen Gründen nicht in der Lage, über solch »belastende alte« Zeiten im hohen Alter zu sprechen, und bat uns freundlich um Verständnis. Ein dritter wies uns kurz angebunden ab mit der Bemerkung, er wisse nicht, wovon die Rede sei und was wir von ihm wollten.

---

[1] Vgl. hierzu auch die Beiträge von Agnes Seipelt und Andreas Fukerider in diesem Band.

Sein aggressiver Tonfall ließ uns vermuten, dass er sich beim Thema ›Drittes Reich‹ angegriffen fühlte.

Am Vormittag des 13. September 2011 führten wir, Andreas Fukerider und Cornelia Kohle, ein ca. 60minütiges »teilstrukturiertes Interview« mit Herrn Guericke durch, das mit einem Aufnahmegerät mitgeschnitten wurde.[2] Der Begriff »teilstrukturiert« meint eine Interviewsituation, bei der die Fragen zwar vorbereitet sind, ihre Abfolge jedoch offen bleibt.[3] Außerdem besteht die Möglichkeit, Themen aus dem Gespräch aufzugreifen und spontan weiter zu führen. Die geringe Strukturiertheit des Gespräches soll das Ergebnis hinsichtlich einer möglichst großen und authentischen Informationsbreite begünstigen. Allerdings muss an dieser Stelle darauf verwiesen werden, dass es bei jeder Form des Interviews einen gewissen »Verzerrungsfaktor« gibt,[4] denn bei einem Interview handelt es sich um eine mehrdimensionale soziale Situation: Nicht nur die Kommunikationssituation prägt das Gesamtverhalten beider Gesprächspartner, sondern auch deren äußere Erscheinung; Mimik, Zeit und Ort stellen wichtige Variablen in einem Interview dar. Darüber hinaus können sogenannte Suggestivfragen den Befragten beeinflussen und so den ›Wahrheitsgehalt‹ seiner Antwort verfälschen. Und natürlich spielen – ob es dem Befragten bewusst ist oder nicht – stets auch erwartete Gesellschaftsnormen, soziale Erwünschtheit und Selbstkonzepte eine wesentliche Rolle. Das bedeutet, dass die historische Authentizität von Aussagen aus dem Gedächtnis immer als relativ beurteilt werden muss, denn »[j]ede Befragung beinhaltet Aussagen über die soziale Wirklichkeit, erfasst aber diese soziale Wirklichkeit selbst nur ausschnittsweise«,[5] weshalb es einer adäquaten Kontextualisierung dieser Aussagen bedarf.

Die Aussage eines einzigen Zeitzeugen entzieht sich natürlich jeglicher Vergleichbarkeit und lässt kaum verallgemeinerbare Rückschlüsse auf die Bevölkerung im Gau Westfalen-Nord zur Zeit der Richard-Wagner-Festwochen zu. Trotz fehlender Repräsentativität haben wir uns entschieden, die Transkription des Interviews zu veröffentlichen und außerdem in diesem Text eine Darstellung der in diesem Kontext zentralen Punkte des Gespräches zu leisten, denn Herrn Guerickes lebendige Darstellung seiner persönlichen Erlebnisse

---

[2] Die vollständige Aufnahme befindet sich im Tonarchiv des LWL-Medienzentrum für Westfalen (CD TA 4843 inv 10571).
[3] In Abgrenzung zum »teilstrukturierten Interview« gibt es das »wenig strukturierte« und das »stark strukturierte Interview«. Zu Theorie und Methoden des Interviews vgl. Peter Atteslander: *Methoden der empirischen Sozialforschung*, Berlin 2003.
[4] Vgl. Atteslander: *Methoden der empirischen Sozialforschung*, S. 149.
[5] Vgl. ebd., S. 191.

bietet einen bereichernden Kontrast zu den überlieferten Quellen. Seine Erzählungen wurden in Schriftdeutsch transkribiert, wobei wir versucht haben, den Charakter der mündlichen Rede nicht vollständig zu tilgen.[6] Darüber hinaus geben wir das Interview in diesem Text nicht in voller Länge wieder, sondern bündeln Aussagen zu bestimmten Themen und verzichten auf solche Passagen, an denen das Gespräch zu anderen Inhalten abschweift. Die ungekürzte Transkription des Interviews findet sich im Anhang.[7]

Abb. 40: Günther Guericke mit seiner Ehefrau Edeltraut.

[6] Im Interesse der Lesbarkeit wurden Satzzeichen eingefügt und nonverbale Äußerungen (Lachen, Husten, »hm«, »äh« und Ähnliches) sparsam wiedergegeben. Nicht berücksichtigt wurden mundartliche Besonderheiten der Aussprache – beispielsweise spricht Herr Guericke den Buchstaben »g« oft wie »ch« aus (»Richard Wachner«), was jedoch in der Transkription einen nicht beabsichtigten komischen Eindruck machen würde.

[7] Alle folgenden Zitate entstammen der Transkription und werden zum Teil gekürzt wiedergegeben. Diese Raffung wird im Text nicht explizit kenntlich gemacht, außer wenn es sich um größere Zitatsprünge handelt.

Herr Günther Guericke wohnt zusammen mit seiner Frau in einem kleinen Einfamilienhaus in Detmold-Hiddesen. Das Interview findet bei ihm zu Hause im Esszimmer statt. Wir werden herzlich empfangen, setzen uns an einen alten Esstisch und kommen in einer freundlichen Atmosphäre schnell ins Gespräch.

Herr Guericke wurde im April 1920 in Detmold geboren. Ab 1930 besuchte er das Gymnasium Leopoldinum. Mit den Richard-Wagner-Festwochen wie dem kulturellen Leben im Allgemeinen oder auch mit politischen Ereignissen der 1930er-Jahre kam Herr Guericke besonders über die Schule in Berührung. »Die Schule hatte ja engen Kontakt zur Stadt und hat an den kulturellen Dingen der Stadt auch teilgenommen, und so haben wir sowohl Theater erlebt als auch besondere Ereignisse. Dort waren ja verschiedene kulturelle und auch geschichtsträchtige Ereignisse wie zum Beispiel Erster Mai oder Veranstaltungen der Parteien«, berichtet Herr Guericke. Von den Lehrern wurden die Schüler immer wieder aufgefordert und ermuntert, die kulturellen Veranstaltungen auch wahrzunehmen. »Wir haben uns entweder Karten besorgt, oder es gab auch sehr viele Schülerveranstaltungen.« Diese wurden beispielsweise im Rahmen der Grabbe-Wochen oder der Richard-Wagner-Festwochen durchgeführt. Sie fanden meist nachmittags statt und die Karten wurden von der Schule organisiert. »Nachmittags [spielten] öfter Leute entweder aus Detmold oder Leute aus der zweiten Garnitur, deswegen kann ich nicht unbedingt sagen, dass ich die Spitzenleute gehört habe, [aber] es war auf jeden Fall interessant, wir wurden zumindest damit bekannt gemacht«, erzählt Herr Guericke in Bezug auf die Besetzung solcher Vorstellungen.

Die erste Besetzung wurde in einigen Festspieljahren durch Mitglieder der Bayreuther Festspiele oder durch Künstlerinnen und Künstler aus Berlin verstärkt[8] – letzteres weiß Herr Guericke ganz genau, da seine Tante, die selbst Schauspielerin gewesen war, am Detmolder Theater während der Festwochen viele Bekannte traf. Diese prominenten Vorstellungen seien stets ausverkauft gewesen. Presse und Rundfunk kündigten die Ereignisse natürlich entsprechend frühzeitig an und warben um Aufmerksamkeit. »[In] den Sommern nach der Theatersaison waren, glaube ich, immer die meisten Aufführungen hier«, berichtet Herr Guericke und erinnert sich schmunzelnd an seine persönlichen Eindrücke der Aufführungen. »Und da war es natürlich furchtbar heiß und im Theater saßen wir mit unserem Konfirmandenanzug da. Weil man im Anzug [kommen] musste, waren wir furchtbar verschwitzt, und dann, naja, hat man meist schon gedacht, hoffentlich ist es jetzt bald zu Ende, so ungefähr.« Auch wenn dreieinhalb Stunden Wagner-Musik für den Schüler

---

[8] Vgl. hierzu auch den Beitrag von Andreas Fukerider in diesem Band.

Guericke alles andere als kurzweilig waren, haben die Inszenierungen dennoch Eindruck auf ihn gemacht.

Zwei Aufführungen, die er mit der Schule besuchte, kann Herr Guericke noch explizit benennen: *Siegfried* aus Richard Wagners *Der Ring des Nibelungen* und die romantische Oper *Lohengrin*. Besonders das erstgenannte Werk ist ihm durch einen amüsanten Zwischenfall gut im Gedächtnis geblieben. Lachend erzählt Herr Guericke: »Der Siegfried, der hatte so ein Holzschwert, und da hat er mit rumgefuchtelt, auf einmal flog das da durch die Gegend. Dann, naja, hat er das irgendwie so ... Man denkt, als ob er es extra weggeschmissen hätte. Haben natürlich alle im Grunde furchtbar gelacht.« Insgesamt waren die Aufführungen für Herrn Guericke und seine Mitschüler jedoch sehr beeindruckend, wenn auch eher durch die äußere Aufmachung als inhaltlich. »Es gibt ja Bühnen, die haben das möglichst bescheiden gemacht, aber hier hat man überhaupt versucht, auch diese ganzen Kulissen und Kostüme, auch die Beleuchtung ... Der Beleuchter des Detmolder Theaters, dessen Sohn [Hans Vigano; vgl. Abb. 41] hat in meiner Schule neben mir gesessen, deswegen kannte ich den auch, der hat auch viel gemacht mit [der] Beleuchtung und hat da Beleuchtungseffekte reingebracht und so. Man hat versucht, auch auf allen möglichen [Wegen] die Bühne da zu gestalten. Und das hat, also als Kind, auf mich Eindruck gemacht, dass man da wirklich was gebracht hat auch«, erzählt Herr Guericke. »Ich bin auch schon als Kind durch Verwandte in Berlin und auch in Magdeburg im Theater gewesen [und habe] auch dort schon ganz gute Theateraufführungen gesehen, aber ... Die Detmolder Theateraufführungen, möchte ich sagen, waren nicht schlecht. Ich kann nicht sagen, die wären abgefallen gegen die Großstädte, die ich damals erlebt habe. Es war durchaus beeindruckend, was man hier auch technisch geboten hat – schauspielerisch sicher auch.« Detmolds Theater verfügte über ganz besondere technische Einrichtungen, die es ermöglichten, auch Werke mit vielen Szenenwechseln prachtvoll aufzuführen: »Das Theater in Detmold hatte damals den großen Vorteil, dass [es] eine Drehbühne hatte. Und die war ganz hervorragend – ich weiß nicht, damals gab es gar nicht so viele [Theater mit Drehbühnen] – und manche Stücke, die viele verschiedene Szenen hatten, die wären sonst gar nicht aufführbar gewesen. Gerade bei Grabbes *Napoleon*, alle paar Minuten ändert sich das alles. Das ging nur durch die Drehbühne, das wurde einen Augenblick dunkel und dann war die nächste Szene da. Und das war auch beim Wagner ähnlich.«

Durch sein Elternhaus war Herr Guericke schon als Kind mit klassischer Musik in Berührung gekommen. Zwar lernte er selbst kein Instrument, aber seine Mutter und sein Bruder spielten Klavier, und die Familie besaß viele Schallplatten der ›großen Klassiker‹ wie Beethoven, Schubert oder Mozart.

Der Vater, der Offizier im Ersten Weltkrieg gewesen war, besuchte oft Theateraufführungenen und war kulturell sehr interessiert. Trotzdem, erinnert sich Herr Guericke, ist die prägendere Instanz die Schule gewesen, die ihn und seine Mitschüler in die Musik, die Kunst und die Literatur einführte und außerschulische kulturelle Veranstaltungen wie die Schülervorstellungen der Richard-Wagner-Festwochen auch inhaltlich zugänglich machte. »Wir haben das [die Aufführungen, Anm. d. Verf.] zur Kenntnis genommen, und dadurch, dass wir vorher in der Musikstunde wie auch im Deutschunterricht über die Dinge auch gesprochen haben, war uns das nicht fremd. Wir haben auch verschiedene Stücke in Mittelhochdeutsch gelesen in der Schule, natürlich die Siegfried-Sage und so weiter, die haben wir besprochen, und deswegen war der Inhalt für uns verständlich ... die Musik teilweise auch«, berichtet Herr Guericke und fährt im Bezug auf die Wagner-Musik fort: »Manches sieht man als Jugendlicher eben anders und begreift es nicht so, wenn ich es später gehört habe, ich habe später in meinem Leben noch öfter Wagner-Aufführungen gesehen, also die haben weit mehr Eindruck auf mich gemacht.«

Abb. 41: Klassenfoto 1932/1933. In der letzten Bank der mittleren Reihe: Günther Guericke (links) und Hans Vigano (rechts).

Seinen Musikunterricht in der Schulzeit beschreibt Herr Guericke als recht vielfältig: Es wurden viele Schallplatten gehört, Noten transkribiert und einige Schüler, die recht gute Pianisten waren, spielten Klavierstücke vor, die anschließend besprochen wurden. Durch diesen umfassenden Unterricht hatte er als Jugendlicher »schon eine ganze Menge gehört.« Aufgrund seiner Schilderungen stellen wir die Frage, ob der Schulunterricht in den kulturwissenschaftlichen Fächern in Detmold intensiver gestaltet war als andernorts in Deutschland; schließlich entwickelte sich der Gau Westfalen-Nord zu einem kulturellen Zentrum, und die Richard-Wagner-Festwochen waren ab 1938 eine reichswichtige Großveranstaltung, die weithin bekannt war. Herr Guericke beantwortet diese Frage differenziert und zunächst nachdenklich: »Ich möchte sagen, das lag am Lehrer. Unser Musiklehrer, der legte da großen Wert drauf, und ich möchte auch sagen, auch der Direktor Gregorius vom Gymnasium, der legte Wert auf eine klassische Bildung und hat das auch gefördert. Der hat sich Lehrer genommen, die über den Sachverhalt hinaus wirklich versucht haben, uns praktisch schon Studium generale zu geben. Also wir haben vieles gehört, was nicht unbedingt in den Unterricht gehörte.« In Erinnerung an den Kunstunterricht fährt Herr Guericke fort: »Zum Beispiel haben wir zwei Zeichenlehrer gehabt, den Eberth und den Roetteken, die haben ja beide schöne Bilder gemalt, die wurden auch ausgestellt und so weiter, bekannte Aquarelle, und die haben uns auch öfter mal Ausstellungen von Künstlern [gezeigt], auch vor '33 schon, die haben uns dorthin geführt und haben uns das gezeigt, haben uns das erläutert und erklärt auch, und haben uns auch da zum Beispiel in die Kunst eingeführt. So war es in dem Musikunterricht ähnlich. Die haben versucht, was zu bieten auf dem Gymnasium. Ich weiß nicht, ob das einmalig war, aber es war gut.«

An besondere Ausstellungen, wie zum Beispiel die Bilderausstellung von Franz Stassen, die 1935 im Rahmen der ersten Richard-Wagner-Festwoche einen wichtigen Programmpunkt bildete und auch in der Presse viel Beachtung fand, kann sich Herr Guericke nicht mehr erinnern. Der Name Otto Daube, der über die ganzen Jahre die künstlerische Leitung der Festwochen innehatte, ist ihm hingegen im Gedächtnis geblieben. Persönlich erlebt hat ihn Herr Guericke zwar nicht, er erinnert sich allerdings daran, dass der Name des Festwochen-Initiators »dauernd in der Zeitung« erschien und im Munde der Erwachsenen war. Der Gauleiter Alfred Meyer hat Herrn Guericke in seiner Jugend nicht nachhaltig beeindrucken können, obwohl er ihn sogar persönlich getroffen hat, denn es war üblich, dass die Hitler-Jugend, der Herr Guericke ca. drei Jahre lang angehörte, den Gauleiter bei Ankünften am Bahnhof gebührend empfing. Größeren Eindruck hinterließen hingegen Besuche von ›Parteigrößen‹ wie z. B. Hermann Göring.

In Erinnerung an das Gesamtbild der Stadt während der Richard-Wagner-Festwochen und das Presseecho erzählt Herr Guericke: »Da waren gewisse Empfänge immer, da wurden Leute eingeladen vom Gauleiter und so weiter. Dann hat man die in der Stadt rumlaufen sehen und hat auch gesehen, dass [sie] von irgendeinem Partei-Menschen oder [dem] Bürgermeister begrüßt wurden, und dann hat man ein paar Mal gesehen, dass sie vorbeifuhren und so weiter. Man hat die Leute erlebt. [...] [Und] manchmal am Theater waren so Girlanden hingehängt und so weiter. [...] Es stand auch in der Zeitung immer wieder, dass der und der gesprochen hat, sich dazu geäußert hat und der empfangen wurde und der zu Besuch eingeladen und naja ... Genau wie heute, da steht es ja auch immer in der Zeitung, wenn der eine bekannte Politiker kommt. Natürlich hat die *Landeszeitung* und auch, das Detmolder *Lippische Tageblatt* hieß das, glaube ich, berichtet über die Dinge, und dass es mit Deutschland bergauf geht.«

Dass die Richard-Wagner-Festwochen dazu benutzt wurden, das Kulturbewusstsein der Nation propagandistisch in den Vordergrund zu rücken, ist dem jungen Guericke nicht entgangen. Auch wurde mit der Veranstaltung um reichsweite Aufmerksamkeit für Lippe geworben, mit dem Ziel, die Anzahl der Touristen für die Stadt, aber auch für die umliegenden Bade- und Kurorte zu erhöhen. Der Gau Westfalen-Nord präsentierte sich als Inbegriff von Kultur in Verbindung mit Erholung: »Diese Kultur oder diese Entwicklung wurde auch natürlich in der Schule gefördert und auch dargestellt. Die Ereignisse in der Welt, die wurden natürlich auch von deutscher Seite dargestellt. [...] All diese Dinge da [wurden] eben genutzt, um Lippe und Detmold auch bekannt zu machen. Denn damals, da zu der Zeit, gab es ja noch hier in Hiddesen sehr viele Sommerfrischler. Es kamen vor allen Dingen die Holländer auch, die kamen ja deswegen, weil der Prinz zu Lippe, der Biesterfeld, der hat ja nach Holland geheiratet. Die kamen ja damals noch mit der Eisenbahn hier nach Lippe [zur] Sommerfrische und die wollte man eben auch dafür [die Festwochen, Anm. d. Verf.] begeistern. Genauso wie bei den Olympischen Spielen, so war es ja auch bei den Wagner-Festspielen oder [dem] Grabbe-Festspiel, dass man versucht hat, was Detmold und Lippe zu bieten hat, eben auch zu nützen, um Deutschland in ein gutes Licht zu setzen. [...] Natürlich hat man das politisch auch ausgeschlachtet, dass man sagte, mit Deutschland geht es aufwärts. Und das hat einen auch als jungen Menschen begeistert.« Die Reaktionen seitens der Holländer empfand Herr Guericke als sehr positiv. »Die Holländer, die ich in meiner Jugend erlebt habe, die waren sehr deutschfreundlich damals. Die sagten: Deutschland ist in Ordnung, ist ein sauberes Land und man wird hier gut bedient und [es] war eine günstige Sommerfrische.«

In der Detmolder Bevölkerung war die Resonanz auf die Richard-Wagner-

Festwochen zwiespältig, erinnert sich Herr Guericke. Dabei hing das Urteil der Menschen natürlich auch stark von den jeweiligen Einstellungen zu den kulturellen und politischen Entwicklungen ab. Überwiegend schien die Veranstaltung jedoch ein positives Echo hervorzurufen, und die politische Funktionalisierung wurde von den Menschen nicht problematisiert. Im Vordergrund habe für die Bürger die Freude an der aufblühenden Kultur in ihrer Region und am wirtschaftlichen Aufschwung gestanden. »Das ist genau wie heute: Ein Teil ist begeistert und ein Teil weniger. Manche haben [das] ein bisschen belächelt, weil das alles so hochgespielt wurde, aber viele waren auch echt begeistert. Vor allen Dingen auch viele Leute, die theaterbegeistert waren, die waren stolz darauf, dass Detmold das geschafft hatte, auch bekannte Leute [zu engagieren], schon in den 1930er-Jahren vorher, da war der Max Plaut[9] zum Beispiel, der war ja Jude, Kabarettist, der war hier öfter in Detmold und so weiter, dass überhaupt eben Kultur nach Detmold gebracht wurde. Da haben sich viele drüber gefreut und haben vielleicht teilweise, dass das von den Nazis verwendet wurde, so in Kauf genommen, und sie haben sich an dem Theater begeistert. Es gab sicher auch Leute, die waren politisch begeistert und haben gesagt, das müssen wir ausnutzen. Ob die Leute immer gesagt haben, was sie gedacht haben, ist eine andere Sache, damals waren ja viele vorsichtig, sich politisch zu äußern. Ich habe nur den Eindruck gehabt, dass die meisten Lehrer mit einigen Ausnahmen damals gar nicht so politisch begeistert waren, aber im Grunde waren sie gute Deutsche. Sie waren froh, dass es mit Deutschland, mit der Arbeitslosigkeit, mit all diesen Dingen wieder aufwärts ging, denn die Schulen kriegten ja auch mehr Mittel und so weiter. Das haben sicher alle befürwortet. Wie weit sie die politische Entwicklung zur Kenntnis genommen haben oder befürwortet haben, das kann man schlecht sagen. Manche haben es ausgenutzt, es sind auch da Lehrer gewesen, die weniger gut waren, aber gute Parteigenossen und dann dadurch weitergekommen sind, so ist es heute ja ähnlich, dass auch politische Dinge manchmal eine Rolle spielen.«

Herr Guericke betont, dass die Richard-Wagner-Festwochen im Kontext einer Vielzahl von kulturellen Veranstaltungen wie Feiern und Festen standen, die zu den unterschiedlichsten Anlässen durchgeführt wurden, etwa zu Hitlers Geburtstag, zu Besuchen von wichtigen Politikern oder zum Tag der Wehrmacht: »Da war so oft irgendwas los, [...] praktisch jede Woche war irgendwo was.« Besonders die Wehrmacht – Detmold hatte mehrere Kasernen – war für die Jugendlichen interessant, und solche Ereignisse wie die Errichtung des Flugplatzes, Aufmärsche, Manöver in der Senne oder Veranstaltungen des

---

9   Gemeint ist der Sänger, Schauspieler und Dichter Joseph Plaut (1879–1966), der 1936 emigrierte und 1951 nach Lippe zurückkehrte.

Infanterieregiments wurden auch in der Freizeit mit großem Interesse verfolgt. Politische Unruhen hatte Herr Guericke schon sehr früh als Kind wahrgenommen. »Vor allen Dingen in den jüngeren Jahren kurz vor '33, da waren ja auch in Detmold Prügeleien zwischen Kommunisten und SA-Leuten und solche Sachen, und wenn man zur Schule ging, haben wir das öfter miterlebt.« Im Laufe der Jahre durchdrang die politische Ebene des Nationalsozialismus immer stärker alle Bereiche der Gesellschaft und bestimmte zuletzt nahezu gänzlich das kulturelle Leben innerhalb Deutschlands. Das sich verbreitende antisemitische Gedankengut schlug in Detmold genauso Wurzeln wie anderswo. »Ich habe das erlebt in dem Max Plaut,[10] den Kabarettisten. Den hat man ja hier erst vergöttert in Detmold bis '33, und dann auf einmal wurde er als übler Jude beschimpft und mit faulen Eiern beworfen und so weiter. Äh, das habe ich mehr oder weniger nicht persönlich miterlebt, aber da hat man das besonders gespürt.«

Am Morgen des 10. November 1938, nur wenige Stunden nach der Reichspogromnacht, wurde Herr Guericke in Minden Soldat und erlebte die Entwicklung der Richard-Wagner-Festwochen fortan nur noch aus der Ferne mit. Doch die Urlaube verbrachte er noch zu Hause bei seinen Eltern in Detmold-Hiddesen. Nach Kriegsausbruch, erzählt er, versuchte man das kulturelle Leben noch so lange wie möglich aufrecht zu erhalten, um den Schein des Erfolgs und der Kontrolle zu wahren. »Also, die ersten Jahre, ich weiß noch, wie ich nach dem Frankreichfeldzug, da war bis 1940 eigentlich noch der volle kulturelle Einsatz, da hat keiner da an Flugzeug [Bedrohung durch Fliegeralarm, Anm. d. Verf.] gedacht und den Krieg, da war eben Deutschland noch siegreich, da wurde eben alles gefeiert. Also bis '40, '41 lief das alles noch ganz gut. Aber [als] wir nach Russland da rein sind, dann wurde vieles anders. Aber auch in Russland wurde Kultur getrieben. Also [ich war] in Stalino in der Ukraine in der Theatervorführung, also da haben die auch bekannte Sachen da, *Othello* gespielt, also die Russen hatten auch berühmte Leute da. War zwar kalt im Winter, konnten die auch nicht heizen, aber man hat auch da versucht, Kultur aufrecht zu erhalten. [...] Da gab es immer extra Vorstellungen für die Wehrmacht.«

Doch der Krieg überschattete schließlich die Richard-Wagner-Festwochen und verschlang so viel Geld, dass das kulturelle Angebot immer stärker schrumpfte.[11] 1942 war Herr Guericke das vorerst letzte Mal in Detmold – anschließend sollten die Richard-Wagner-Festwochen nur noch zwei Mal stattfinden. »Ich bin das letzte Mal, [das] war, bevor ich in Gefangenschaft

[10] Vgl. Anm. 9.
[11] Vgl. hierzu auch den Beitrag von Raphael Köhler in diesem Band.

kam, im Winter '42, '43. Da bin ich mit meiner Mutter zusammen noch in Detmold im Theater gewesen. Als Soldat kriegte man da Karten, und da war auch dann Fliegeralarm und so weiter. Es war erst mal ganz schwer, überhaupt das dort durchzuführen, weil immer wieder Fliegeralarme waren und so. Und dann war wohl weniger Geld dafür da, das musste ja alles in den Krieg gesteckt werden und so. Die kulturellen Dinge wurden immer weniger. Und deswegen, die Leute waren froh, wenn sie mal ins Kino oder ins Theater konnten damals, aber die Möglichkeiten waren beschränkt, denn wenn Fliegeralarm war, dann fuhr keine Straßenbahn mehr, [dann] musste man zu Fuß von Detmold nach Hiddesen nachts gehen. Dann sah man überall die Flieger da oben. Das war alles ein bisschen mühsam und anstrengend, deswegen wurde das automatisch weniger. Ganz abgesehen davon, dass die Mittel natürlich auch gekürzt wurden wahrscheinlich.« Nach dem Krieg seien die Richard-Wagner-Festwochen erstaunlich schnell in Vergessenheit geraten. Heute, etwas mehr als ein halbes Jahrhundert später, weiß kaum noch jemand von den Geschehnissen in den 1930er- und 1940er-Jahren in Detmold. »Die Kinder wissen schon wenig, und die Enkelkinder wissen so gut wie gar nichts.« Herr Guericke vermutet, dass den nachfolgenden Generationen die Verbindung zu den vergangenen Ereignissen fehlt, und bedauert die unzureichende Berücksichtigung von Zeitzeugen, die man schon viel früher hätte befragen sollen. »Man hat diese Zeit ja hautnah erlebt. Gerade von '33 ab. [...] Die Zeit, möchte ich sagen, hat doch die Menschen irgendwie geprägt, auch die Schulzeit schon. [...] Auf jeden Fall hat jede Zeit zu bestimmten Dingen eine bestimmte Einstellung. Sie sehen die Dinge wahrscheinlich heute auch ganz anders, wie wir sie damals gesehen haben.«

Anhang
Transkription des Interviews mit Günther Guericke

Am Vormittag des 13. September 2011 führten Andreas Fukerider und Cornelia Kohle ein ca. 60minütiges Interview mit Günther Guericke durch, das mit einem Aufnahmegerät mitgeschnitten wurde. Die folgende Transkription ist in Schriftdeutsch verfasst, die mundartliche und umgangssprachliche Aussprache von Wörtern wurde also angeglichen. So wird beispielsweise »Wir zogen in'n Kriech« mit »Wir zogen in den Krieg« wiedergegeben. Auf Interjektionen wie »äh«, Wortwiederholungen und Wortwiederholungen in Verbindung mit Versprechern wurde im Interesse der Lesbarkeit weitestgehend verzichtet, solange der Inhalt der Aussagen dadurch unverfälscht blieb. Zum Beispiel wird »man hatte daraus, äh, aus, vom Rundfunk schon gesagt« auf »man hatte vom Rundfunk schon gesagt« reduziert. Lachend oder besonders vergnügt gesprochene Wörter oder Abschnitte werden mit einer Vorbemerkung in runden Klammern eingeleitet, z. B. »(Guericke vergnügt)«, und die Wörter, für die dieser Zustand andauert, werden kursiviert. In runden Klammern sind außerdem Einwürfe von Andreas Fukerider oder Cornelia Kohle wiedergegeben, wenn Herr Guericke spricht, ebenso wie die Einwürfe Herrn Guerickes in den Redeanteilen von Herrn Fukerider und Frau Kohle. Sonstige Anmerkungen stehen wie üblich in eckigen Klammern. Ein vollständiger Mitschnitt des Interviews befindet sich im LWL-Medienzentrum für Westfalen.[1]

***

ANDREAS FUKERIDER: Okay. Die Aufnahme läuft, oder?
CORNELIA KOHLE: Ja.
FUKERIDER: Alles klar. Also, wir sind also hier bei Herrn Guericke in der Erbhofstraße 14.
KOHLE: Vier.
GÜNTHER GUERICKE (korrigiert): Vierzehn.
KOHLE: Vierzehn? Oh, nicht vier! Vierzehn!
FUKERIDER (gleichzeitig, lachend): *Vierzehn.* ... Und Cornelia Kohle und Andreas Fukerider führen hier ein Interview mit Herrn Guericke, der die Wagner-Festwochen selbst noch miterlebt hat.

---

[1] Tonarchiv des LWL-Medienzentrums für Westfalen (CD TA 4843 inv 10571).

KOHLE: Heute ist der 13. September 2011.
FUKERIDER (einfallend): 2011, genau. Alles klar. Das ist nur so für uns (Guericke »Ja.«), damit wir das nachkonstruieren können. Ähm, wir müssen nochmal praktisch von vorne anfangen. Herr Guericke, Sie haben gesagt, Sie haben die Wagner-Festwochen ganz am Anfang ihres Bestehens erlebt.
GUERICKE: Ja.
FUKERIDER: In welchen Jahren waren Sie da? Können Sie sich da noch erinnern?
GUERICKE: Ja, ich ... Das ist, das war, ich meine, ich bin ... Ab 1930 bin ich auf das Leopoldinum gegangen. Ich bin ja 1920 geboren und war 1926 bis '30 ... Erst haben wir in Detmold gewohnt, dann '28 haben wir hier gebaut und bin ich hier in Hiddesen in die Grundschule gegangen und ab 1930 aufs Leopoldinum. Und 1938, wir waren der zweite Jahrgang, der nur zwölf Jahre gemacht hat und Deutschland Soldaten brauchte, da haben sie das 13. Jahr abgeschafft, und deswegen habe ich die Zeit von '30 bis '38, das heißt im Februar '38 habe ich Abitur gemacht, in der Zeit haben wir hier gewohnt und ich bin eben aufs Leopoldinum gegangen. Und die Schule hatte ja engen Kontakt zur Stadt und hat an den kulturellen Dingen der Stadt auch teilgenommen, und so haben wir sowohl Theater erlebt, Schülervorstellungen, als auch besondere Ereignisse. Dort waren ja verschiedene kulturelle und auch geschichtsträchtige Ereignisse wie zum Beispiel (Guericke etwas lachend) *Erster Mai* oder Veranstaltungen der Parteien. Ich habe schon vorher erlebt, in der Zeit vor '33, und ich weiß vor allen Dingen in den jüngeren Jahren kurz vor '33, da waren ja auch in Detmold Prügeleien zwischen Kommunisten und SA-Leuten und solche Sachen, und (Guericke freundlich lachend) *wenn man zur Schule ging, haben wir das öfter miterlebt da, ne.* (Andreas Fukerider »Okay.«) Und deswegen weiß ich, da gab es Spannungen, und dann war ja 1933, bekanntermaßen wurde das alles ganz schnell anders, und das hat natürlich auch auf die Schüler abgefärbt.
FUKERIDER: Okay. Und Sie haben dann, ähm, in der Schulklasse sind Sie mit den anderen Schülern und den Lehrern zu Aufführungen gegangen?
GUERICKE: Äh, ja. Unser Deutschlehrer hat uns eigentlich die ganze klassische Literatur, ob Goethe oder Schiller oder auch in der Musikgeschichte auch unser Musiklehrer, der Vehmeyer, die haben uns immer wieder gesagt: Hört euch das an und seht euch das an! Und wir haben uns entweder Karten besorgt, oder es gab auch sehr viele Schülerveranstaltungen. Die waren meist am Nachmittag und bekannte Veranstaltungen, zum Beispiel zur Grabbe-Woche oder zu Wagner, wenn die Wagner-Festspiele waren, dann wurden uns Karten besorgt, aber die waren am Nachmittag, und die

anderen, die waren dann mehr oder weniger Prominenz und dann für die Erwachsenen dann ausverkauft immer. Aber ... Und deswegen haben wir die unbedingt, es war ja auch schon damals so und heute ist es ähnlich im Theater, dass nicht nur die erste Garnitur aus Bayreuth oder aus Berlin dann ... Also nachmittags waren öfter Leute entweder aus Detmold oder Leute aus der zweiten Garnitur, möchte ich mal sagen, die das gemacht haben, und deswegen kann ich nicht unbedingt sagen, dass ich die Spitzenleute gehört habe, sondern es war auf jeden Fall interessant, wir wurden zumindest damit bekannt gemacht.

FUKERIDER (ungewollt unterbrechend): Okay. Sind Sie ... ja?

GUERICKE: Das Theater in Detmold hatte damals den großen Vorteil, dass Detmold eine Drehbühne hatte. Und die war ganz hervorragend – ich weiß nicht, damals gab es gar nicht in Deutschland so viele – und manche Stücke, die viele verschiedene Szenen hatten, die wären sonst gar nicht aufführbar gewesen, gerade der Grabbe auch, und ich glaube bei Grabbes [unverständliches Wort] *Napoleon* sind, glaube ich, 38 Aufzüge und dann alle paar Minuten ändert sich das alles. Das ging nur durch die Drehbühne, das wurde einen Augenblick dunkel und dann war die nächste Szene da, ne. Und das war auch beim Wagner ähnlich, nicht ganz so viele ... Und wenn ... Der Wagner dauerte ja länger, meistens mal so dreieinhalb Stunden da, ne. (Kohle lacht.) Und das war jetzt im Sommer, war das immer, man hatte vom Rundfunk schon gesagt, das war im, so viel ich weiß, immer im Sommer oder im Frühherbst, an den Sommern nach der Theatersaison waren, glaube ich, immer die meisten Aufführungen hier. Und da war es natürlich furchtbar heiß und (Guericke vergnügter) im Theater saßen wir mit unserem Konfirmandenanzug da. Weil man natürlich im (Kohle lacht) Anzug hingehen musste da, ne, (Guericke lachend) *waren wir furchtbar verschwitzt*, und dann, naja, hat man meist schon gedacht, hoffentlich ist es jetzt bald zu Ende, so ungefähr, ne. Ich weiß nicht, beim Wagner, aber ... Wir haben das zur Kenntnis genommen, und dadurch, dass wir vorher in, sowohl in der Musikstunde wie auch im Deutschunterricht, über die Dinge auch gesprochen haben, war uns das nicht fremd. Deswegen, wir haben auch verschiedene Stücke, haben wir gerade in Deutsch, in Mittelhochdeutsch, gelesen in der Schule, und dann haben wir auch teilweise, natürlich die Siegfried-Sage und so weiter, die haben wir besprochen, und deswegen waren wir, war der Inhalt für uns verständlich ... die Musik teilweise auch (Guericke lacht, Kohle lacht), muss ich sagen, aber ... Manches sieht man als Jugendlicher eben anders und begreift es nicht so, wenn ich es später gehört habe, ich habe später in meinem Leben noch öfter Wagner-Aufführungen gesehen in Düsseldorf und andernorts, also die waren, haben weit mehr Eindruck auf mich gemacht da, ne. (Kohle »Mh.«) Aber … Deswegen, ich kann nicht unbedingt beurteilen, ob die Dinge, die hier geboten wurden, ob die wirklich gut waren oder nicht so gut waren, ganz abgesehen davon, wie ich schon sagte, dass ich nicht weiß, die Schauspieler, die wir gesehen haben und gehört haben, ob das wirklich diejenigen Spitzenkräfte waren, die teilweise auch hier gewesen sind. Und soweit ich in Erinnerung habe, waren außer den Bayreuther Leuten auch immer Leute aus Berlin da, Schauspieler. (Kurze Pause.)

FUKERIDER: Ja, ist … ja.

KOHLE (gleichzeitig): Nene, ist richtig.

GUERICKE: Denn ich hatte eine Cousine meiner Mutter, also eine Tante von mir, die auch hier in Hiddesen beerdigt liegt, die kam immer im Sommer zu Besuch, wenn diese Festspiele waren, und hat sich, die ist Schauspielerin gewesen, war früher in Meiningen, aber ihre Glanzzeit war schon vor und nach dem Ersten Weltkrieg. Die war eine bekannte Schauspielerin 1912 bis 1930 ungefähr. Die wohnte aber nachher in Berlin und hatte überall in Berlin Kontakte. Und die ging dann auch nach Detmold ins Theater und erzählte uns ihre Erlebnisse und hat dort eben viele Bekannte, auch aus Berlin, getroffen. Deswegen weiß ich, dass auch Berliner Leute (Fukerider »Ja.«) da waren. Aber was sie für eine Rolle gespielt haben, das kann ich Ihnen (Guericke lachend) *heute nicht mehr sagen* (Fukerider »Ja.«). Und dann haben wir auch erlebt, dass natürlich politisch das ausgenutzt wurde. Ich war ja auch (Guericke lacht) *notgedrungen in der Hitler-Jugend*, und dann, wenn da der (Guericke vergnügter) Gauleiter kam und so weiter, da mussten wir antreten und dann haben die ein paar Worte gesagt, aber das haben wir eigentlich auch relativ locker gesehen, das gehörte dazu und das hat uns nicht so sonderlich beeindruckt, möchte ich sagen. (Fukerider leise »Mh.«) Als Kind sieht man das ja, dass man da vielleicht benutzt wurde auch, um da Propaganda zu machen, das haben wir eigentlich gar nicht so empfunden da, ne. Wir fühlten uns ja nicht irgendwie zwangsweise hingeschickt, sondern, naja, man macht das halt mit, ne.

KOHLE: Also …

FUKERIDER (gleichzeitig): Wissen Sie denn … Oh, ja …

KOHLE: Also, Sie haben ja auch gesagt, dass Sie 1938 Abitur gemacht haben (Guericke »Ja.«), und dann sind Sie mit 17 in den Krieg gegangen, richtig?

GUERICKE: Nein, mit 17 bin ich in den Arbeitsdienst gekommen (Kohle »Ach so, in den Arbeitsdienst.«) Ja, deswegen, im April 1938 war ja die letzte Wahl (Kohle »Mh.«), ich weiß nicht, ob Sie das wissen. Und der Arbeitsdienst durfte ja schon wählen. Aber ich war noch keine 18 damals, weil ich

am 28. April geboren bin. Deswegen war ich einer von wenigen Arbeitsleuten, Dienstleuten, die nicht zur Wahl gehen durften (Guericke lacht).
KOHLE: '28, haben Sie gesagt, sind Sie geboren?
GUERICKE (unterbrechend): 28.4., nein, 28.4.1920.
KOHLE: 1920. Genau, dass wir vielleicht noch einmal kurz festhalten können, wie alt Sie waren, als Sie diese, ja, kulturellen Erlebnisse hatten als Schüler. Da waren Sie so zwischen 14, 17 Jahren?
GUERICKE: Ja! (Kohle »Ja?«) Also '34 war ich 14 Jahre alt (Kohle »Mh.«), 1920 geboren. Und '35 war ich 15 Jahre.
KOHLE: Ja. Okay.
FUKERIDER: Ähm, wissen Sie noch – Sie haben gesagt, wenn der Gauleiter da ankam, das haben Sie halt so mitgemacht, das war halt irgendwie so – wissen Sie noch was die Wagner-Festwochen, also als musikalisches und kulturelles Ereignis, was das für einen Eindruck auf Sie gemacht hat?
GUERICKE: Ja. Eigentlich kulturell nur so, dass wir gesehen haben, wenn wir da ... Da waren gewisse Empfänge immer, da wurden Leute eingeladen vom Gauleiter und so weiter. Dann hat man die in der Stadt rumlaufen sehen und hat auch gesehen, dass irgendwo von irgendeinem Partei-Menschen oder Bürgermeister begrüßt wurden, und dann hat man ein paar Mal gesehen, dass sie vorbeifuhren und so weiter. Man hat die Leute erlebt, aber ...
KOHLE: War das spannend oder haben Sie (Guericke »Och, eigentlich nicht.«) da Prominenz wahrgenommen? Ne ... (Kohle lacht.)
GUERICKE: Wir haben auch ... Es stand auch in der Zeitung immer wieder, dass der und der gesprochen hat, sich dazu geäußert hat und der empfangen wurde und der zu Besuch eingeladen war und naja ... (Fukerider »Ja.«) Genau wie heute, da steht es ja auch immer in der Zeitung, wenn der (Fukerider und Kohle »Ja.«) eine bekannte Politiker kommt, so wurde das eben da auch in der Zeitung da auch ... Natürlich hat die *Landeszeitung* und wir hatten auch das Detmolder *Lippische Tageblatt* hieß das, glaube ich, gehabt, da war natürlich, wurde berichtet über die Dinge, und dass es (Guericke lachend) *mit Deutschland bergauf geht* und naja ... All diese Dinge da nicht ... Man hat das teilweise eben genutzt, um Lippe und Detmold auch bekannt zu machen da, ne. Denn damals, da zu der Zeit, gab es ja noch hier in Hiddesen sehr viele Sommerfrischler. Es kamen vor allen Dingen die Holländer auch, die kamen ja deswegen, weil der Prinz zu Lippe da, der ist nach, der Biesterfeld, der hat ja nach Holland geheiratet, deswegen sind sehr viele Holländer, die kamen ja damals noch mit der Eisenbahn, die kamen hier nach Lippe zum [sic!] Sommerfrische und die wollte man eben auch dafür begeistern, ne. Deswegen hat man versucht eben, genauso wie bei den Olympischen Spielen, so war es ja auch

bei den Wagner-Festspielen (Fukerider »Ja.«) oder Grabbe-Festspiel [sic!], dass man versucht hat, was Detmold und Lippe zu bieten hat, eben auch zu nützen, um Deutschland in ein gutes Licht zu setzen sozusagen, ne. (Fukerider »Ja.«) Denn die Holländer, die ich in meiner Jugend erlebt habe, hier in der Nachbarschaft waren auch welche, die hier ihr Haus am Weiher, die da in Pension waren, die waren sehr deutschfreundlich damals. Einmal durch den Prinz Bernhard und aber auch so, was die sagten: Deutschland ist Ordnung, ist ein sauberes Land und man wird hier gut bedient und war eine günstige Sommerfrische. Damit sie ja nicht in die Alpen gefahren sind, und die hatten ja auch nicht so viel Geld, ne. Das war in Deutschland so, dass man, jeder für einen Auslandsaufenthalt höchstens 20 Mark kriegte, mehr Geld, Devisen gab es ja gar nicht. (Fukerider »Ja.«) Da konnte man nicht weit fahren und deswegen waren die Auslandskontakte praktisch durch Leute vom Ausland, die hier waren, ne. (Fukerider leise »Ja.«) Als Junge bin ich nicht ins Ausland gekommen. Im Krieg habe ich die halbe Welt gesehen, aber ...(Guericke lacht, Kohle lacht.)

FUKERIDER: Ja. Okay. Ähm, können Sie sich erinnern, hatten Sie den Eindruck, dass die, sage ich mal, Erwachsenen damals, die Detmolder Bürger, dass die begeistert von den Festwochen waren oder dass sie, denen das auch gleichgültig war oder dass die das ablehnten oder so?

GUERICKE: Äh ...

KOHLE: Stimmung.

GUERICKE (fröhlich): Das ist genau wie heute: Ein Teil ist begeistert und ein Teil weniger, ne. Manche haben sich da ein bisschen belächelt, weil das alles so hochgespielt wurde und natürlich, aber viele waren auch echt begeistert. Vor allen Dingen auch viele Leute, die im Grundsatz theaterbegeistert waren, die waren stolz darauf, dass Detmold das geschafft hatte, auch bekannte Leute, schon in den 30er-Jahren vorher, da war der Max Plaut [gemeint ist Joseph Plaut, Anm. d. Verf.] zum Beispiel, der war ja Jude, der war Kabarettist, der war hier öfter in Detmold und so weiter, dass überhaupt eben Kultur nach Detmold gebracht wurde. Da haben sich viele drüber gefreut und haben vielleicht teilweise, dass das von den Nazis verwendet wurde, so in Kauf genommen, und sie haben sich an dem Theater begeistert, und es gab sicher auch Leute, die waren politisch begeistert und haben gesagt, das müssen wir ausnutzen, ne. So gab es Dinge und ... Ob die Leute immer gesagt haben, was sie gedacht haben, ist eine andere Sache, deswegen, damals waren ja viele vorsichtig, sich politisch zu äußern. Ich habe nur den Eindruck gehabt, dass die meisten Lehrer mit einigen Ausnahmen damals gar nicht so politisch begeistert waren, aber im Grunde waren sie, möchte sagen, gute Deutsche. Sie waren froh, dass es mit Deutschland, mit der Arbeitslosigkeit, mit all diesen Dingen wieder aufwärts ging, denn die Schulen kriegten ja auch mehr Mittel und es wurde mehr gemacht und so weiter. Das haben sicher alle befürwortet. Wie weit sie die politische Entwicklung nur zur Kenntnis genommen haben oder befürwortet haben, das kann man schlecht sagen. Manche haben es ausgenutzt, es sind auch da Lehrer gewesen, die weniger gut waren, aber gute Parteigenossen und dann (Kohle lacht) dadurch weitergekommen sind, so ist es heute ja ähnlich, dass auch politische Dinge manchmal eine Rolle spielen, ne. (Fukerider »Ja.«) Aber, das hat man als Kind manchmal vielleicht etwas gespürt, aber wir haben eigentlich in der Schule, solange ich da war, keinen politischen Druck gekriegt. Das kann ich nicht sagen, denn ... Hier eine Klasse vom Leopoldinum, die hat mal eine Arbeit geschrieben über den Religionsunterricht zur Nazi-Zeit. Da habe ich damals auch ein Interview gegeben. Die waren ganz erstaunt, dass, wir haben zum Beispiel, ich habe es ja nur bis '38 erlebt, wir haben bis 1938 Religionsunterricht gehabt und wir waren ein Gymnasium. Und noch in meinem Abiturzeugnis stand Religion als erstes Fach. Erst beim Gymnasium kam Religion, dann kam Deutsch, dann kamen die Sprachen, dann kam Mathematik. Obwohl ich also auf dem mathematischen Zweig war, ja. Also, wir haben im Religionsunterricht Martin Luther gelesen, die *Freiheit eines Christenmenschen*, also zum Abitur, also es war durchaus nicht so, dass man gesagt hat, das ist nichts. Genauso ... Deswegen waren wir hier etwas skeptisch, auch von der, in der Landesbibliothek, da ist mal eine Arbeit geschrieben worden über das Abitur 1938. Also genau das Abitur, das ich selber gemacht habe. Und die Darstellung ist komplett konträr gewesen zu dem, was ich erlebt habe. Damals lebten noch mit mir noch sieben Klassenkameraden. Wir haben alle sieben nur gelacht über das, was dort erarbeitet worden ist, ja. (Fukerider »Okay.« Kohle lacht »Schön.«) Deswegen sage ich ja, man sieht das heute durch eine ganz andere Brille wie damals, würde ich so sagen. Und ich habe sie oft vermisst, dass die Leute, die darüber geschrieben haben oder veröffentlicht haben, denn vor 20 Jahren wie das damals geschrieben wurde, da haben noch soundsoviel Leute, die das erlebt haben, ja gelebt. Man hätte die Zeitzeugen mal fragen müssen, wie es wirklich gewesen ist. (Fukerider »Ja.«) Die wirklich da gesessen haben.

FUKERIDER: Ja, das probieren wir ja jetzt hier. (Guericke lacht, Kohle lacht.)
GUERICKE: Ich meine nur, deswegen, es werden natürlich jetzt immer weniger, und die Leute, die damals zehn Jahre älter waren als ich, die haben das sicher viel intensiver erlebt, aber die sind heute nicht mehr greifbar für Sie, ne. (Kohle zustimmend »Mh.« Fukerider »Ja.«) Deswegen kommt das eigentlich ein bisschen spät, Ihre Arbeit. (Guericke lacht.)

FUKERIDER: Ja. Aber wir freuen uns auf jeden Fall, dass wir überhaupt noch die Möglichkeit haben, Sie zu interviewen (Kohle »Ja.«), weil gerade das, was Sie uns erzählt haben bis jetzt, ordnet das, was wir in der Bibliothek finden, nochmal ganz anders ein. (Guericke »Ja.«) Also, solche persönlichen Aussagen gibt es da gar nicht. Da gibt es dann nur die *Lippische Landeszeitung* beispielsweise (Guericke »Ja.«), wo natürlich alle begeistert waren (Guericke »Ja.«) und so weiter. Aber Ihre Aussage eben als Jugendlicher, das ist für uns auf jeden Fall noch eine wertvolle Ergänzung des Bildes, damit das auch noch ein bisschen eingeordnet wird. Ähm, können Sie sich erinnern, in Detmold – Sie haben gesagt, da wurden hohe Herren eingeladen und große Namen standen in der Zeitung, dass sie zu besucht kommen – wurde die Stadt selber irgendwie besonders geschmückt oder …?

GUERICKE: Manchmal am Theater waren so Girlanden so ein paar hingehängt und so weiter, aber das ist, (Guericke lachend) *da war so oft irgendwas los, immer wieder*, da hat man gar nicht … Es war ja auch hier durch die Wehrmacht, die haben hier ja ihren Flugplatz gekriegt, da waren hier Aufmärsche, da war ein General der Wehrmacht da und General Keller, da war ein großer Aufmarsch und dann … Hermann Göring ist ja auch in Detmold gewesen, (Guericke lachend) *da haben sie sogar ein Witz nachher drüber gemacht, der ist ja wahrscheinlich auch bekannt. Wie der Hermann Göring mit dem Zug ankam, da hat er gesagt: Was ist denn da oben? Da ist das Hermannsdenkmal, haben die gesagt. Das war doch nicht nötig, für mich ein Denkmal zu bauen.* (Lachen.) Damals haben wir auch schon Witze gemacht. (Lachen.) Aber so hat man eben manches auch ein bisschen locker gesehen.

FUKERIDER: Ja. Das war wahrscheinlich auch wichtig in der Zeit damals, ne? (Guericke »Ja. Jaja.«) Ja. Ähm, können Sie sich erinnern, welche Aufführungen Sie gesehen haben zufällig?

GUERICKE: Ja, an den *Siegfried* kann ich mich erinnern. (Fukerider »Okay.«) Äh, ich habe noch was … Ich meine, ich hätte hier auch den *Lohengrin* gesehen. Das kann natürlich sein, dass der nicht hier war, dass ich den später woanders gesehen habe.

FUKERIDER: Ja. Aber den haben die, glaube ich, auch in den Anfangsjahren gegeben, den *Lohengrin*. Also, es könnte gut sein.

GUERICKE: Ja … Ja, ich meine, ich habe Erinnerungen an *Lohengrin* … Aber in früheren Zeiten, da war … Ich weiß eben nicht, ob das in der Schule war oder etwas später, ne. Mit *Siegfried* weiß ich ganz genau.

FUKERIDER: Okay.

KOHLE: Aber Sie sind mit der Schule auch zu mehreren Aufführungen gegangen? Also, nicht nur in einem Jahr …

GUERICKE (einfallend): Jaja! Es war eine Schülervorstellung. (Kohle »Ja.«) Das heißt, es waren wohl ein paar andere Leute noch drin, aber es waren ... Wir hatten ja in Detmold nur das Leopoldinum und das Lyzeum, das war die Mädchenschule hier. (Kohle »Ja.«) Diese zwei höheren Schulen gab es ja dann. Und dann gab in Lemgo das Gymnasium. Deswegen (Kohle »Jaja, mh.«) hatte ich in meiner Klasse auch sehr viele Fahrschüler von Lage, Salzuflen, von Horn, überall kamen die her, ja. Also, für, von Detmold waren es relativ wenig, wir haben nur zwei oder drei Detmolder gehabt. Die anderen waren alle in den Dörfern zu Hause oder Umgebung auch. (Fukerider »Ja. Okay.«) Einige, in Lage zum Beispiel, die konnten in Lage das Einjährige machen und kamen dann erst die letzten vier Jahre zu uns. (Fukerider »Ach so, ja.«) Ja, aber einige, auch von Salzuflen, der Husemann, der noch lebt da, der ist gleich von Anfang an ist der von Salzuflen jeden Tag als Fahrschüler mit der Eisenbahn gekommen. Der hatte allerdings noch zwei größere Brüder, die auch auf dem Leopoldinum waren, deswegen ist der wahrscheinlich von der Sechsten an, er ist dann da gleich zu uns gekommen da, ne.

FUKERIDER: Mh. Ja, das mag sein. Haben Sie selbst damals musikalische Vorbildung irgendwie gehabt, also haben Sie ein Instrument gespielt oder sich generell für, sage ich mal ›ältere Musik‹ interessiert oder ...?

GUERICKE (einfallend): Mein Vater war Offizier im Ersten Weltkrieg und war kulturell auch sehr interessiert und der ist sehr viel ins Theater gegangen. Und mein Bruder spielte einigermaßen (Guericke lachend) *Klavier, meine Mutter spielte auch Klavier*, und die haben mir ein bisschen erzählt auch und so weiter. Ich selbst war (Guericke lachend) *nicht so sehr musikalisch, muss ich sagen*, eben aber nur durch die Schule eben. (Fukerider »Okay. Und den Musikunterricht ...«) Und den Musikunterricht und so weiter. (Fukerider »Ja.«) Und ich war besser in Mathematik, deswegen, wir mussten immer so Notenarbeiten schreiben. (Kohle lacht.) Also die Notenarbeiten so mussten wir transponieren in andere ... Das konnte ich ganz gut, weil das mehr eine geistige Sache war als eine (Kohle lacht.) Hörsache, aber ... Es, uns wurde aber auch in unseren Musikstunden oft was, Schallplatten oder auch Klavierstücke, vorgespielt. Wir hatten auch ein paar gute Klavierspieler, da hat der Lehrer da uns eine Sonate oder was vorspielen lassen, und dann wurde das besprochen und behandelt und so. Deswegen habe ich schon eine ganze Menge gehört. Das heißt, zu Hause hatten wir hier auch Platten von, ganze Menge von Beethoven und von Schubert, von Mozart und so. Aber ich selbst habe keine Musik ausgeübt damals. (Fukerider »Okay.«)

KOHLE: Wissen Sie, ob der Musikunterricht in Detmold irgendwie anders gestaltet war als andernorts in Deutschland, weil hier eben kulturelles Zentrum war? Sie haben eben gesagt, dass Sie auch *Siegfried* in der Schule schon gelesen hatten, war das vielleicht ein bisschen intensiver?

GUERICKE (einfallend): Ich, ich möchte sagen, das lag am Lehrer. (Kohle »Aha.«) Unser Musiklehrer, der legte da großen Wert drauf, und ich möchte auch sagen, auch der Direktor, der damals, Direktor Gregorius da, vom Gymnasium, der legte Wert auf eine klassische Bildung und hat das auch gefördert. Der hat sich Lehrer genommen, die über den Sachverhalt hinaus wirklich versucht haben, uns praktisch schon Studium generale zu geben. Also wir haben vieles gehört, was nicht unbedingt in den Unterricht gehörte. (Kohle »Mh.«) Zum Beispiel haben wir zwei Zeichenlehrer gehabt, den Eberth und den Roetteken, die haben ja beide schöne Bilder gemalt, die wurden auch ausgestellt und so weiter, die haben bekannte Aquarelle gemalt, und die haben uns auch, wenn zum Beispiel im Theater waren öfter mal Ausstellungen von Künstlern, auch vor '33 schon, die haben uns dorthin geführt und haben uns das gezeigt, haben uns das erläutert und erklärt auch, und haben uns auch da zum Beispiel in die Kunst eingeführt und haben uns das rein über den Zeichenunterricht eigentlich hinaus, ne. So war es in dem Musikunterricht ähnlich. Die haben versucht, was zu bieten auf dem Gymnasium, was ... Ich weiß nicht, ob das einmalig war, aber es war gut.

KOHLE: Mh. Also, 1935 gab es ja auch eine Bilderausstellung im Rahmen der Wagner-Festwochen, ich glaube, die war von Franz Stassen, irgendwie so war der Name, haben Sie da was mitbekommen? Können Sie sich da erinnern, weil Sie jetzt auch gerade auf die Malerei zu sprechen gekommen sind?

GUERICKE (nachdenkend): Äh ... Ich weiß nicht, also nicht, äh ...(Guericke fröhlich) Es hat mich nicht besonders beeindruckt. (Kohle »Okay. Es war nur ein Programmpunkt, also von daher ...«) Jaja. Jaja. Ich meine, es ist, äh, da waren ja ... Naja, praktisch war jede Woche war irgendwo was (Kohle »Ja.«) und da, dann ist man auch da (Fukerider »Ja.«) teilweise von der Schule da hingegangen, aber was speziell dort gewesen ist, beeindruckt hat mich da nichts Besonderes gerade.

KOHLE (einfallend): Okay. Ne, hätte ja sein können. (Guericke »Ja.«) (Kleine Pause.) Sind ...

FUKERIDER (gleichzeitig): Sie meinen »jede Woche«, auch über das ganze Jahr verteilt waren immer wieder Veranstaltungen?

GUERICKE: Jaja. Jaja. (Fukerider »Ja.«) Ich meine, es waren künstlerische Dinge, es waren Theateraufführungen, es waren politische Dinge, es waren politische Feiern dann auch immer wieder, wenn Hitlers Geburtstag oder

Erster Mai oder irgendwas anderes, oder Tag der Wehrmacht und dann sind wir, äh, wurde der Flugplatz errichtet. Dann wurden wir da hin, waren wir da und haben die ersten Flugzeuge uns angeguckt und ... (Kohle »Mh.« Fukerider »Ja.«) Und dann war großes Manöver hier in der Senne. Da war, auf dem Schulhof standen die Panzer da alle aufgefahren da. Die nachher da in der Senne geübt haben. (Fukerider »Ja.«) Und dann haben wir Wanderungen gemacht. Da haben wir in der Senne auch (Guericke lachend) *Manöver gesehen und solche Sachen.* (Fukerider »Ja.«)

KOHLE: Also, Sie hatten Berührungspunkte über die Schule und natürlich auch über die Hitler-Jugend, aber Sie sind auch, privat sage ich jetzt mal, davon angezogen worden, weil das einfach Attraktion war, also Sie haben sich (wird unterbrochen) auch in der Freizeit interessiert ...?

GUERICKE (einfallend): Ja! Man hat geguckt, was denn los ist. (Kohle »Ja.«) Ein junger Mensch hat doch Interesse, da ... Heute gehe ich in die Disko oder sonstwas ... (Guericke lacht.) (Kohle »Ja. Gab es auch eigene Impulse, okay.«) Jaja. (Kohle »Mh.«) Auch für die ... Wenn, ähm ... Da war mal ein Militärkonzert, eine Kaserne da mit 500 Musikern hier, diese Kaserne unten, wo jetzt dieses ... an der ... 55er Straße hieß das früher, an der Palaisstraße da unten, hier an der Ecke an der Kaserne, wo jetzt die Hochschule ist da. (Kohle »Jaja.«) Da war eine große Kaserne, da war ja das 18. Infanterieregiment, und da haben sie große, ja mit, da haben sie große Veranstaltungen gemacht. Und ... Das hat einen interessiert da, ne. Ich habe es auch erlebt noch 1925, da war das erste große deutsche Manöver, und da sind die, habe ich noch gesehen wie das Regiment 55, wie die ausgerückt sind, und da sind ja an der Weser in Veltheim ja 81 Leute ertrunken. (Kohle »Mh.« Fukerider »Oh.«) Das ist, seitdem wurde ja bei der Wehrmacht eingeführt, dass jeder schwimmen können musste. (Kohle »Das ist sinnvoll.«) Und (Kohle lacht) da habe ich erlebt, also einmal, wie die losgefahren sind die [unverständlich] so alte LKWs wurden die verladen da, und dann habe ich erlebt, wie diese Beerdigung war, wie die 81 Leute in Detmold beerdigt wurden. Da sind die, damals wohnten wir noch in der Fürstengartenstraße, und da hinten, in die 55er Straße sind die langgezogen, der ganze Beerdigungszug, das waren mehrere tausend Menschen, sowohl Soldaten wie auch Angehörige, die da lang marschiert sind damals. Also solche Ereignisse, die hat man sich eben dann gemerkt, weil sie einen beeindruckt haben irgendwie, ne.

FUKERIDER: Ja. Okay. Ähm, wissen Sie ... Also haben Sie eine Idee oder wurde das damals irgendwie erzählt, warum die Wagner-Festwochen ausgerechnet in Detmold stattfinden? Also man hätte sie ja auch in, weiß ich nicht, Berlin machen können oder in Hamburg oder ...

GUERICKE: Ja, das habe ich nie erfahren. Ich habe nur ... In Detmold hat man sich immer erzählt, weil wir, Detmold eben, irgendwie gute Beziehungen hatte [sic!] zu Bayreuth nämlich, und weil wir eine Drehbühne hatten. (Fukerider »Okay.« Kohle »Mh.«) Aber, ob das wirklich stimmt, das weiß ich nicht, ne. (Fukerider »Okay.«) Aber wie weit die Detmolder Theater oder die Politiker Beziehungen zu Bayreuth hatten, das kann ich Ihnen nicht sagen. Irgendwie haben die, äh …(Fukerider »Ja.«)

KOHLE: Sie haben jetzt künstlerische Verbindungen wahrgenommen, (wird unterbrochen) nicht politische?

GUERICKE (einfallend): Ich meine, vom Wagner gab es ja auch immer schon hier Wagner-Musik. Wagner war ja ein bekannter Mann auch in Detmold, der ist ja … Ich weiß nicht wieso oder was, aber (Guericke lachend) *es war so, ne.*

FUKERIDER: Ja. Wir haben gelesen, dass der Gauleiter damals, Alfred Meyer (Guericke »Ja.«), dass der gesagt hat, nachdem 1933 der große Wahlsieg für die NSDAP in Detmold war, also im Gau hier, dass er gesagt hat: Okay, ich schenke meinem Gau die Wagner-Festwochen als Belohnung für diesen Wahlsieg. Haben Sie davon irgendwas mitgekriegt?

GUERICKE (amüsiert): Nein. Da, also … Ich hatte in meiner … Ich habe ja ein paar Mal schon gesehen und erlebt … Ich habe nicht so sehr von dem gehalten … (Guericke ernster) Also, der Gauleiter Meyer hat nie einen besonderen Eindruck auf mich gemacht. (Fukerider »Ah, okay.«) Wenn der Hermann Göring da war, dann hat das ganz was anderes ausgemacht da, nicht, (Guericke lachend) *war ja auch* eine andere Parteigröße, aber …

FUKERIDER: Haben Sie was mitgekriegt, wenn wir schon bei Personen sind, von Otto Daube?

GUERICKE (langsam): Ja …

FUKERIDER: Haben Sie den mal irgendwie gesehen als der eine Rede gehalten hat oder so, weil der war ja der, der so die künstlerische Leitung dieser ganzen Festwochen über die ganzen Jahre hinweg innehatte?

GUERICKE: Äh, ja, der erschien dauernd in der Zeitung, es wurde über ihn gesprochen und so, aber gehört habe ich ihn persönlich nie. (Fukerider »Okay.«) Aber nur wurde über ihn gesprochen und stand in der Zeitung und … Ich meine hier, im Elternhaus wurde auch über ihn gesprochen. (Fukerider »Ja.«) Aber …

FUKERIDER: Okay. Sie haben gesagt, dass Sie dann – als Sie nach 1938 im Krieg waren und eben durch die »halbe Welt« gekommen sind, wie Sie eben gesagt haben – hatten Sie da noch Kontakt ab und zu nach Detmold und haben vielleicht was mitgekriegt, wie das dann hier weiter gegangen ist mit (wird unterbrochen) den Festwochen?

GUERICKE (eifrig einfallend): Jaja, meine Eltern wohnten ja hier. Wenn man Urlaub hatte ist, man ja hier gewesen, ne.

FUKERIDER: Ja. Haben Sie da noch was mitgekriegt, wie das mit den Festwochen weiter gegangen ist oder …?

GUERICKE: Meine Ansicht ging das, ich habe das gehört, bis '44 wäre das weitergegangen. (Fukerider »Ja.«) Nur es soll immer weniger an Bedeutung gehabt haben, denn ich bin, wie ich das letzte Mal im Urlaub war, bevor ich in Gefangenschaft kam, das war neunzehnhundert, im Winter '42, '43. Da bin ich mit meiner Mutter zusammen noch in Detmold im Theater gewesen. Da kriegte man, als Soldat kriegte man da (Guericke lachend) *Karten da*, und da war auch dann Fliegeralarm und so weiter. Es war erst mal ganz schwer, überhaupt das dort durchzuführen, weil immer wieder Fliegeralarme waren und so. Und dann waren auch so, das, äh, war wohl weniger Geld dafür da, das musste ja alles in den Krieg gesteckt (Fukerider »Ja.«) werden und so. Also, es wurde … Die kulturellen Dinge wurden immer weniger. Und deswegen, die Leute waren froh, wenn sie mal ins Kino oder ins Theater konnten damals, aber die Möglichkeiten waren beschränkt, denn wenn Fliegeralarm war, dann fuhr keine Straßenbahn mehr, musste man zu Fuß von Detmold nach Hiddesen nachts gehen. Und … Dann sah man überall die (Guericke lachend) *Flieger da oben*. (Kohle »Mh.«) Also das war alles ein bisschen mühsam und anstrengend, nicht, ich meine, deswegen wurde das automatisch weniger. (Fukerider »Mh.«) Ganz abgesehen davon, dass die Mittel natürlich auch gekürzt wurden wahrscheinlich. (Fukerider »Ja.«)

KOHLE: Haben Sie es vielleicht so empfunden, dass der Krieg die Festwochen auch irgendwie überschattet hat? Also, am Anfang wurde es ja (wird unterbrochen) so freudig aufgenommen …

GUERICKE (einfallend): Also, die ersten Jahre, also ich weiß noch, wie ich da in, äh, nach dem Frankreichfeldzug und so weiter, da war das bis 1940 war eigentlich noch der volle kulturelle Einsatz, da hat keiner da an Flugzeug gedacht und keiner an besonders den Krieg, da war eben Deutschland noch siegreich, da wurde eben alles gefeiert. Also, bis '40, '41 lief das alles noch ganz gut. Aber wie das anfing da in, wie wir nach Russland da rein sind, dann wurde vieles anders, ne. (Kohle »Mh.«) Aber ich habe, auch in Russland wurde Kultur getrieben. (Kohle lacht.) Also, ich habe auch in Russland, wenn man da … Nach dem Urlaub war ich an der Frontstation und so weiter, da hat man, war ich in Stalino in der Ukraine in der Theatervorführung, also da haben die auch bekannte Sachen da, *Othello* gespielt oder sonst was da, also die Russen hatten auch berühmte Leute da. War zwar kalt im Winter, konnten die auch nicht heizen, aber (Kohle lachend »Mh.«) man hat auch da versucht, Kultur aufrecht zu erhalten, ja. (Kohle »Also …«) Wieweit das dann hier in Detmold gelaufen ist nach '41, dazu kann ich kaum was sagen, ne. Also bis auf '42, wo ich nochmal da in Detmold hier im Theater war, ne. (Fukerider »Okay.«)

KOHLE: Waren das auch so Veranstaltungen, die dann alle Soldaten mitgemacht haben oder haben Sie sich da privat interessiert? Also, war ...

GUERICKE (einfallend): Äh, nein, da gab es immer, war immer extra für die, äh, Vorstellungen für die Wehrmacht da. (Kohle »Achso, ja?«) Jaja.

KOHLE (für sich): Immer noch Kultur, okay. Interessant ... Mh ...

FUKERIDER (zu Kohle): Ich habe alles durch ... [unverständlich]

KOHLE (gleichzeitig überlegend): Ich ... Ja, ähm, ich, kann noch, (Kohle lachend) kurz was zu ... Also Wagner hat ja auch antisemitisches Gedankengut verbreitet. Haben Sie irgendwie das schon kritisch wahrgenommen? Es wurde natürlich anders verpackt damals, genau in das Gegenteil verkehrt wie heute ...

GUERICKE (einfallend): Ja, ja, ich habe das erlebt in dem Max Plaut [gemeint ist Joseph Plaut, Anm. d. Verf.], den Kabarettisten. Den hat man ja hier erst vergöttert in Detmold bis '33 und, dann auf einmal wurde er als übler Jude beschimpft und mit faulen Eiern beworfen und so weiter. Äh, das habe ich mehr oder weniger nicht persönlich miterlebt, aber das war ... (Kohle »Mh. Im Munde.«) Ja, da hat man das besonders gespürt, ne.

FUKERIDER: So ein plötzlicher Stimmungsumschwung?

GUERICKE: Ja. (Kohle gleichzeitig »Oder allmählich?«) Und auch diese sogenannte Pogromnacht da, das war (Guericke lacht) ja 1938 am 9. November (Fukerider »Mh.«) und am 10. November bin ich in Minden Soldat geworden, vorher war ich im Arbeitsdienst. Und wir waren gerade acht Tage zwischen Arbeitsdienst und Wehrmacht zu Hause, da habe ich das in Detmold miterlebt, das heißt am Morgen, wo ich eingezogen wurde zur Wehrmacht, da habe ich in Detmold die kaputten Schaufensterscheiben erlebt. Aber die Auswirkungen habe ich nicht mehr gesehen, weil ich da schon Soldat war wieder. (Fukerider »Ja.«) Also am nächsten Tag bin ich praktisch Soldat geworden.

KOHLE: Also, das haben Sie dann auch erst viel später begriffen (Guericke »Jaja.«), also was da ... Mh ... Okay. (Fukerider »Ja.«) Und Sie haben gesagt, dass Sie die *Siegfried*-Aufführung miterlebt haben. Können Sie irgendwie was Besonderes sagen: Wie wurde aufgeführt, gab es besondere Kostüme, gab es irgendwelche (Guericke lacht leise) Einflüsse, die Sie den Nationalsozialisten zuschreiben konnten oder ...?

GUERICKE (erzählt lachend): Ich kann mich noch das erinnern, was ich schon der Dame [gemeint ist die freie Journalistin Beate Depping, Anm. d. Verf.] da erzählt habe, was sie vielleicht ... Aber typisch als Kind war ... Der

Siegfried, der hatte so ein Holzschwert, und da hat er mit rumgefuchtelt, auf einmal flog das da durch (Guericke lachend) die Gegend. (Kohle lacht laut.) *Dann, da hat er da* ... Dann, naja, hat er das irgendwie so ... Man denkt, als ob er es extra weggeschmissen hätte, aber ...(Kohle und Fukerider lachen, Kohle unverständlich) Das sind so ...(Guericke lachend) *Haben natürlich alle im Grunde furchtbar gelacht da, ne.* (Kohle lacht, vergnügt »Ja, Humor.« Fukerider lacht »Das glaube ich.«) Ob das nun vorgesehen war oder nicht vorgesehen war (Guericke und Fukerider lachen), das weiß ich nicht, ne. Aber ...

KOHLE: Aber waren Sie besonders beeindruckt von der ganzen Aufmachung (wird unterbrochen) und den Bühnenbildern oder so?

GUERICKE (einfallend): Äh, die ... Es hat uns beeindruckt, gerade diese ganzen Inszenierungen, man hat ja gerade Mühe gegeben auch durch die Drehbühne möglichst viel zu bringen. (Kohle »Mh.«) Ob das beim Grabbe war oder auch beim Wagner war ... Es gibt ja Bühnen, die haben das möglichst bescheiden gemacht, aber hier hat man überhaupt versucht, auch die ganzen Kulissen und Kostüme, auch die Beleuchtung ... Der Beleuchter des Detmolder Theaters, dessen Sohn hat in meiner Schule neben mir gesessen, deswegen (Guericke lachend) *kannte ich den auch*. Und das war ein, der hieß ... Vigano hieß der, und der hat auch viel gemacht mit Beleuchtung und so, und hat da Beleuchtungseffekte reingebracht und so. Also wir hatten ... Man hat versucht, auch auf allen möglichen Kulissen oder Beleuchtungseffekten, auch die Bühne da zu gestalten. Und das hat, also als Kind, auf mich Eindruck gemacht, dass man da wirklich was gebracht hat auch. (Kohle »Glaube ich. Ja.«) Ob das in Deutschland als, damals, ich bin auch schon als Kind in, durch Verwandte in Berlin und auch in Magdeburg im Theater gewesen, auch dort schon ganz gute Theateraufführungen gesehen, aber ... Die Detmolder Theateraufführungen, möchte ich sagen, waren nicht schlecht. Ich kann nicht sagen, die wären abgefallen gegen die Großstädte, die ich damals erlebt habe. (Kohle »Mh.«) Es war durchaus beeindruckend, was man hier auch technisch geboten hat. Schauspielerisch sicher auch. (Kohle »Mh.« Fukerider »Ja.«)

KOHLE: Und dass das sehr auf Deutschland gepolt war, dass es um den erfolgreichen Deutschen ging, auch vielleicht in Stücken oder auch in dem ganzen Drumrum, haben Sie davon was mitbekommen? Wahrscheinlich eher nicht, oder? Also ... als Jugendlicher ...

GUERICKE (einfallend): Äh ... Wie meinen Sie das?

KOHLE: Ja, dass die Kultur sehr mit Deutschland verbunden war, dass es Deutschlands Kultur war und der (wird unterbrochen) glorreiche Deutsche ...

GUERICKE (einfallend): Jaja, das äh, (Guericke lachend) hat man immer wieder erzählt da, ne ...

KOHLE: Das war aber nebensächlich, also ...

GUERICKE: Na, die Ereignisse ... Zum Beispiel haben wir einen Klassenaufsatz geschrieben damals über den Anschluss des Saargebietes, das weiß ich noch, 1935, ne.

KOHLE: Über ... über was?

GUERICKE: Das Saargebiet (Kohle gleichzeitig »Ach, das Saargebiet, mh.«), das kam wieder zu Deutschland. Wenn so was war, dann hat man das natürlich auch behandelt und dann wurde das ... Auch hier, wir haben in der Schule *Volk ohne Raum* gelesen damals (Kohle gleichzeitig »Ja, war selbstverständlich.«) und, von Hans Grimm da, ne, und haben da ... So wurde natürlich auch das was, wurde auch diese Kultur oder diese Entwicklung wurde auch natürlich in der Schule gefördert und auch dargestellt. (Kohle »Mh.«) Und ... (Kohle »Ja. Okay.«) Die ... (Kohle gleichzeitig »Und ...«) Die Ereignisse in der Welt, die wurden natürlich auch von deutscher Seite dargestellt, gesehen. Ich habe ein paar Mal hier den Zeppelin erlebt, auch über dem Hermannsdenkmal. Hier oben ist der direkt an uns vorbeigeflogen, konnte man aus dem Fenster raus sehen da, ne. Hat natürlich auch beeindruckt. Und wenn der Zeppelin in Bielefeld war, dann sind wir mit der Schulklasse auf den Hermann gegangen und haben den da kreuzen sehen und so weiter da, ne ... (Rest unverständlich, weil Kohle redet.)

KOHLE (gleichzeitig): Extra, um den Zeppelin zu sehen?

GUERICKE: Bitte?

KOHLE (gleichzeitig): Extra, um den Zeppelin zu sehen mit der ganzen Schulklasse?

GUERICKE: Jaja.

KOHLE: Beeindruckend. Das ist ja nicht so nah, also ... (Kohle lacht.)

GUERICKE: Denn ich meine, äh ... Das hat man natürlich, diese Dinge hat man natürlich, den Einfluss Deutschlands, den hat man gefördert. Eben (Kohle gleichzeitig »Mh.«) wie gesagt: Wenn wir auf den Flugplatz gegangen sind, haben wir die erste Heinkel Blitz auf dem Flugplatz gesehen, die gebaut worden ist. Und genauso die ... War ich mal mit meiner Patentante war ich 1935 in Berlin. Da war ich in dieser internationalen Automobil-Ausstellung. Da haben wir die deutschen Autos gesehen. Da wurde natürlich propagiert, auch die verschiedenen Rennwagen, die von (Kohle »Ja.«) Stuck und Caracciola und so weiter, die Silberpfeile und so, das wurde, da wurde natürlich mit Reklame gemacht. Genauso wie dann mit der Olympiade, die da in Deutschland war, die Ersten, die Besten da, ne. (Kohle »Ja.«)

[unverständliches Wort] (Fukerider lacht.) Ich bin noch, zur Olympiade bin ich von hier mit dem Fahrrad nach Berlin gefahren.

KOHLE: Mit dem ... Fahrrad!? (Fukerider lacht.)

GUERICKE: Mit dem Fahrrad. (Fukerider lacht.) In drei Tagen.

KOHLE: Hoho. Das ist ... eine gute Leistung.

GUERICKE (einfallend): Jaja. Äh, und ... ich meine ... Da habe ich keine berühmten Leute gesehen, aber dieses ganze Drumrum: Man hat die ganzen Sportler und auch die Prominenz hat man gesehen da Unter den Linden und so weiter (Kohle gleichzeitig »Mh.«), wie die da gelaufen ... Diese ... die Fackelträger und so, das (Kohle »Ja.«) habe ich persönlich [unverständliches Wort]. Natürlich hat man das politisch auch ausgeschlachtet, dass man sagte, mit Deutschland geht es aufwärts da, ne. (Kohle leise »Ja.«) Und das hat einen auch als jungen Menschen begeistert. Ich kann nicht sagen, dass ich gedacht habe, das war schlecht gewesen, ne ... (Zustimmendes Gemurmel, Fukerider »Ja.« Kohle »Nö.«) Das Positive natürlich eher gesehen (Fukerider gleichzeitig »Ja.«) als das Negative. Das Negative haben wir erst im Krieg erlebt, ne. (Kohle »Mh.« Fukerider »Das glaube ich, ja.«) Aber deswegen (Kohle »Und, ähm ...«) kann ich nicht sagen, dass ich an meine Schule negative Erinnerungen hätte da. (Fukerider »Mh.«)

KOHLE: Hat sich irgendwann jetzt so im Laufe des Lebens Ihr Bild nochmal verändert zu den Wagner-Festwochen, was da damals passiert ist? Haben Sie da nochmal ... Nehmen Sie ... Also, empfinden Sie das so, dass sich vielleicht Ihre Einstellung oder auch eine kritische Haltung da nochmal entwickelt hat oder verändert hat?

GUERICKE: Äh ... Wie ich schon sagte, bin ich ja eine zeitlang in Selb gewesen, vier Jahre lang war ich da Direktor der Stadtwerke. Und da habe ich in Bayreuth, wir haben zwar keine Karten gehabt, aber wir haben in dem Hotel gesessen gegenüber von dem Festspielhaus. Und wir haben dann die ganzen Prominenz damals, Genscher und wie sie alle hießen, haben wir da alle kommen und gehen sehen und die haben dort gestanden, auch in der Pause und so, habe mir das angeguckt. Die Festspielhalle, die war damals ziemlich dürftig, (Guericke lachend) *das war in den 60er-Jahren noch, da standen so Gartenstühle drin und so.* Also, inzwischen ist ja alles verbessert worden und teilweise hat man sich um, da waren ja auch so Experimente gemacht worden, über manche hat man sich ein bisschen, gerade wie ich damals noch in Selb war, bisschen mokiert, weil da Leute da, das ganz verdreht hatten in ihrer Auffassung da. Da hat man aus Wagner alles Mögliche gemacht da, ne. (Fukerider »Mh.«) Aber die Wagner'sche Musik, die war ja, nach dem Krieg war sie erst verpönt, weil der Hitler den Wagner so gut gefunden hat (Kohle »Ja.«), aber dann schon in den 60er-

Jahren, ich war bis '63 in Selb, da war eigentlich schon wieder die Wagner-Musik, die war schon wieder gefragt und auch schon wieder anerkannt da, ne. Das ... Auch da gerade in der Familie Wagner gab es ja alle möglichen Dinge und Spannungen und so weiter. (Fukerider »Ja.«) Äh, das hat man natürlich mitgekriegt und teilweise hat man sich auch ein bisschen drüber mokiert vielleicht, aber das ändert nichts an der Musik. Ich meine auch, genauso wie wir da in (Kohle zustimmend »Nene.«) den Bayern da in, wie heißt die, die Burg der Neuschwanstein, wo der aufgeführt hat, da habe ich mir auch angeguckt mal und so weiter. Natürlich ist das alles auch von dem Ludwig II. ein bisschen pompöser aufgezogen und so ... Aber (Kohle vergnügt, gleichzeitig »Ja, wenn er es kann.«) man hat damit eben diese teilweise gewaltige Musik, die bringt natürlich auch manche Dinge zur Auslösung, zum Positiven wie zum Negativen, nicht. (Kohle »Mh.«) Der eine sagt, das ist übertrieben, und der andere sagt, das ist beeindruckend, ne. (Fukerider »Mh.«) Und der normale Mensch, der schwankt dazwischen, ne. Bei mir geht es auch so: Zum Beispiel den *Fliegenden Holländer* finde ich sehr gut, aber den *Siegfried* würde ich mir heute nicht mehr (Guericke lachend) *ansehen, ne*. (Kohle lacht.) Also ich meine ... Ich will das nicht verallgemeinern, aber es gibt Dinge eben ... Das ist wohl so, dass ... Jeder Mensch ist von manchem mehr angesprochen als von anderem da, ne. (Fukerider »Ja.«)

KOHLE: Ja, klar. Ist richtig ... Und ... Also, ich sage jetzt mal, Sie als Alteingesessener in Detmold ... Wie ist das heute: Ist das sehr in Vergessenheit geraten oder ... weiß davon noch so die neuere Generation? Wie ist da so Ihr Eindruck, wie wird das heute aufgenommen? Sind die Stimmen sehr kritisch, dass das verbunden worden ist damals (wird unterbrochen) auch mit der Propaganda oder ...

GUERICKE (einfallend): Unser ... wir ... vier Kinder. Unser Ältester, der ist jetzt 60 gewesen. Der weiß noch einiges. (Kohle »Mh.«) Die anderen Kinder wissen schon wenig (Kohle »Ja.«), und die Enkelkinder wissen so gut wie gar nichts. (Kohle »Ja.«) Auch wenn man was erzählt von, zum Beispiel von meinen Eltern und so, also von ihren Urgroßeltern, haben die schon kaum mehr eine Ahnung. (Kohle »Mh.«) Das interessiert die auch im Grunde gar nicht. (Kohle »Ja.«) Also, die sagen nicht gerade, na was du erzählst, ist sowieso alles kalter Kaffee. Also, sie hören schon manchmal zu, aber sie können das nicht vorstellen, sie können sich nicht mehr vorstellen, wie das so 1946 gewesen ist nach dem Krieg und so. (Kohle »Mh.«) Das, diese kaputten Städte und so, das ist ... (Kohle »Fehlt der Bezug. Ja.«) Ich weiß es nicht. Ich will nicht gerade sagen, das ist Interesselosigkeit, aber auch die Schule vermittelt das nicht mehr. (Kohle »Ja.«)

Nach dem Krieg da, zum Beispiel auch die, ehemals Deutschland war auch im Krieg und in Nachkriegszeiten und so weiter, die Ältesten, die in den Fünfzigerjahren zur Schule gegangen sind, die hat das noch bewegt, die haben noch die kaputten Städte auch teilweise gesehen. Aber schon die Kleineren, die waren, und die Enkel, für die ist das eben irgendwie fremd, ne. (Kohle »Mh.«) Man versucht, ihnen das zu zeigen, ich habe ihnen auch ein paar Mal, ich habe noch eine ganze Menge Bücher und Bilder. Ich habe auch dem Mellies, der hat zum Beispiel hier in Hiddesen verschiedene Bücher geschrieben da, über die Entwicklung und so. Dem habe ich auch ein paar Bildunterlagen gegeben für seine Bücher, weil ich das alles noch erlebt habe. Ich konnte verschiedene Sachen sagen, denn der ist ja, der ist jetzt 65 geworden, unser Ortsvorsteher, der die Bücher geschrieben hat und ich bin ja 25 Jahre älter. Der wusste ja auch vieles nicht mehr, ne. Und der hat über diese Zeit berichtet auch, im Krieg und kurz danach, ne. Deswegen ... Meine Eltern waren, wie die Engländer hier eingerückt sind, dann haben die, wie die oben hier an der, am Dorfeingang waren, da waren die Deutschen ja schon längst weg, da haben sie hier sicherheitshalber mit ihren Panzern nochmal reingeschossen, haben die hier durchs Küchenfenster und dann durch die Wand wieder raus. Das Küchenbuffet war kaputt, zerbrochen, ne. Wie ich aus der Gefangenschaft kam, war ein großes Loch in der Wand noch, ne. Ich meine, wenn ich das meinen Enkeln erzähle, dann lachen sie darüber, ne, aber das war ...

KOHLE: Mh. Okay.
FUKERIDER: Kann man sich gar nicht mehr vorstellen.
KOHLE: Ne. Weit weg.
FUKERIDER: Ja. Okay.
KOHLE (gleichzeitig): Mh. Noch irgendwie was, was Ihnen ... Was wir vielleicht jetzt vergessen haben zu fragen, irgendwas, was Sie uns noch so erzählen können, wenn Ihnen (wird unterbrochen) noch etwas einfällt?
GUERICKE (einfallend): Also, wenn Sie, ausgesprochen was den Wagner betrifft, kann ich Ihnen eigentlich weiter nichts sagen. (Kohle lachend »Nicht schlimm. Nicht schlimm.«) Aber, ich weiß nicht, die ... Man hat diese Zeit ja hautnah erlebt, ne. (Fukerider »Ja.« Kohle »Mh.«) Denn das ... Gerade von '33 ab. Und das hat eben doch eine ganze Menge auch eben, wahrscheinlich auch durch die alten Studienräte noch und so weiter, äh, bis 1938 habe ich eigentlich die Nazi-Zeit eigentlich gar nicht so empfunden, so bedrückend, weil eigentlich alles seinen normalen Gang weiterlief. In der Schule lief es weiter, natürlich, wir haben ein bisschen mehr Sport gemacht und (Guericke vergnügt) [unverständliches Wort] (Kohle lacht). Und man hat ... Man ist sicher beeinflusst worden durch Zeitungen und durch alle diese Dinge, die

in Detmold geboten wurden. Aber man hatte nicht das Empfinden, dass irgendein Zwang ausgeübt wurde. Es ... Meine Frau stammt aus Schlesien, aus Oberschlesien, die habe ich während des Krieges kennengelernt, die hat den, praktisch den Druck des Regimes nachher viel stärker kennengelernt als ich hier, ja. (Kohle »Mh.«) Also, man konnte hier durchaus seine Meinung sagen. Ich bin hier in Detmold konfirmiert und hier in die Kirche gegangen, auch wenn HJ-Dienst war, ich bin in die Kirche gegangen (Fukerider »Mh.«), also da hat kein Mensch da was gesagt, ne. Das lag natürlich zum Teil daran, dass der Truppenführer hier, der Scharführer von der HJ, der war ein Klassenkamerad von mir und das hat man eben alles locker gesehen, ne. (Fukerider »Okay.«) Und ich bin jahrelang, erst war ich da im Jungvolk gewesen, nachher HJ und paar Jahre, drei Jahre lang war ich gar nichts. Da wurde ich ein paar Mal zum Direktor zitiert, da wurde gesagt: Warum treten Sie nicht ein, (Guericke vergnügt) *ich muss doch Vollzug melden, dass sie alle in der HJ sind, ne.* Äh, und, gleich, trotzdem, obwohl ich eine ganze Menge HJ-Leute und auch HJ-Führer von mir in der Klasse waren, war ich Klassensprecher. (Guericke lachend) *Ich musste immer zum Direktor und musste die vertreten.* (Kohle lacht.) Also (Kohle amüsiert »Schön.«), man, ich wollte nur sagen, das hat man locker gesehen da, ne. (Fukerider »Ja.«) Äh ... (Fukerider »Das glaube ich. Cool.«) Und auch nach dem Krieg, meine ganzen Klassenkameraden, die hatten alle verschiedene Berufe, aber wir haben ganz anders, wenn wir uns nach dem Krieg getroffen haben, im Grunde haben wir ganz Ähnliches erfahren, ganz Ähnliches gedacht auch, ne. (Kohle »Mh.«) Äh, also das ist gar nicht so, dass man einseitig, sagte so oder so, also es, die Zeit, möchte ich sagen, hat doch die Menschen irgendwie geprägt (Kohle »Na klar.«), auch die Schulzeit schon. (Kohle »Mh.«) Zum 50jährigen Abitur, da hatten wir noch einen, der Assessor Krüger, der lebte noch, den haben wir eingeladen. Und auch den Direktor der, den haben wir, bei dem das ... Damals der Assessor Krüger, das war die erste Klasse, die er in Deutsch zum Abitur geführt hat. Und der erlebte noch, wie wir 50jähriges Abitur hatten. Und hat (Guericke lachend) *unsere Abiturarbeiten noch gezeigt und so weiter. Die habe ich nach 50 Jahren zum ersten Mal gesehen.* Das heißt, die haben wir damals kurz nach dem Abitur gesehen, aber dann wurden die bei der Schule (Kohle »Ja.«) einkassiert. Genauso der Grabbe, der hatte jetzt 175. Todestag, damals das war der, 1935, der 100. Todestag vom Grabbe, da haben wir die, der ist ja bei uns im Leopoldinum in die Schule gegangen, da haben wir die alten Hefte vom Grabbe noch rausgesucht da und deswegen waren noch da Verbindungen da, ne. (Fukerider und Kohle »Mh.« Fukerider »Okay.« Kohle »Verständlich.«)

KOHLE: Wann waren Sie in die HJ eingetreten, in welchem Jahr?
GUERICKE: Bitte?
KOHLE: In die HJ, wann sind Sie da eingetreten?
GUERICKE (schnauft überlegend): ...'35.
KOHLE: '35, okay. Mh.
GUERICKE (einfallend): Wie gesagt, '33 war ich im Jugendvolk und dann bin ich nicht mehr und dann ... Ja, '35 bin ich in die HJ und '38 habe ich mich (Guericke lachend) *pensionieren lassen sozusagen*, man konnte sich freistellen lassen vom HJ-Dienst, wenn man Abitur gemacht hat da. (Fukerider im Hintergrund »Ah, okay.« Kohle »Das haben Sie gemacht.«) Ja. Und wie gesagt, dadurch, dass ich da einen Klassenkameraden hatte, der sagte, ach, mach mal, ne. Und ... Mit meinen Klassenkameraden zusammen haben wir hier öfter gesessen. Ich habe denen, diese verschiedenen Leute hier auch zum Abitur eingebimst. Ich war ganz gut in naturwissenschaftlichen Fächern, deswegen haben wir die hier gemacht da, ne. (Fukerider »Schön.«) Und, also ich meine, obwohl wir, vielleicht die, zumindest die Eltern teilweise weltanschaulich ganz verschiedene Meinungen hatten (Kohle »Mh.«), denn wir hatten, die Eltern von meinen Klassenkameraden, die waren teilweise, würde ich sagen, gute Nazis und teilweise genau das Gegenteil, ne (Kohle »Mh.«), hat das auf uns eigentlich nicht abgefärbt.
KOHLE: Sie haben sich untereinander einfach als (wird unterbrochen) Mitschüler wahrgenommen, ja.
GUERICKE (einfallend): Ja, jaja. Ich sage ja, wir haben auch in der, die Politik, dass der eine da Oberscharführer ist meinetwegen und der andere gar nichts da in der HJ, das hat in der Klasse keine Rolle gespielt (Kohle »Mh.«), ja? Also ... Es ist, wie gesagt, bei meiner Frau war das schon anders. Da in Oberschlesien, da hat man das, da haben die Nazis wahrscheinlich versucht, mehr Druck auszuüben auf die ganze Geschichte, ne. Das ist, später im Anschluss da und so, während das hier eigentlich relativ locker war. (Fukerider »Ja. Okay.« Kohle »Schön.«) Aber das ist, das braucht nicht generell so zu sein, das ist nur mein Erlebnis, nicht? (Kohle »Ja, klar.«) Äh, manche Sachen die sind ja, wer weiß wie sind die bedrängt worden. Ich habe es nicht erlebt, ja? (Fukerider »Ja.« Kohle »Mh.«) Ich will damit nicht die Nazis für gut halten (Kohle »Nein, nein, klar.«), aber das hat eben doch eine ganze Weile gedauert, ehe das mehr oder weniger (Kohle gleichzeitig »... durchgesickert war, ja.«) allgemein war. Ich weiß von Kindern, die acht oder zehn Jahre später ans Leopoldinum gekommen sind, die haben gerade während des Krieges viel mehr Druck ausgeübt dann nachher und so, ne. (Fukerider »Ja.«) Das hat sich geändert, das ist immer stärker geworden. (Kohle gleichzeitig »Ja, klar.«) Nach Kriegs-

ausbruch und nachdem die, Deutschland immer schlechter ging, hat man versucht, da mehr Druck zu machen, ne. (Fukerider »Klar.«) Denn es sind ja auch etliche Lehrer von mir sind nachher Soldat geworden. Einen Assessor habe ich in Russland getroffen da, denn ... offenbar auf dem Weg zur Front und der ist ein paar Tage später gefallen da, ne. Also ... (Kohle »Mh.« Fukerider »Ja.«)

FUKERIDER: Gut ... ähm ... Also ich wüsste jetzt nichts mehr.

KOHLE: Ich auch nicht. Ich habe Angst, dass wir irgendwas vergessen (Kohle lachend) *haben. Die Gelegenheit ist so einmalig.*

FUKERIDER: Sie haben uns da echt gut weitergeholfen mit dem, was Sie bis jetzt uns erzählen konnten. (Guericke »Ja.«) Das ist nochmal ein wertvoller Aspekt, dann auch nochmal so eine persönliche Sicht der Dinge mit reinzubringen für uns.

Guericke (einfallend): Ja. (Fukerider »Ähm ...«) Ich meine ... Ich weiß nicht, was davon geeignet ist. Ich meine, das brauchen wir jetzt nicht unbedingt veröffentlichen, ne, ich meine ...

FUKERIDER: Ja. Also da war vieles davon dabei, was wir gerne mit beigeben würden, quasi so als Beitrag, damit man eben die persönliche Sicht von jemandem hat, der das wirklich miterlebt hat. Gerade das, was Sie erzählt haben, dass Sie als Jugendlicher da einfach das interessant fanden das einfach zu sehen (Guericke gleichzeitig »Ja, das stimmt.«) und solche Sachen. Ähm, ganz unabhängig von dem politischen Zweck, der irgendwie (Guericke gleichzeitig »Jaja, jaja.«) dahinter stand. Das sind so Dinge, die sind für uns sehr wertvoll, und die werfen halt eben nochmal eine andere Seite, einen anderen Blick (Kohle gleichzeitig »Licht.«) irgendwie auf, ein anderes Licht, genau (Guericke gleichzeitig »Ja. Ja.«), auf diese Festwochen, jenseits von diesen (Guericke gleichzeitig »Jaja.«) propagandistischen (Guericke gleichzeitig »Jaja, jaja.«) Zeitungsartikeln und so, also das ist schon sehr schön. (Kohle »Ja.«)

GUERICKE (einfallend): Ich meine ... Junge Leute sehen das ja überhaupt vieles ganz anders. Ich erlebe es an meinen Enkelkindern, da ... Meine, die jüngste ist sieben und der älteste ist 26 ... Die sind zu verschiedenen Zeiten in die Schule gegangen und in die Disko gegangen und haben das erlebt und das erlebt, die fahren nach Hamburg, die fahren nach (Guericke lachend) Berlin, haben da so eine Veranstaltung erlebt und so ... Die haben ganz andere Einstellungen zu den Dingen. Ob gut oder schlecht, das sind ein [sic!] Unterschied, auf jeden Fall hat jede Zeit zu bestimmten Dingen eine bestimmte Einstellung, ne. (Kohle »Mh, klar.«) Und so hat man das in seinem bestimmten Alter eben gesehen. Sie sehen die Dinge wahrscheinlich heute auch ganz anders, wie wir sie damals gesehen haben. Ob das richtig oder falsch ist, das merkt man erst hinterher, ne. (Kohle »Klar.«) Wenn, nach 30, 40 oder 50 Jahren sieht man manche Dinge anders. Das wird Ihnen auch mal so gehen, ne. (Fukerider und Kohle gleichzeitig »Ja.« Fukerider »Das ist klar.« Kohle »Auf jeden Fall.«) Aber die ganze Entwicklung, ob positiv oder negativ ... das ist natürlich ... (Kohle »Ja.«) prägt das auch einen Menschen da, ne. (Kohle »Natürlich.« Fukerider »Natürlich. Das glaube ich. Okay.«)

KOHLE: Aber Sie haben das ja jetzt auch schon so ein bisschen relativiert, also ... (Kohle lacht, Guericke gleichzeitig lachend »Ja, denn ...«) da stehen Sie nicht irgendwie jetzt schlecht da oder so. Also das ist schon einfach nur interessant, wie Sie das als Jugendlicher auch wahrgenommen haben. Sehr schön.

GUERICKE: Genauso als Soldat hat man positive und negative Dinge erlebt da und so weiter, ne. (Kohle »Klar.« Fukerider »Ja, das glaube ich.« Fukerider »Jetzt schlägt die Uhr.«)

An dieser Stelle wurde das Interview beendet. Es folgte eine Klärung der rechtlichen Schritte mit vorbereiteter Einverständniserklärung zur Veröffentlichung des Interviews. Nach der Übergabe eines Blumenstraußes als Dank verabschiedeten sich Andreas Fukerider und Cornelia Kohle von Günther Guericke.

Quellen-und Literaturverzeichnis

Redaktion: Andreas Fukerider, Shino Funayama, Xiang Gu, Tingting Huang, Supradit Jongprasert

A Quellen

Lippisches Landesarchiv Detmold

Die folgende Aufstellung enthält alle den Verfassern bekannten Quellen zu den Richard-Wagner-Festwochen aus dem Lippischen Landesarchiv in Detmold, ausgenommen eine dort auf Mikrofilm vorhandene Zeitungssammlung, die die *Lippische Landes-* bzw. *Staatszeitung* enthält und die Hauptquelle für den Beitrag von Agnes Seipelt darstellt. Das RISM-Sigel des Landesarchivs in Detmold ist DTsta und verweist damit auf seinen ehemaligen Namen als »Staatsarchiv«. Im Jahre 2008 wurde das Archiv in »Landesarchiv Nordrhein-Westfalen, Abteilung Ostwestfalen-Lippe« (LAV NRW OWL) umbenannt. Im Gebäude des Archivs lagern sowohl die Akten des LAV NRW OWL als auch die des Stadtarchivs Detmold und des Kreisarchivs Lippe, sodass diese alle unter einem Dach verwaltet werden und für die Nutzung zugänglich sind. Aus diesen Gründen entschieden sich die Herausgeber, nicht das RISM-Sigel zu verwenden, sondern für jede Signaturengruppe die genaue Herkunft aufzuführen; die Signaturengruppe D kommt aus dem Stadtarchiv Detmold, die Signaturengruppe K aus dem Kreisarchiv Lippe und die Signaturengruppe L aus dem LAV NRW OWL. Durch diese Maßnahme soll in den Fußnoten selbst transparent bleiben, aus welchem Archiv die jeweilige Akte stammt.

Größtenteils handelt es sich dabei um Korrespondenzquellen. Zu diesen werden Absender, Adressat und Datum der Quelle aufgeführt; auf inhaltliche Hinweise wird hier verzichtet. Bei einigen Schreiben war eine eindeutige Zuordnung der Unterzeichnenden nicht möglich. In solchen Fällen wurde auf eine Namensnennung verzichtet. Die Nennung von Name und Amtsbezeichnung erfolgt nur, wenn beide auch zusammenhängend auftreten. Oft ist dies nicht der Fall; so ist in L113 Nr. 328, fol. 51 »Kreisorganisationsleiter Lückhoff«, in L113 Nr. 865, fol. 534 »Kreispropagandaleiter Lückhoff«, und an anderer Stelle lediglich »Lückho.« verzeichnet. Um die Quelle nicht zu verzerren, wurden diese Bezeichnungen in die vorliegenden Liste übernommen, gerade weil beispielsweise die Amtsbezeichnungen oft nicht einheitlich gebraucht werden oder sich hinter mehreren Ämtern dieselbe Person verbirgt. Sofern nicht anders aufgeführt, handelt es sich bei allen auf den ›Kreis‹ und die ›Stadt‹ bezogenen Ämtern um den Kreis und die Stadt Detmold und beim ›Gau‹ um das Gau Westfalen-Nord. Die ›Ortsgruppe‹ bezeichnet immer den ›Ort‹ Detmold, bei der ›Landesregierung‹ handelt es sich um die ›Lippische Landesregierung‹.

D 106 Detmold A Nr. 3166:
- fol. 5: Leiter der Reichsmusikkammer, Reichsfachschaft Konzertwesen an den Bürgermeister Detmolds, 30. Juli 1936.
- fol. 19: Vermerk und Verfügung zur Sitzung der Beigeordneten des Regierungsrates, 26. Februar und 1. März 1937.

D 106 Detmold, 1572:
- Protokolle von den Beratungen des Bürgermeisters mit den Ratsherren der Jahre 1940 bis 1944.

K2 Detmold Nr. 55 (ehemals D 100 Detmold 55), unpaginiert:
- Protokoll der Kreisausschusssitzung in Detmold, 31. Januar 1939.
- Protokoll der Kreisausschusssitzung in Horn, 29. Dezember 1938.
- Gauleiter Meyer an den Landrat des Kreises Detmold, 8. November 1938 (6 Blätter + 2 Anlagen).
- Büro der Wagner-Festwochen (gez. Daube) an den Landrat des Kreises Detmold, 10. Mai 1939.
- Anweisungszettel des Landrates, 9. Juni 1939.
- Gauschatzmeister der NSDAP an den Landrat des Kreises Detmold, Schweigert, 25. Januar 1940 (2 Blätter + 5 Anlagen).
- Landrat des Kreises Detmold an den Gauschatzmeisterder NSDAP, 1. Februar 1940.
- Bürgermeister Keller an den Landrat des Kreises Detmold, 17. Februar 1940.
- Anweisungszettel des Landrates, 30. April 1940.
- Gauschatzmeister Mietz an den Landrat des Kreises Detmold, 10. März 1941.
- Protokoll der Kreisausschusssitzung in Detmold, 19. März 1941.
- Gauschatzmeister Mietz an den Landrat des Kreises Detmold, Schweigert, 18. Dezember 1940.
- Protokoll der Kreisausschusssitzung in Detmold, 5. Mai 1941.
- Gauschatzmeister Mietz an den Landrat des Kreises Detmold, 30. Dezember 1941.
- Protokoll der Kreisausschusssitzung in Detmold, 3. März 1942.
- Erster Beigeordneter der Wagner-Schule, Schmitz, an den Landrat des Kreises Detmold, 3. April 1941.
- Anweisungszettel des Landrates, 16. April 1941.
- Oberregierungsrat Petri an den Regierungspräsidenten, Freiherrn von Oeynhausen, 23. April 1941.

Anhang

- Einladung von Daube, 22. Juni 1942.
- Programm der Lehrgänge der Wagner-Schule des Jahres 1942.
- Anweisungszettel des Landrates, 10. August 1942.
- Erster Beigeordneter der Wagner-Schule, Schmitz, an den Landrat des Kreises Detmold, 21. Juli 1941.
- Landrat des Kreises Detmold an die Wagner-Schule, 24. Juli 1941.
- Wagner-Schule an den Landrat des Kreises Detmold, 8. Januar 1942.
- Bürgermeister an den Landrat des Kreises Detmold, 28. Oktober 1942.
- Gauhauptamtsleiter Mietz an den Landrat des Kreises Detmold, 8. Dezember 1942.
- Protokoll der Kreisausschusssitzung in Detmold, 8. März 1943.
- Bürgermeister an den Landrat des Kreises Detmold, 22. Dezember 1943.
- Gauhauptstellenleiter Wahl an den Landrat des Kreises Detmold, 9. Juni 1944.
- Landrat des Kreises Detmold an die NSDAP Gauleitung Westfalen-Nord, 29. März 1943.
- Gaupropagandaleiter an den Landrat des Kreises Detmold, 16. April 1943.
- Gaupropagandaleiter an den Landrat des Kreises Detmold, 27. April 1943.
- Bürgermeister an den Landrat des Kreises Detmold, 18. November 1943.
- Landrat des Kreises Detmold an den Bürgermeister, 15. Dezember 1943.
- Gauschatzmeister Mietz an den Landrat, 1. Februar 1944.

L80.03 Nr. 11, unpaginiert:

- Wedderwille an Abteilung II des Rechnungsbüros, 24. Juli 1941.
- Wedderwille an Abteilung II des Rechnungsbüros, 29. Mai 1941.
- Vertretung von Bürgermeister Keller an den Reichsstatthalter in Lippe und Schaumburg-Lippe, 13. Juni 1941.

L80.03 Nr. 17, unpaginiert:

- Verkehrsamt Detmold an Staatsminister Riecke, 14. September 1934.
- Riecke an Bürgermeister Keller, 14. September 1934.
- Programmentwurf zur Festwoche 1935 (8 Blätter).

L 80.04 Nr. 1496 (ehemals L 80 Ia, Abt. III, Registratur XXXII 2 Nr. 5a Bd. I), unpaginiert:

- Bürgermeister Keller an Landesschulrat Wollenhaupt, 7. August 1934.
- Bürgermeister Detmolds an die Lippische Landesregierung Abteilung II, 19. Oktober 1935.
- Korrespondenz zwischen der Lippischen Landesregierung und dem Verlag des Westfälischen Erziehers vom 14. Juni bis zum 13. Juli 1935, zusammengefasst in einem Faltblatt (4 Blätter).
- Korrespondenz zwischen Staatsminister Riecke, Stadtinspektor Schröder, Bürgermeister Keller und dem Oberschulrat [Name unleserlich] vom 12. August bis 30. Dezember 1935, zusammengefasst in einem Faltblatt (6 Blätter).

- Korrespondenz zwischen Landesschulrat Wollenhaupt, dem städtischen Verkehrsamt und dem Stadtrentmeister vom 3. bis 4. Juni 1936, zusammengefasst in einem Faltblatt (3 Blätter).
- Korrespondenz zwischen dem Bürgermeister Detmolds, dem Reichsstatthalter für Lippe und Schaumburg-Lippe, dem Oberschulrat [Name unleserlich], dem Landrat und der Lippischen Landesregierung vom 13. Januar 1936 bis zum 25. März 1937, zusammengefasst in einem Faltblatt (8 Blätter).
- Korrespondenz zwischen Bürgermeister Keller, dem Reichsstatthalter für Lippe und Schaumburg-Lippe und dem Stadtrentmeister vom 5. bis 27. September 1938, zusammengefasst in einem Faltblatt (3 Blätter).
- Reichsstatthalter für Lippe und Schaumburg-Lippe (i. A. Oberschulrat [Name unleserlich]) an den Oberpräsidenten der Provinz Westfalen, 20. Mai 1938.
- Landeshauptmann an Reichsstatthalter für Lippe und Schaumburg-Lippe, 10. Mai 1938.
- Büro der Richard-Wagner-Festwochen Detmold (gez. Daube) an die Lippische Landesregierung, 10. Mai 1939.
- Reichsstatthalter für Lippe und Schaumburg-Lippe (i. A. Oberschulrat [Name unleserlich]) an den Bürgermeister Detmolds, 17. Mai 1939.
- Reichsstatthalter für Lippe und Schaumburg-Lippe (i. A. Oberschulrat [Name unleserlich]) an die Richard-Wagner-Festwochen Detmold, 15. November 1939.
- Abteilung II an Abteilung III [Lippische Landesregierung], 18. Oktober 1939.
- Bürgermeister Detmolds an den Reichsstatthalter für Lippe und Schaumburg-Lippe, 8. November 1939.
- Reichsstatthalter für Lippe und Schaumburg-Lippe (i. A. Oberschulrat [Name unleserlich]) an unbekannt, 18. November 1939.
- Reichsstatthalter für Lippe und Schaumburg-Lippe (i. A. Oberschulrat [Name unleserlich]) an die Landesregierung Abteilung II, 10. November 1939.
- Reichsstatthalter für Lippe und Schaumburg-Lippe an die Richard-Wagner-Festwochen Detmold, 31. Juli 1939.
- Reichsstatthalter für Lippe und Schaumburg-Lippe an das Lippische Hochbauamt Detmold, 4. August 1939.
- Reichsstatthalter für Lippe und Schaumburg-Lippe (i. A. Oberschulrat [Name unleserlich]) an die Richard-Wagner-Festwochen Detmold, 22. September 1939. [Briefumschlag ohne Inhalt.]
- Büro der Richard-Wagner-Festwochen Detmold (gez. Daube) an Oberregierungsrat Kirchhoff, 13. Juli 1939.
- Kunstgewerbehaus Paul Oehlmann Bielefeld an die Lippische Landesregierung, z. Hd. Regierungsdirektor Oppermann, 18. Juli 1939. [Hierbei könnte es sich um den Inhalt des leeren Umschlags handeln, der in dieser Mappe zwei Blätter weiter vorne liegt.]
- Reichsstatthalter für Lippe und Schaumburg-Lippe (i. A. Oberschulrat [Name unleserlich]) an das Lippische Hochbauamt Detmold, 3. August 1939.
- Korrespondenz zwischen dem Kunstgewerbehaus Paul Oehlmann Bielefeld, der

Lippischen Landesregierung Oppermann, dem Lippischen Hochbauamt Detmold, dem Reichsstatthalter für Lippe und Schaumburg-Lippe, dem Büro der Richard-Wagner-Festwochen (gez. Daube), Oberregierungsrat Kirchhoff und der Werkstatt Hermann Soll Detmold vom 2. Juli bis 9. Oktober 1939, zusammengefasst in einem Faltblatt (7 Blätter).

- Korrespondenz zwischen dem Bürgermeister Detmolds, dem Lippischen Hochbauamt Detmold, dem Reichsstatthalter für Lippe und Schaumburg-Lippe, dem Baugeschäft Wilhelm Carell Detmold und der Stadtkämmerei Detmold vom 26. Juni 1939 bis zum 6. Dezember 1940, zusammengefasst in einem Faltblatt (9 Blätter).
- Korrespondenz zwischen dem Reichsstatthalter für Lippe und Schaumburg-Lippe, den Richard-Wagner-Festwochen Detmold, dem Rechnungshof des deutschen Reiches (gez. Strahl), dem Bürgermeister Detmolds und dem Bayreuther Bund e. V., z. Hd. Daube vom 3. April 1940 bis zum 31. Oktober 1941, zusammengefasst in einem Faltblatt (5 Blätter).
- Bürgermeister Detmolds (i. V. Schürmann) an den Reichsstatthalter für Lippe und Schaumburg-Lippe, 28. Oktober 1942.
- Reichsstatthalter für Lippe und Schaumburg-Lippe (i. A. Oberschulrat [Name unleserlich]) an die Richard-Wagner-Festwochen Detmold, 6. November 1942.
- Bürgermeister Detmolds (i. V. Schürmann) an den Reichsstatthalter für Lippe und Schaumburg-Lippe, 18. November 1943.
- Gauhauptstellenleiter Wahl an die Lippische Landesregierung z. Hd. Kirchhoff, 9. Juni 1944.
- Reichsstatthalter für Lippe und Schaumburg-Lippe (i. A. Oberschulrat [Name unleserlich]) an die Landeshauptkasse, 1. Dezember 1943.
- Reichsstatthalter für Lippe und Schaumburg-Lippe (i. A. Oberschulrat [Name unleserlich]) an den Gauschatzmeister der NSDAP, 15. Juni 1944.
- Reichsstatthalter für Lippe und Schaumburg-Lippe (i. A. Oberschulrat [Name unleserlich]) an den Gauschatzmeister der NSDAP, 9. Februar 1944.
- Reichsstatthalter für Lippe und Schaumburg-Lippe (i. A. Oberschulrat [Name unleserlich]) an die Landeshauptkasse Detmold, 15. Juni 1944.

L113 Nr. 252:

- fol. 366f.: Gaupropagandaleiter an alle Kreisleitungen, 30. November 1937.

L113 Nr. 328:

- fol. 1: Kreiskassenleiter an HJ-Scharführer Beckmann, 10. Juni 1936.
- fol. 2–23: Abrechnungen und Quittungen zur Wagner-Festwoche 1936.
- fol. 24: Daube an Kreisleiter Wedderwille, 18. Mai 1936.
- fol. 25: Handschriftliche Liste.
- fol. 26: Städtisches Verkehrsamt Detmold an Kreisleiter Wedderwille, 16. Mai 1936.
- fol. 27: Gauschatzmeister an alle Gauamtsleiter, Kreisleiter und Kreispropagandaleiter, 15. Mai 1936.

- fol. 28: Kreisgeschäftsführer an die Ortsgruppe der NSDAP in Detmold, 7. Mai 1936.
- fol. 29: Stellvertretender Ortsgruppenleiter der NSDAP in Detmold an die NSDAP Kreisleitung, 6. Mai 1936.
- fol. 30: Kreisgeschäftsführer an die Ortsgruppe der NSDAP Detmold, 4. Mai 1936.
- fol. 31: Daube an Wedderwille, 4. Mai 1936.
- fol. 32: Entwurf für die Abendveranstaltungen der Richard-Wagner-Festwoche 1936.
- fol. 33–36: Programmentwurf zur Freizeitgestaltung der Richard-Wagner-Festwoche 1936 in vierfacher Ausfertigung.
- fol. 37: Programmentwurf zum Volksfest während der Richard-Wagner-Festwoche 1936.
- fol. 38: Programm zur Freizeitgestaltung während der Richard-Wagner-Festwoche 1936.
- fol. 39: Programm zum Volksfest am 6. Juni 1936.
- fol. 40: Kreisleiter Wedderwille an die Ortsgruppe der NDSAP in Detmold, 3. April 1936.
- fol. 41: Stellvertretender Gauleiter Stangier an Wedderwille, 24. März 1936.
- fol. 42: Notizzettel.
- fol. 43: Kreisleiter aus Ahaus an den stellvertretenden Gauleiter Stangier, 2. März 1936.
- fol. 44: Gauwart der Deutschen Arbeitsfront im Gau Westfalen-Nord an Kreisleiter Wedderwille, 20. Mai 1937.
- fol. 45: Programm der NS-Kulturgemeinde »Kraft durch Freude«.
- fol. 46: Abrechnungen.
- fol. 47: Kreiswart von »Kraft durch Freude« in Westfalen-Nord an Wedderwille, 8. Dezember 1938.
- fol. 48: Kreisorganisationswalter Kersting an den Kreisleiter der NSDAP in Detmold, 31. Januar 1938.
- fol. 49f.: Quittungen.
- fol. 51: Kreisorganisationsleiter Lückhoff an Kersting, 31. Januar 1938.
- fol. 52f.: Abrechnungen.
- fol. 54: Kartenverkauf-Liste.
- fol. 55–58: Korrespondenz ohne Adressat und Absender von Ende Januar 1938.
- fol. 59: Lückhoff an die Gaupropagandaleitung Westfalen-Nord, 20. Januar 1938.
- fol. 60–68: Abrechnungen und Korrespondenzen zu den Eintrittskarten für die Wagner-Feier am 31. Januar 1938.
- fol. 69: Intendant des Lippischen Landestheaters Rasing an die Kreisleitung der NSDAP, 4. Januar 1938.
- fol. 70f.: Kostenberechnungen und Programm für die Wagner-Feier am 31. Januar 1938.

- fol. 72: Gaupropagandaleitung Hauptstelle Kultur an alle Kreiskulturhauptstellenleiter, 21. Dezember 1937.
- fol. 73f.: Gaupropagandaleiter an alle Kreisleitungen, 30. November 1937.
- fol. 75f.: Lückhoff an die Gaupropagandaleitung, 10. Dezember 1937 (+ Anlage).

L113 Nr. 343:
- fol. 29: Kreisleiter Wedderwille an Gauleiter Meyer, 18. Juli 1935.

L113 Nr. 349:
- fol. 246: Wedderwille an Gauorganisationsamt, 10. März 1937.
- fol. 247: Erinnerungszettel vom 5. März 1937.

L113 Nr. 458:
- fol. 33: Anonymer Bericht über die Festwoche 1935.
- fol. 34–38: Bericht [über die kulturelle Entwicklung in Lippe seit der Machtübernahme] vom 18. Februar 1936, verfasst vom Kreisobmann der Kreisdienststelle Detmold der NS-Kulturgemeinde »Kraft durch Freude«, Dr. Hollo.

L113 Nr. 471:
- fol. 474f.: Kreisgeschäftsführer an das Städtische Verkehrsamt z. Hd. Stadtinspektor Schröder, 25. Juli 1935.
- fol. 476: Stadtinspektor Schröder an die Kreisleitung NSDAP, 18. Juli 1935.
- fol. 477: Bürgermeister Keller an Wedderwille, 18. Juli 1935.
- fol. 478: Schröder an das Deutsche Jungvolk, z. Hd. Gerhard Gross, 17. Juli 1935.
- fol. 518f.: Wedderwille an Daube, 10. Juli 1935 (+Anlage).
- fol. 520: Manuskript von Wedderwille, Juli 1935.
- fol. 521: Daube an Wedderwille, 5. Juni 1935.

L113 Nr. 476:
- fol. 364: Skizze zum Volksfest, 6. Juni 1936.
- fol. 365: Programm zur Freizeitgestaltung während der Festwoche 1936.
- fol. 366: Vorlage zum Programm der Wagner-Festwoche 1936.
- fol. 367: Gaumusikreferent Storsberg an die Kreisleitung der NSDAP, 27. Mai 1936.
- fol. 368: Entwurf zur Freizeitgestaltung der Festwoche 1936.
- fol. 369: Büro der Wagner-Festwoche an die Kreisleitung der NSDAP, z. Hd. Lückhoff, 4. Mai 1936.
- fol. 370: Programm zum Volksfest, 6. Juni 1936.
- fol. 371: Kreisorganisationsleiter an den Gaumusikreferenten Storsberg, 2. Juni 1936.
- fol. 372: Otto Daube an die Kreisleitung der NSDAP, 28. Mai 1936.
- fol. 373: Daube an Storsberg (undatierte Abschrift).

- fol. 374: Text »Es blies ein Jäger wohl in sein Horn« (gesungen während des Volksfestes 1936).
- fol. 375–377: Programmentwurf für Volksfest und Freizeitgestaltung 1936.

L113 Nr. 482:
- fol. 27: Kreiskassenleiter an Bürgermeister Keller, 20. September 1937.
- fol. 28: Keller an Kreisleitung NSDAP, 15. September 1937.

L113 Nr. 697:
- fol. 270–283: Einladungslisten zur Festwoche 1941.

L113 Nr. 856:
- fol. 337: Programm zum Volksfest am Krummen Haus, 15. Juni 1938.
- fol. 338: Programm zum Volksfest am Krummen Haus, 13. Juni 1938.
- fol. 339–341: Schreiben und Akten vom Büro der Richard-Wagner-Festwochen (i. A. Steinau) an die Kreisleitung der NSDAP, 3. und 4. Juni 1938.
- fol. 342: Kreiskassenleiter an den Adjutanten des Gauleiters Seefloth, 3. Juni 1938.
- fol. 343: Kreispropagandleiter Lückhoff an die Kreiswaltung der Deutschen Arbeits-Front, 4. Juni 1938.
- fol. 344: Kreisorganisationsleiter Kersting an die Kreisleitung der NSDAP, 10. Juni 1938.
- fol. 345: Kreispropagandaleiter Lückhoff an das Büro der Richard-Wagner-Festwochen, 13. Juni 1938.
- fol. 346: Quittung des Büros der Richard-Wagner-Festwochen (i. A. Schultze), 13. Juni 1938.
- fol. 347: Büro der Richard-Wagner-Festwochen (i. A. Steinau) an Kreisleiter Wedderwille, 8. Juni 1938.
- fol. 348: Einladungsentwurf für einen »Festabend aller Künstler und Teilnehmer« im Rahmen der Richard-Wagner-Festwoche am 12. Juni 1938.
- fol. 361: Kreisführer an die Kreispropagandaleitung der NSDAP, 14. Dezember 1938.
- fol. 421: *Lippische Staatszeitung* an die Kreisleitung, 21. März 1939.
- fol. 422. Kreisorganisationsleiter Lückhoff an die *Lippische Staatszeitung*, 28. Januar 1939.

L113 Nr. 1043:
- fol. 106: Kreisleiter Wedderwille an den Gauamtsleiter Degenhardt, 28. Januar 1942.
- fol. 267: Büro der Wagner-Festwochen (gez. Daube) an Gauleiter Meyer, 9. Dezember 1941.
- fol. 415: Büro der Wagner-Schule (gez. Daube) an Kreisleiter Wedderwille, 8. Januar 1942.
- fol. 416f.: Lehrgangsprogramm der Wagner-Schule für das Jahr 1942.

L113 Nr. 1060:

- fol. 361f.: Geschäftsführer der Wagner-Schule an Wedderwille, 1. März 1944 (+ Anlage).
- fol. 519: *Lippische Staatszeitung* an Wedderwille, 17. April 1944.
- fol. 520–531: Rede Meyers vom 16. April 1944.

L115 H Nr. 11, unpaginiert, mit Büroklammern zusammengefasst:

- 1. Klammer: Korrespondenz zu einer Ausstellung während der Festwoche 1936.

L115 H Nr. 29:

- fol. 63: Quittung und Abrechnung zum Daube-Vortrag am 4. März 1937.
- fol. 67: Quittung und Abrechnung zum Daube-Vortrag am 8. März 1937.
- fol. 72: Quittung und Abrechnung zum Daube-Vortrag am 16. März 1937.

L115 H Nr. 30:

- Abrechnungen der NS-Kulturgemeinde »Kraft durch Freude«.

Lippische Landesbibliothek

Neben allgemeinen Quellen sind im Folgenden vor allem die in der Lippischen Landesbibliothek Detmold vorliegenden Quellen zu den Richard-Wagner-Festwochen aufgelistet.

10 Jahre Pflege des Bayreuther Kulturideals im Gau Westfalen-Nord, Detmold 1944 (D DT, Mus-b 1124).

ANONYMUS: Idee – Programm – Mitwirkende – der reichswichtigen Richard-Wagner-Festwoche 1935 in Detmold, in: *Die Musik* 27/9 (1935) (D DT, Mus-z 12.4), S. 692f.

ANONYMUS: Kleine Mitteilungen. Musikfeste und Festspiele, in: *Zeitschrift für Musik. Monatsschrift für eine geistige Erneuerung der deutschen Musik* 102/2 (1935) (D DT, Mus-z 10.4°), S. 241f.

ANONYMUS: Kleine Mitteilungen. Musikfeste und Festspiele, in: *Zeitschrift für Musik. Monatsschrift für eine geistige Erneuerung der deutschen Musik* 102/6 (1935) (D DT, Mus-z 10.4°), S. 700–702.

ANONYMUS: Kleine Mitteilungen. Musikfeste und Festspiele, in: *Zeitschrift für Musik. Monatsschrift für eine geistige Erneuerung der deutschen Musik* 103/2 (1936) (D DT, Mus-z 10.4°), S. 243f.

ANONYMUS: Kleine Mitteilungen. Musikfeste und Festspiele, in: *Zeitschrift für Musik. Monatsschrift für eine geistige Erneuerung der deutschen Musik* 103/12 (1936) (D DT, Mus-z 10.4°), S. 1540.

ANONYMUS: Kleine Mitteilungen. Musikfeste und Festspiele, in: *Zeitschrift für Musik. Monatsschrift für eine geistige Erneuerung der deutschen Musik* 104/2 (1937) (D DT, Mus-z 10.4°), S. 232–234.

ANONYMUS: Kleine Mitteilungen. Musikfeste und Festspiele, in: *Zeitschrift für Musik. Monatsschrift für eine geistige Erneuerung der deutschen Musik* 105/2 (1938) (D DT, Mus-z 10.4°), S. 219f.

ANONYMUS: Kleine Mitteilungen. Musikfeste und Festspiele, in: *Zeitschrift für Musik. Monatsschrift für eine geistige Erneuerung der deutschen Musik* 106/4 (1939) (D DT, Mus-z 10.4°), S. 435–437.

ANONYMUS: Kleine Mitteilungen. Musikfeste und Festspiele, in: *Zeitschrift für Musik. Monatsschrift für eine geistige Erneuerung der deutschen Musik* 107/4 (1940) (D DT, Mus-z 10.4°), S. 239f.

ANONYMUS: Kleine Mitteilungen. Musikfeste und Festspiele in: *Zeitschrift für Musik. Monatsschrift für eine geistige Erneuerung der deutschen Musik* 108/2 (1941) (D DT, Mus-z 10.4°), S. 131f.

ANONYMUS: Programm zur Reichswichtigen Richard Wagner-Festwoche 1935 in Detmold, in: *Der Teutoburger Wald* 11/6 (1935) (D DT, LZ 68.4), fol. 4r.

ANONYMUS: Richard Wagner-Festwoche in Detmold, in: *Der Teutoburger Wald* 11/6 (1935) (D DT, LZ 68.4), fol. 1v.

ANONYMUS: Zur Richard Wagner-Festwoche in Detmold. Frühzeitig Karten bestellen!, in: *Der Teutoburger Wald* 11/5 (1935) (D DT, LZ 68.4), fol. 2v–3r.

BÜLOW, Paul: 7. Richard Wagner-Festwoche in Detmold, in: *Zeitschrift für Musik. Monatsschrift für eine geistige Erneuerung der deutschen Musik* 108/8 (1941) (D DT, Mus-z 10.4°), S. 539f.

BÜLOW, Paul: Die Richard Wagner-Festwoche in Detmold, in: *Zeitschrift für Musik. Monatsschrift für eine geistige Erneuerung der deutschen Musik* 103/7 (1936) (D DT, Mus-z 10.4°), S. 862f.

BÜLOW, Paul: Dritte Richard Wagner-Festwoche in Detmold, in: *Zeitschrift für Musik. Monatsschrift für eine geistige Erneuerung der deutschen Musik* 104/7 (1937) (D DT, Mus-z 10.4°), S. 809f.

BÜLOW, Paul: Fünfte Richard Wagner-Festwoche in Detmold, in: *Zeitschrift für Musik. Monatsschrift für eine geistige Erneuerung der deutschen Musik* 106/7 (1939) (D DT, Mus-z 10.4°), S. 763–765.

BÜLOW, Paul: Reichswichtige Spiele, in: *Bayreuther Blätter*, Viertes (Herbst-) Stück 1935, S. 215–217.

BÜLOW, Paul: Richard Wagner-Festtage in Detmold, in: *Zeitschrift für Musik. Monatsschrift für eine geistige Erneuerung der deutschen Musik* 107/6 (1940) (D DT, Mus-z 10.4°), S. 361.

BÜLOW, Paul: Vierte Richard Wagner-Festwoche in Detmold, in: *Zeitschrift für Musik. Monatsschrift für eine geistige Erneuerung der deutschen Musik* 105/7 (1938) (D DT, Mus-z 10.4°), S. 778–780.

DAUBE, Otto [Hrsg.]: *Amtlicher Führer durch die 4. Richard-Wagner-Festwoche Detmold 1938*, Detmold [1938] (D DT, Mus-h 2 D 1).

DAUBE, Otto [Hrsg.]: *Amtlicher Führer durch die 5. Richard-Wagner-Festwoche Detmold 1939*, Detmold [1939] (D DT, Mus-h 2 D 1).

DAUBE, Otto [Hrsg.]: *Amtlicher Führer durch die 7. Richard-Wagner-Festwoche Detmold 1941*, Detmold [1941] (D DT, Mus-h 2 D 1).

DAUBE, Otto [Hrsg.]: *Amtlicher Führer durch die Reichswichtige Richard-Wagner-Festwoche Detmold 1935*, Detmold [1935] (D DT, Mus-h 2 D 1).

DAUBE, Otto [Hrsg.]: *Amtlicher Führer durch die Richard-Wagner-Festtage Detmold 1940*, Detmold [1940] (D DT, Mus-h 2 D 1).

DAUBE, Otto [Hrsg.]: *Amtlicher Führer durch die Richard-Wagner-Festwoche Detmold 1936*, Detmold [1936] (D DT, Mus-h 2 D 1).

DAUBE, Otto [Hrsg.]: *Amtlicher Führer durch die Richard-Wagner-Festwoche Detmold 1937*, Detmold [1937] (D DT, Mus-h 2 D 1).

DAUBE, Otto: Bayreuther Bund der deutschen Jugend. Vorgeschichte – Gründung – Ziele – Ausbaupläne, in: *Bayreuther Blätter*, Drittes (Herbst-) Stück 1925, S. 132–135.

DAUBE, Otto: *Bayreuther Tagebuch. Aus den Erinnerungen an die Festspiele 1924 mit einer Einführung in das Werk von Bayreuth*, Zeitz [1925] (D DT, Mus-b 3499).

DAUBE, Otto: Der Detmolder Kulturplan, in: *Bayreuther Blätter*, Erstes (Winter-) Stück 1935, Beilage, S. 1–7.

DAUBE, Otto: Deutsche Festspiele 1926 im Deutschen Nationaltheater Weimar, in: *Bayreuther Blätter*, Viertes (Weihnacht-) Stück 1925, S. 190f.

DAUBE, Otto: Die Detmolder Richard-Wagner-Festwochen. Aufgaben und Wege, in: *Der Teutoburger Wald* 15/5 (1939) (D DT, LZ 68.4°), fol. 3v–4r.

DAUBE, Otto: Die Reichswichtige Richard-Wagner-Festwoche 1935 in Detmold, in: *Der Teutoburger Wald* 11/6 (1935) (D DT, LZ 68.4), fol. 1r–1v.

DAUBE, Otto: Neue Bahnen zu Bayreuth. Bayreuth und die deutsche Jugend, in: *Bayreuther Blätter*, Drittes (Festspiel-) Stück 1927, S. 161–167.

DAUBE, Otto: Reichswichtige Richard Wagner Festwoche 1935 Detmold, in: *Der Teutoburger Wald* 11.1/2 (1935) (D DT, Mus-h 2 D 11), fol. 1v–2v.

DAUBE, Otto: Richard-Wagner-Festwoche – Detmold 2.–7. Juni 1936, in: *Der Teutoburger Wald* 12/5 (1936) (D DT, Mus-h 2 D 13), fol. 4r.

DAUBE, Otto: *Siegfried Wagner. Ein Lebensbild, zu seinem 60. Geburtstage*, [Bayreuth] [1929] (D DT, Mus-b 4016).

DAUBE, Otto: *Vom Vorort zum Hügel. Detmold im Dienste Bayreuths. Aufgaben und Wege der Detmolder Richard-Wagner-Festwochen. Mit einem Rückblick auf die Festwochen 1935–1938*, Detmold 1938 (D DT, LV 63).

DAUBE, Otto; MEYER, Alfred; WAGNER, Winifred: [Vorworte Winifred Wagners und Alfred Meyers und Daubes Text:] Aus der Vorarbeit. Die Vorarbeit zu den Festtagen und Festaufführungenen, in: *Der Teutoburger Wald* 15.8/9 (1939) (D DT, LZ 68.4°), fol. 1v–2v.

Die Mitwirkenden der 7. Richard-Wagner-Festwoche, [Bilderheft], Demold [1941] (D DT, Mus-h 2 D 7).

DOPP, Werner: Die dritte Detmolder Richard Wagner-Woche, in: *Die Musik* 29/11 (1937) (D DT, Mus-z 12.4), S. 792.

HERZOG, Friedrich W.: Jugend erlebt Richard Wagner. Vierte Richard-Wagner-Festwoche in Detmold, in: *Die Musik* 30/10 (1938) (D DT, Mus-z 12.4), S. 703–705.

HERZOG, Friedrich W.: Wagners »Wieland«-Fragment auf der Bühne, in: *Die Musik* 27/11 (1935) (D DT, Mus-z 12.4), S. 852.

HG.: Festtage in Detmold, in: [vermutlich einer Berliner Zeitung], 28. Juli 1935 (D DT, Mus-h 2 D 8).
HG.: Wagners Wieland-Fragment auf der Festwiese, in: [vermutlich einer Berliner Zeitung], 27. Juli 1935 (D DT, Mus-h 2 D 9).
PELLEGRINI, Alfred: Festtage der »Richard Wagner-Schule« in Detmold, in: *Zeitschrift für Musik. Monatsschrift für eine geistige Erneuerung der deutschen Musik* 108/8 (1941) (D DT, Mus-z 10.4°), S. 540f.
PELLEGRINI, Alfred: »Richard Wagner-Tage« in Detmold, in: *Zeitschrift für Musik. Monatsschrift für eine geistige Erneuerung der deutschen Musik* 109/7 (1942) (D DT, Mus-z 10.4°), S. 318.
Plakat zur Richard-Wagner-Festwoche 1935 (D DT, NS/VE 061).
Plakat zur Richard-Wagner-Festwoche 1936 (D DT, NS/VE 022).
PROGRAMMHEFT: *1813–1938. Richard-Wagner-Festwoche, Detmold*, Münster [1938] (D DT, Mus-h 2 D 16).
PROGRAMMHEFT: *1813–1938. Richard-Wagner-Festwoche, Detmold*, Münster [1938] (D DT, Mus-h 2 D 3).
PROGRAMMHEFT: *3. Richard-Wagner-Festwoche. Detmold 18. bis 28. Mai 1937*, Detmold [1937] (D DT, Mus-h 2 D 18).
PROGRAMMHEFT: *5. Richard-Wagner-Festwoche Detmold 30. Mai–4. Juni 1939. Richard Wagner und die deutsche Romantik*, Detmold [1939] (D DT, Mus-h 2 D 15).
PROGRAMMHEFT: *7. Richard-Wagner-Festwoche*, Detmold [1941] (D DT, Mus-h 2 D 6).
PROGRAMMHEFT: *Reichswichtige Richard-Wagner-Festwoche Detmold 1935*, Detmold [1935] (D DT, Mus-h 2 D 1b).
PROGRAMMHEFT: *Richard-Wagner-Festwoche Detmold 1936*, Detmold [1936] (D DT, Mus-h 2 D 2).
PROGRAMMHEFT: *Richard-Wagner-Festwoche, Detmold 1937*, Detmold [1937] (D DT, Soz 27/19A).
PROGRAMMHEFT: *Richard-Wagner-Festwoche, Detmold 1938*, [Detmold] [1938] (D DT, Mus-h 2 D 4).
PROGRAMMHEFT: *Richard-Wagner-Festwoche Detmold. Beethoven–Wagner*, Bielefeld [1937] (D DT, Soz 27/27 A 4°).
PROGRAMMHEFT: *Richard Wagner Tage – 1941*, [Detmold] [1941] (D DT, Mus-h 2 D 5).
Richard Wagner ein Erzieher zu Deutschland. Die 4. Richard-Wagner-Festwoche in Detmold 1938, Sonderdruck der kulturpolitischen Schriftleitung des Münsterischen Anzeigers, Münster [1938] (D DT, Mus-h 2 D 17).
SONNER, Rudolf: Richard-Wagner-Festwoche in Detmold, in: *Die Musik* 28/10 (1936) (D DT, Mus-z 12.4), S. 776.
Statistisches Handbuch von Deutschland 1928–1944, hrsg. vom Länderrat des Amerikanischen Besatzungsgebiets, München 1948.
Statistisches Jahrbuch für das Deutsche Reich, Band 1935, Berlin 1936.
Statistisches Jahrbuch für das Deutsche Reich, Band 1939, Berlin 1940.
WAGNER, Richard: *Briefe*, ausgewählt, eingeleitet und kommentiert von Hanjo Kesting, München/Zürich 1983, S. 237.

WAGNER, Richard: Das Kunstwerk der Zukunft, in: Ders.: *Dichtungen und Schriften*, Bd. 6, hrsg. von Dieter Borchmeyer, Frankfurt am Main 1983.
WAGNER, Richard: Der Ring des Nibelungen. Vorwort zur Herausgabe der Dichtung des Bühnenfestspiels (1862), in: Ders.: *Dichtungen und Schriften*, Bd. 3, hrsg. von Dieter Borchmeyer, Frankfurt am Main 1983.
WAGNER, Richard: *Sämtliche Briefe*, Bd. 4, Leipzig 1979.
WIEMANN, August: Detmold, die wunderschöne Stadt im Teutoburger Walde, in: *Der Teutoburger Wald* 11/4 (1935) (D DT, Mus-h 2 D 12), S. 1f.

B Literatur

ADAMY, Bernhard: Pfitzner, Hans Erich, in: *NDB* 20 (2001), S. 341–343, URL: http://www.deutsche-biographie.de/pnd118593625.html, Abruf: 1. Dezember 2011.
ATTESLANDER, Peter: *Methoden der empirischen Sozialforschung*, Berlin 2003.
BENJAMIN, Walter: *Das Kunstwerk im Zeitalter seiner technischen Reproduzierbarkeit*, Kommentar von Detlev Schöttker, Frankfurt am Main 2007 (Suhrkamp Studienbibliothek I).
EAGLE, Ron: Theatre in Detmold 1933–1939. A Case Study of Provincial Theatre during the Nazi Prewar Era, in: *Theatre in the Third Reich. The Prewar Years. Essays on Theatre in Nazi Germany*, hrsg. von Glen W. Gadberry, Westport 1995.
EBERT, Arnold: Die Memoiren des letzten lippischen Staatsministers. »Erlebnisse und Begegnungen« des Hans-Joachim Riecke – ausgewählt und kommentiert von Dr. Arnold Ebert, in: *Lippische Blätter für Heimatkunde* 1/ 1988, hrsg. von der Lippischen Landes-Zeitung (D DT, LZ 152 4° (1988)), S. 1–4.
FAUST, Marianne/REINKENSMEIER, Willi: Totale Kommunikationskontrolle in der Vorkriegsphase des dritten Reiches (1933–1939), in: *Deutsche Kommunikationskontrolle des 15.–20. Jh.*, hrsg. von Heinz-Dietrich Fischer, München 1982, S. 229–255.
FEILCHENFELDT, Konrad [Hrsg.]: *Deutsches Literatur-Lexikon. Das 20. Jahrhundert. Biographisches-Bibliographisches Handbuch*, Bd. 4, Berlin 2003.
FISCHER, Jens Malte: *Richard Wagners »Das Judentum in der Musik«*, Frankfurt am Main/Leipzig 2000.
FRANK, Paul; ALTMANN, Wilhelm [Bearb.]: *Kurzgefaßtes Tonkünstler-Lexikon. Zweiter Teil. Ergänzungen und Erweiterungen seit 1937*, Bd. 1. A–K, Wilhelmshaven 1974.
Geschichte der Lippischen Landeszeitung, URL: http://www.lz.de/wir_ueber_uns/allgemeine_unternehmensinfos/, Abruf: 28. November 2011.
GROENEWOLD, Anke: Als die »Wunderschöne« zu einem Vorort von Bayreuth gestempelt wurde, in: *Lippische Blätter für Heimatkunde* 2/1988, hrsg. von der Lippischen Landes-Zeitung (D DT, LZ 152 4° (1988)), S. 6.
GROENEWOLD, Anke: Bayreuther Glanz in den Mauern von Detmold. Festspiele unter der Schirmherrschaft von Winifred Wagner, in: *Lippische Blätter für Heimatkunde* 3/1988, hrsg. von der Lippischen Landes-Zeitung (D DT, LZ 152 4° (1988)), S. 12.
GROENEWOLD, Anke: Richard Wagner in Detmold im »Dienste« des Dritten Reiches. Kritische Anmerkungen zu den Festspielen von 1935 bis 1944, in: *Lippische Blät-*

ter für Heimatkunde 4/1988, hrsg. von der Lippischen Landes-Zeitung (D DT, LZ 152 4° (1988)), S. 16.
HAGEMANN, Jürgen: *Die Presselenkung im Dritten Reich,* Bonn 1970.
HAMANN, Brigitte: *Hitlers Wien. Lehrjahre eines Diktators,* München u. a. ¹¹2010.
HAMANN, Brigitte: *Winifred Wagner oder Hitlers Bayreuth,* München 2003.
KARBAUM, Michael: *Studien zur Geschichte der Bayreuther Festspiele (1876–1976),* Regensburg 1976 (Arbeitsgemeinschaft »100 Jahre Bayreuther Festspielidee«, Bd. 3).
KLEE, Ernst: *Das Kulturlexikon zum Dritten Reich,* Frankfurt am Main 2007.
KLEE, Ernst: *Das Personenlexikon zum Dritten Reich. Wer war was vor und nach 1945,* Frankfurt am Main 2005).
KOHLMANN-VIAND, Doris: *NS-Pressepolitik im Zweiten Weltkrieg,* München 1991.
KOSCH, Wilhelm: *Deutsches Literatur-Lexikon. Das 20. Jahrhundert. Biographisches-Bibliographisches Handbuch,* hrsg. von Konrad Feilchenfeldt, Zürich u. a. 2003, Bd. 4.
LOVISA, Fabian R.: *Musikkritik im Nationalsozialismus. Die Rolle deutschsprachiger Musikzeitschriften 1920–1945,* Laaber 1993 (Neue Heidelberger Studien zur Musikwissenschaft, Bd. 22).
LUCAS, Lore: *Die Festspielidee Richard Wagners,* Regensburg 1973 (Arbeitsgemeinschaft »100 Jahre Bayreuther Festspielidee«, Bd. 2).
MATHIEU, Thomas: *Kunstauffassungen und Kulturpolitik im Nationalsozialismus,* Saarbrücken 1997.
MUELLER VON ASOW, Hedwig und Erich Hermann [Hrsg.]: *Kürschners Deutscher Musiker-Kalender 1954,* Zweite Ausgabe des Deutschen Musiker-Lexikons, Berlin 1954.
NAUWELAERTS, Ghislaine: Im deutschen Liede liegt die deutsche Seele, in: *Lippische Mitteilungen aus Geschichte und Landeskunde* 67 (1998), S. 127–171.
PETERS, Hans-Georg: *Vom Hoftheater zum Landestheater. Die Detmolder Bühne von 1825–1969,* Detmold 1972 (Lippische Studien, Bd. 1).
PORAT, Dina: »Zum Raum wird hier die Zeit«: Richard Wagners Bedeutung für Adolf Hitler und die nationalsozialistische Führung, in: *Richard Wagner und die Juden,* hrsg. von Dieter Borchmeyer, Ami Maayani und Susanne Vill, Stuttgart/Weimar 2000, S. 207–222.
POTTER, Pamela M.: *Die deutscheste der Künste. Musikwissenschaft und Gesellschaft von der Weimarer Republik bis zum Ende des Dritten Reichs,* übers. von Wolfram Ette, Stuttgart 2000. Erstausgabe: *Most German of the Arts. Musicology and Society from the Weimar Republic to the End of Hitler's Reich,* New Haven/London 1993.
PRIAMUS, Heinz-Jürgen: Alfred Meyer. Biographische Skizze eines NS-Täters, in: *Nationalsozialismus in Detmold: Dokumentation eines stadtgeschichtlichen Projekts,* bearbeitet von Hermann Niebuhr und Andreas Ruppert, Bielefeld 1998 (Sonderveröffentlichungen des Naturwissenschaftlichen und Historischen Vereins für das Land Lippe, Bd. 50), S. 42–79.

PUDLO, Manuela: *Die Richard-Wagner-Festwochen von 1935–1944 in Detmold. Gründung und Durchführung im politischen Kontext der Zeit*, Mschr., Mag. Universität Paderborn 2009.

RISCHBIETER, Henning: *Theater im »Dritten Reich«. Theaterpolitik, Spielplanstruktur, NS-Dramatik*, Velber-Seelze 2000.

Schmidt, Christoph: *Nationalsozialistische Kulturpolitik im Gau Westfalen-Nord. Regionale Strukturen und lokale Milieus (1933–1945)*, Paderborn u. a. 2006 (Forschungen zur Regionalgeschiche, Bd. 54).

SCHNELLER, Daniel: *Richard Wagners »Parsifal« und die Erneuerung des Mysteriendramas in Bayreuth. Die Vision des Gesamtkunstwerks als Universalkultur der Zukunft*, Diss. Basel 1995, Bern 1997.

SENGOTTA, Hans-Jürgen: *Der Reichsstatthalter in Lippe 1933 bis 1939. Reichsrechtliche Bestimmungen und politische Praxis*, Detmold 1976 (Sonderveröffentlichungen des Naturwissenschaftlichen und Historischen Vereins für das Land Lippe, Bd. 26).

SPECKMANN, Lukas: Ein lippischer »Chefideologe«? Der Komponist August Weweler, in: *Nationalsozialismus in Detmold: Dokumentation eines stadtgeschichtlichen Projekts*, bearb. von Hermann Niebuhr und Andreas Ruppert, Bielefeld 1998 (Sonderveröffentlichungen des Naturwissenschaftlichen und Historischen Vereins für das Land Lippe, Bd. 50), S. 99–122.

STOLBERG-WERNIGERODE, Otto Graf zu: Art. Chamberlain, Houston Stewart, in: *NDB* 3 (1957), S. 187–90, URL: http://www.deutsche-biographie.de/pnd118675508.html, Abruf: 1. Dezember 2011.

VOGT, Michael: »Durchbruchsschlacht für Grabbe«. Die Grabbe-Woche 1936 als Beispiel nationalsozialistischer Kulturpolitik in der Region, in: *Nationalsozialismus in Detmold: Dokumentation eines stadtgeschichtlichen Projekts*, bearbeitet von Hermann Niebuhr und Andreas Ruppert, Bielefeld 1998 (Sonderveröffentlichungen des Naturwissenschaftlichen und Historischen Vereins für das Land Lippe, Bd. 50), S. 571–588.

WALTER, Michael: Oper im 3. Reich, in: *Oper im 20. Jahrhundert. Entwicklungstendenzen und Komponisten*, hrsg. von Udo Bermbach, Stuttgart/Weimar 2000, S. 155–182.

WALTER, Rolf: *Wirtschaftsgeschichte. Vom Merkantilismus bis zur Gegenwart*, Köln/Weimar/Wien ⁵2011.

WestLB, Website der Westdeutschen Landesbank, URL: http://www.westlb.de, Abruf: 20. Dezember 2011.

WEISS, Herrmann [Hrsg.]: *Biographisches Lexikon zum dritten Reich*, Frankfurt am Main 1998.

Wirtschaftliche Gesellschaft für Westfalen und Lippe, URL: http://www.wirtschaft-westfalen.de, Abruf: 20. Dezember 2011.

WULFMEYER, Reinhard: *Lippe 1933. Die faschistische Machtergreifung in einem deutschen Kleinstaat*, Bielefeld 1987.

Dokumentation »Wagner in Detmold 1855– 1945«. URL: http://www.llb-detmold.de/wir-ueber-uns/aus-unserer-arbeit/ausstellungen/ausstellung-2009-5.html, Abruf: 14. August 2011.

Bildnachweis

1 Schreiben des Städtischen Verkehrsamtes Detmold an Staatsminister Riecke, Detmold, 14. September 1934 (LAV NRW OWL, L 80.03 Nr. 17)
2 Schrift zur Ernennung Daubes zum städtischen Musikbeauftragten und Landesstellenleiter der RMK (Stadtarchiv Detmold, D 106 Detmold A Nr. 3166)
3 Otto Daube (Mitte) und Gauleiter Alfred Meyer (rechts) lassen sich über den Fortgang der Festspielvorbereitungen informieren (*10 Jahre Pflege des Bayreuther Kulturideals im Gau Westfalen-Nord,* Detmold 1944, S. 33, Privatbesitz Rebecca Grotjahn)
4 Das Lippische Landestheater während der Richard-Wagner-Festwochen (*10 Jahre Pflege,* S. 66, Privatbesitz Rebecca Grotjahn)
5 Von links nach rechts: Franz Stassen, Paul Bülow, Wieland, Winifred und Wolfgang Wagner in Detmold (*10 Jahre Pflege,* S. 63, Privatbesitz Rebecca Grotjahn)
6 Die beengte Situation auf der Bühne des Lippischen Landestheaters (*10 Jahre Pflege,* S. 49, Privatbesitz Rebecca Grotjahn)
7 Modell der Volkshalle Hiddeser Berg (*Amtlicher Führer 1938,* S. 16, Privatbesitz Rebecca Grotjahn)
8 Programmpunkt *Die Meistersinger von Nürnberg* und dazu passender Hans Sachs-Text von Johann Wolfgang von Goethe aus dem *Amtlichen Führer 1938* (*Amtlicher Führer 1938,* S. 38f., Privatbesitz Rebecca Grotjahn)
9 Vorwort Alfred Meyers aus dem *Amtlichen Führer 1935* (D DT, Mus-h 2 D 1 (1935), S. 2f.)
10 Plakat zur Festwoche 1935 (D DT, NS/VE 061)
11 Programm aus dem Programmheft des Jahres 1935 (D DT, Mus-h 2 D 1b, fol. 2r)
12 Programmauszug aus dem *Amtlichen Führer 1935* ; die Aufführung der *Meistersinger* erfolgte nur ausschnitthaft (D DT, Mus-h 2 D 1 (1935), S. 39)
13 Links: Franz Stassen mit Verena Wagner und Alfred Meyer. Rechts: Franz Stassen mit Freiherr von Oeynhausen (*10 Jahre Pflege,* S. 29, Privatbesitz Rebecca Grotjahn)
14 Programmauszug aus dem Programmheft 1936. Während das *Rheingold* bereits szenisch und ungekürzt aufgeführt wurde, bot man die anderen Opern noch in stark reduziertem Umfang. (D DT, Mus-h 2 D 2, fol. 3r)
15 Programmeintrag für die Arbeiterveranstaltungen (24.–28. Mai) aus dem *Amtlichen Führer 1937* (D DT, Mus-h 2 D 1 (1937), S. 43)
16 Titelblatt des Programmhefts für die Teilnehmer an den Arbeiterveranstaltungen 1937 (D DT, Soz 27/27A 4°, Titelblatt)
17 Empfang von Winifred Wagner in Detmold. Winifred Wagner steht in der Mitte, links von ihr Alfred Meyer, rechts Heinz Tietjen (D DT, Mus-h 2 D 17, S. 23)
18 Empfang der Ehrengäste im Detmolder Rathaus (D DT, Mus-h 2 D 17, S. 5)
19 Blick von der Rathaustreppe auf den Marktplatz von Detmold während der von

der HJ gestalteten Aufführung von *Der fahrende Schüler im Paradeis* von Hans Sachs (D DT, Mus-h 2 D 17, S. 7)
20 Blick auf die Ehrenloge des Lippischen Landestheaters, in der Meyer und die Ehrengäste saßen (D DT, Mus-h 2 D 17, S. 21)
21 Stellproben für *Die Walküre* in Bayreuther Besetzung (*10 Jahre Pflege*, S. 39, Privatbesitz Rebecca Grotjahn)
22 Detmolder Bühnenbilder der *Meistersinger von Nürnberg* aus dem Programmheft des Jahres 1939 (*10 Jahre Pflege*, S. 49, Privatbesitz Rebecca Grotjahn)
23 Arbeit an den Modellen der Bühnenbilder 1939 (*10 Jahre Pflege*, S. 36, Privatbesitz Rebecca Grotjahn)
24 Ausstellung im Rathaus 1942, ganz rechts: Alfred Meyer (Stadtarchiv Detmold, Bildarchiv Nr. 1416)
25 Programme für zwei der Konzerte des Bayreuther Bundes und »Kraft durch Freude« für die Wehrmacht im Gau Westfalen-Nord (*10 Jahre Pflege*, S. 58, Privatbesitz Rebecca Grotjahn)
26 Geleitwort Winifred Wagners zur Festwoche 1944 (*10 Jahre Pflege*, S. 7, Privatbesitz Rebecca Grotjahn)
27 Verlauf der Studienlehrgänge (*10 Jahre Pflege*, S. 14, Privatbesitz Rebecca Grotjahn)
28 Teilnehmer am 1. Studienlehrgang 1941 (*10 Jahre Pflege*, S. 84, Privatbesitz Rebecca Grotjahn)
29 Geplante Wagner-Veranstaltungen im Gau Westfalen-Nord für das Jahr 1944 (*10 Jahre Pflege*, S. 17, Privatbesitz Rebecca Grotjahn)
30 Titelseite der Lippischen Staatszeitung vom 20.Juli 1935 mit dem Artikel »Auftakt zur Richard-Wagner-Festwoche 1935« (LAV NRW OWL, LSZ 20. Juli 1935, Film Nr. 322)
31 Abrechnung der Richard-Wagner-Festwoche 1936 (LAV NRW OWL, L 80.04 Nr. 1496, unpaginiert)
32 Vorläufiger Rechnungsabschluss der Richard-Wagner-Festwoche 1938 (LAV NRW OWL, L 80.04 Nr. 1496, unpaginiert)
33 Vorläufiger Abschluss der Rechnung der Richard-Wagner-Festwoche 1939 (LAV NRW OWL, L 80.04 Nr. 1496, unpaginiert)
34 Preisliste der Richard-Wagner-Festwoche 1941 (D DT, Mus-h 2 D 6, fol. 3v)
35 Vergleich der Finanzierungsbeiträge auf Landes-, Gau- und Reichsebene.
36 Übersicht der rekonstruierbaren Kartenpreise der Richard-Wagner-Festwoche von 1935 bis 1941
37 Preise der Reihenkarten von 1935 (oben) und 1939 (unten) (D DT, Mus-h 2 D 1b, fol. 2v., und Mus-h 2 D 15, fol. 8v)
38 Jährliche Etats der Richard-Wagner-Festwoche von 1935 bis 1940
39 Das Lippische Landestheater – die Stätte der Richard-Wagner-Festwochen (*10 Jahre Pflege*, S. 8, Privatbesitz Rebecca Grotjahn)
40 Günther Guericke mit seiner Ehefrau Edeltraut (Privatbesitz Günther Guericke)
41 Klassenfoto 1932/1933. In der letzten Bank der mittleren Reihe: Günther Guericke (links) und Hans Vigano (rechts) (Privatbesitz Günther Guericke)

Personenregister

Abert, Hermann 57
Alfen, Herbert 51
Amann, Max 85, 86

Bach, Johann Sebastian 47, 67, 72, 74
Becker, Emil 109, 112
Beethoven, Ludwig van 27, 31, 35, 46, 47, 48, 49, 51, 57, 58, 60, 63, 67, 68, 70, 72, 74, 91, 93, 120, 135
Benjamin, Walter 28
Berglund, Ruth 57/58
Bernhard, Prinz zur Lippe-Biesterfeld 123, 131, 132
Bockelmann, Rudolf 57
Bülow, Paul 16, 21, 25, 49, 50, 51, 56, 57, 58, 63, 66, 68, 88, 89, 93, 94, 105
Bunsen, Robert Wilhelm 47

Chamberlain, Houston Stewart 44

Daube, Otto 7, 11, 12, 13, 14, 15, 16, 18, 19, 20, 21, 22, 23, 27, 28, 29, 30, 31, 34, 35, 39, 40, 42, 44, 46, 47, 48, 49, 51, 52, 53, 54, 55, 57, 58, 60, 62, 63, 64, 65, 66, 67, 68, 73, 76, 77, 81, 82, 88, 89, 91, 92, 122, 138
Depping, Beate 140

Eberth, August 122, 136
Elmendorff, Karl 70

Fichte, Johann Gottlieb 47

Gauß, Johann Carl Friedrich 47
Genscher, Hans-Dietrich 143
Gluck, Christoph Willibald 35, 67, 68, 72, 74
Goebbels, Joseph 85, 86

Goethe, Johann Wolfgang von 32, 47, 128
Göring, Hermann 122, 134, 138
Grabbe, Christian Dietriche 13, 119, 120, 123, 128, 129, 132, 141, 146
Gregorius, Adolf 122, 136
Grieg, Edvard 115
Grimm, Hans 47, 142
Grimm, Jacob 47
Grimm, Wilhelm 47
Groenewold, Anke 8, 29, 107
Guericke, Günther 8, 9, 116–126, 127–149
Gutenberg, Johannes 47

Habich, Eduard 51
Händel, Georg Friedrich 47, 72, 74
Haydn, Joseph 47, 67
Heidersbach, Käthe 57
Helmholtz, Hermann von 47
Herder, Johann Gottfried von 47
Herzog, Friedrich W. 37, 39, 40, 60
Hitler, Adolf 12, 13, 20, 22, 27, 30, 58, 61, 68, 75, 76, 78, 85, 86, 87, 89, 91, 93, 105, 122, 124, 130, 136, 137, 143

Janko, Josef 37

Kant, Immanuel 47
Karbaum, Michael 18, 22
Keller, Hans 13, 48, 109, 134
Klopstock, Friedrich Gottlieb 47

Lagarde, Paul Anton de 47
Leibnitz, Robert 47
Lessing, Gotthold Ephraim 47
Liszt, Franz 11, 37
Lorenz, Max 57

Lucas, Lore 11, 22
Lüddecke, Grete 37, 51
Ludwig II., Kg. von Bayern 144

Meinhard, Erich 88, 95
Mellies, Wilfried 145
Meyer, Alfred 11, 12, 16, 19, 22, 23, 25, 30, 34, 39, 42, 43, 46, 47, 48, 49, 52, 53, 54, 55, 59, 60, 61, 62, 64, 66, 67, 68, 71, 72, 75, 76, 80, 82, 83, 87, 89, 91, 92, 93, 94, 95, 100, 101, 103, 105, 122, 138
Meyer, Karl Friedrich 31
Mietz, August 69, 71, 75, 78
Mozart, Wolfgang Amadeus 35, 47, 67, 68, 72, 74, 120, 135
Münnich, Ernst 84

Niebuhr, Hermann 8, 13, 111, 115
Nietzsche, Friedrich 47

Oeynhausen, Freiherr von 43
Oppermann, Heinrich 112

Pellegrini, Alfred 70
Peters, Emil 109, 112
Peters, Hans-Georg 8, 25
Pfitzner, Hans 27, 35, 37, 64, 105
Plaut, Joseph 124, 125, 132, 140
Pretzsch, Paul 20
Priamus, Heinz-Jürgen 8, 16

Reger, Max 115
Riecke, Hans-Joachim 13, 14, 15, 23, 25, 84
Roetteken, Ernst 122, 136
Ruppert, Andreas 8, 13, 111

Sachs, Hans 31, 32, 57, 59, 60, 63, 64
Schiller, Friedrich von 47, 128
Schmidt, Christoph 8, 12, 16, 22, 25, 27, 29, 72, 80, 97, 98, 109, 111, 112, 114
Schopenhauer, Arthur 47
Schrader, Lotte 51

Schubert, Franz 47, 63, 64, 120, 135
Singenstreu, Hilde 37, 51, 58
Stassen, Franz 24, 35, 37, 43, 44, 45, 58, 63, 122, 136

Tietjen, Heinz 22, 25, 53, 61, 64, 77

Vernekohl, Wilhelm 55, 56, 57, 60, 61
Vigano, Hans 120, 121, 141

Wagner, Cosima 89
Wagner, Richard 7, 8, 9, 11, 12, 13, 14, 16, 18, 19, 20, 21, 22, 23, 24, 25, 27, 29, 30, 31, 33, 34, 35, 37, 39, 40, 42, 44, 46, 47, 48, 49, 50, 51, 52, 53, 54, 55, 56, 57, 58, 60, 61, 62, 63, 64, 65, 66, 67, 68, 70, 72, 73, 74, 75, 76, 78, 79, 80, 81, 82, 83, 87, 88, 89, 91, 92, 93, 94, 95, 96, 97, 98, 99, 100, 101, 102, 104, 105, 107, 110, 114, 115, 116, 117, 119, 120, 121, 122, 123, 124, 125, 126, 127, 128, 129, 131, 132, 136, 137, 138, 140, 141, 143, 144, 145
Wagner, Siegfried 18, 19, 20, 35, 37, 44, 63, 77, 78
Wagner, Verena 43
Wagner, Wieland 24, 25
Wagner, Winifred 7, 13, 18, 21, 22, 24, 25, 30, 31, 52, 53, 61, 64, 66, 68, 74, 75, 76, 77, 82
Wagner, Wolfgang 24, 25
Weber, Carl Maria von 27, 35, 47, 63, 64, 68, 72, 74
Wedderwille, Adolf 48, 49, 51, 75
Wesendonck, Mathilde 48
Weweler, August 35, 44, 111, 112, 114
Wiemann, August 31, 37
Will-Rasing, Otto 112, 113
Wolzogen, Hans von 20, 35, 37, 44, 45, 88
Wünsche, Gustav 51, 94

Zeppelin, Ferdinand Graf von 47, 142